王小可　曹易佳————译

二手世界

Secondhand
Travels
in the New Global Garage Sale

全球
旧货市场调查手记

［美］亚当·明特（Adam Minter）———著

社会科学文献出版社
SOCIAL SCIENCES ACADEMIC PRESS (CHINA)

献给克莉丝汀

钻石即使经过典当，

也绝不会变成垃圾。

——莱昂纳德·科恩

CONTENTS
目　录

引　言
写于捐赠接收处

在南霍顿路与东高尔夫路的交叉路口，有一家古德维尔二手回收机构的店铺。该机构的捐赠接收处前，许多车辆正在排队等待捐赠，接下来轮到一辆蓝色本田 CX7 [①]。一位 40 多岁的褐发女人缓缓进入人们的视线，她身穿黄色宽松 T 恤、黑色瑜伽裤，正在接听电话。她的车后面还跟着三辆小汽车和两辆皮卡，但是她看起来却不慌不忙的。

"把速冻快餐放到微波炉里加热两分钟。"她一边说，一边慢悠悠地走到车身另一侧的后车门旁。"对，两分钟。"她又说了一遍，并慢悠悠地打开后车门。

服务人员迈克·梅勒斯站在她身旁，他现年 57 岁。迈克·梅勒斯弯腰，把身子探进车后座，拉出一个白色大垃圾袋，里面看上去塞满了衣服。接着，他把袋子放到一辆两层灰色手推车的上层架子

---

① 字面意思确为本田 CX7，但经查证发现本田没有 CX7 系列，只有马自达 CX7。——译者注

上，随后又往车里探了探身子，拿出一个熨衣板和一对塑料鹿角。"谢谢您的捐赠。"他说。

女人放下手机，并放低了说话的音量。"本来我们正在西拉莫拉多那边的社区，搞一场家庭旧货出售会。"她脸上带着会意的微笑，就像在说什么劲爆的消息。"结果天气太热了，大家都说'去你的，我受够啦'。所以我们就来你们这儿，直接把东西捐掉拉倒。"说完，她上车离开了。

这是星期六上午11点，图森一带天气炎热，6英尺高的迈克·梅勒斯汗流浃背，却没时间去捐赠接收处另一边带空调的仓库休息，因为还有许多捐赠者在排队。接下来是一辆起亚索兰托，车的后座上堆着许多大垃圾袋。驾驶座上是一位年轻女士，她摇下车窗，打开车门，但没有下车。

"家庭旧货出售会？"迈克·梅勒斯一边问一边打开车门，把那些大垃圾袋往推车上放。

"是的，在西拉莫拉多那边。"

"听起来不错。"他拉出来6袋子衣服，一个OGIO高尔夫球包里装了两支高尔夫推杆，一堆2014年世界杯的纪念杯，1个喇叭大小的陶瓷角杯，1个破旧的博朗咖啡机，4个煎锅，另外还有至少10包小礼品。从亮粉色的标签来看，每个小礼品价值0.25美元。迈克·梅勒斯在清点角杯时停顿了一会儿，放在手里看了看。"谢谢您的捐赠！"说着他关上了车门。

3小时前，店铺还没开始营业，迈克·梅勒斯告诉我，古德维尔是图森居民处理旧货的地方，人们可以把卖不出去的、不想要的东西送到这儿来。这件事每周都在发生，图森来来往往的军人家庭和退休人员加剧了这一现象。他们来图森时需要购置生活用品，走的时候却发现没办法全部带走，于是就会捐给古德维尔。

索兰托开走后，一辆黑色福特皮卡马上跟了上来，车上载着一张破旧沙发。我穿过捐赠接收处，走进宽敞的仓库。仓库里的员工早已就位，都在忙着处理数量激增的捐赠品。在仓库最深处，有 4 位女士正在整理成箱的衣物；而在离接收处不远的地方，我看见两个年轻人在整理大堆的电子产品。一名主管从服装整理区大步走向迈克·梅勒斯，让他动作快些。

1967~2017 年，美国人的年均消费额几乎增长了 20 倍，从沙发到手机，消费品种类繁多。其中有些消费品成了珍贵的传家宝，对于后代来说颇有价值；有些东西则要么埋在垃圾场里，要么焚烧化为灰烬；也有些东西得到了回收利用，成了新的商品和传家宝，不过这样的情况很少见；还有一些东西，打包好了一直存放在地下室、衣柜、阁楼、车库和储藏室里。确切的数据尚不清楚，但是已经有一些迹象。例如，2006 年一项关于洛杉矶中产阶级家庭的研究发现，他们车库 90% 的空间都用来储物，而不是停车。[1]

全世界并非只有美国人爱买东西，但只有美国人才有这么大的储物空间，这一点令其他国家的购物爱好者艳羡不已。举个例子，日本人就和任何一个开 CX7 的美国图森人一样，热衷于疯狂购物，但是他们的房子要小得多。为了给新买的东西腾空间，以至于很多日本人都会清除不必要的东西。其实他们整理房间的方式也没有什么特别之处，但是数以百万计的美国人都喜欢近藤麻理惠所谓的"怦然心动法"，想用这种方法把自己的家收拾得井然有序。近藤麻理惠是一位日本整理师，也是一位畅销书作家，她还参加了许多热门电视节目。她创建的这套方法极具吸引力：只保留能带来快乐的东西，其他东西都扔掉。这也引发了一个亟须解决的重要问题：按照"怦然心动法"整理之后，被清理出来的东西将去往何处？

我第一次认真思考这个问题是在 2014 年，就在我的第一本书《废物星球：从中国到世界的天价垃圾贸易之旅》（以下简称《废物星球》）出版之后不久。这本书提到了我在全球范围内追踪美国的可回收物品，比如纸板、汽车碎片和圣诞彩灯等，发现这些东西大部分被运去了中国。正如我在书中所说："如果你丢进回收箱的东西，能以某种方式实现重复利用，那么全球的废品回收商，就会设法将这些东西运送到能最大化利用这些东西的个人或公司手中。"

很快，读者们开始向我分享他们回收利用的方法。有些读者将电路板和投影仪镜头等废弃电子产品做成艺术品，并拍了图片写信告诉我；有些读者向我讲述了家具和房屋翻修的具体细节；还有些读者留言告诉我，他们在家里用自己修理好的电脑和手机打字。我也收到了许多跳蚤市场、二手店和古董店的邀请，倍感荣幸。

随着收到的信件和邀请越来越多，我越发感到为难。我的作品得到认可固然是件好事，但读者们的来信中，并未提及我在《废物星球》中描述的那些东西，比如大型多层汽车粉碎机。信件中也未曾提及那些小型废品回收商的故事。我的祖父就是一名移民美国的小型废品回收商，他们这些人收购附近居民的废品，然后转卖给更大规模的废品回收厂，以此谋生。我已经竭尽所能来普及有关知识，可即使是我那本书最热心的读者（从他们的留言可以看出其热心程度），也依旧将"回收"理解成"重复使用"的简略表达。

当然，这也情有可原。对于发达国家的大多数人来说，在他们将垃圾扔进可回收垃圾箱时，"回收"这件事儿就算完成了。接下来高度工业化的回收程序与他们毫不相干。相比之下，买卖二手物品则变得相当私人化。每个人都可以在 eBay 上进行二手衣服之类的闲置物品交易，还可以亲自去逛跳蚤市场。通过再利用与再销售，消费者与自己弃之不用的物品建立了一种难得的、实实在在的联系。

《废物星球》出版两周后，我母亲突然去世了。和其他美国父母一样，我的父母终其一生都在积攒东西。因此我和姐姐也面临着这个难题：该如何处理母亲的遗物？从感情上来说，我们很难割舍任何一样东西，总想着它或许曾是母亲的心爱之物。而从现实的角度来看，我和姐姐也没有足够的空间来保存这么多东西。我姐姐和家人住在纽约市一套两居室的共有产权公寓里，至于我和妻子，当时也只是在上海租住在一套一居室的公寓里。

我们所面临的这个难题其实很常见。在世界各地，除了举办葬礼，处理亲人的遗物也成为操办后事的一部分。遗物如此之多，子女们又都住在别处，那么谁来清理这些遗物呢？

我母亲的大部分遗物最后都捐给了古德维尔。我承认，将母亲的瓷器交给捐赠接收处的服务人员后，我并不知道这些东西去了哪里。但我相信，就像我在《废物星球》中所描述的废金属回收一样，母亲的二手物品也会以某种方式实现重复利用，而不是埋在垃圾场里，焚烧化为灰烬或是简单地被回收。从某种程度来说，我写这本书也是一种自我慰藉，让我确信我的直觉没有错。

写作过程比我预计的要难得多。作为一名商业记者，我习惯通过反复核对政府、企业和行业协会收集的数据来证实我的怀疑和假设。想知道过去 10 年间，中国出口到卢森堡的所有圣诞树灯的重量，就需要查看具体的数据资料。同样，由于环保运动的不断发展和日益专业化，发达国家有大量关于物品损毁和回收的数据可供参考。如果想要一份显示 2003~2013 年美国人丢掉的家具数量图表，也能绘制出来。

我调查了二手商品是否也存在类似的数据。有关二手车的数据很多，且十分准确，只要你不深究发展中国家的二手车交易数据（发展中国家基本上没有这样的数据）。但除了汽车之外，其他的数据就十分稀少了。例如，没有数据记载清仓大甩卖处理了多少件二手衣物；大学公寓捐赠给古德维尔的家具数量没有记录；也没有任何政府机构会对每年在美国发生的车库旧货大甩卖的数量，以及它们带来的收入，进行统计甚至是估算。

不单是美国存在这样的问题。全球二手交易蓬勃发展，而相关的交易数据却少之又少。例如，全球发展中国家之间从事着大量二手物品交易，但对此几乎没有任何数据记录，尤其是在非洲，消费者的日常生活用品中有许多是进口二手货。

幸运的是，数据匮乏并不意味着二手商品的交易不可追踪。但是，需要记者亲自到收集、购买、改造、修理和出售二手商品的地方去考察，而不是通过数据来发掘。他也许需要亲自看着某人拍下一张衬衫的照片，然后把照片挂到 Facebook、eBay、Poshmark 等交易平台上；又或者需要跟着一位在美国购买了二手电脑的加纳买家，去往加纳北部城市，再看着他转手卖掉这些二手电脑。

上述两种行为都不起眼，却表明了一个经常被人们忽视的事实：全球数十亿人的穿衣、教育和娱乐都依赖二手商品。事实上，转卖二手商品所需要的能源和原材料，比生产新商品所需要的要少得多。然而，政府更加关注新商品在生产与销售中创造的价值；至于个人和企业之间交换旧货所产生的价值，除了购买、销售和转移这些二手物品的从业者之外，通常没有多少人会予以关注。

本书所要做的便是尝试揭示这种价值，并使其重归日常生活的中心。这并不容易：正如新商品贸易涉及地域范围之宽广，经济规模之庞大，没有一本书能穷尽，二手商品贸易也是如此。本书前几章所涉的二手商品的范围将非常广泛，但最终会重点关注我们身边的二手服装和电子产品。这两种商品都是如今全球最重要的二手商品，它们的未来最能引起人们的兴趣，其隐忧也最为深重。

得益于工业革命时期的大规模生产以及市场营销创新，如今全球范围内的商品比历史上任何时候都要多。这通常来说是好事，但也不尽然。游走在二手物品的世界里，这些数目庞大的废弃物，一次又一次地压得我喘不过气来。在图森，只有 1/3 的捐赠物能放在店里进行售卖。毕竟，谁会买用过的塑料制品（新的都没人买）？谁又会买一张 Safeway 超市卡，或是一件起了毛球的 T 恤？

二手物品如洪水般泛滥。就在 20 年前，中国还是二手服装的主要进口国，现在却已成为一手服装的出口大国，且产量极高，反过来推动了二手服装价格在全球范围内的下降，进而使全球二手服装行业的收益降低。除了中国，其他许多国家也实现了"由旧到新"的转型。发展中国家日益富裕，这意味着越来越多的消费者愿意购买新产品。虽然发达国家的一些消费者具有良好的可持续发展意识，但是全球二手商品的需求下降，这样的消费者数量太少，不足以解决其中的供需不平衡问题。

这种不平衡所导致的结果，便是堆积如山的二手物品。

2018 年世界银行的一项研究表明，到 2050 年人类产生废弃物的速度将是人口增长速度的两倍多。[2] 废弃物的增长主要集中在亚洲及非洲的发展中国家或地区，因为它们也在全力争取从美国式的消费导向型经济中获益。

让我们摒弃虚伪，面对事实：这样的增长会对环境产生负面影响。但这种消费导向型经济确会为数十亿人带来实实在在的利益，人们可以拥有更高的医疗和教育水平。一位富裕的美国极简主义者会对消费主义大加抨击，但他的言论不太可能改变一名发展中国家青少年的想法。后者的生活经历倒是完全符合极简主义的要求，然而他本人却不愿意过这种生活。

我们当然不能强迫发展中国家为了环保而牺牲发展，但好消息是，我们也并非就此放任不管。社会问题自有社会性的解决方案，已经存在的二手产业就是一种解决办法，它为全世界数十亿人提供了商品。在本书的后几章中，我将讨论这个重要行业所遭受的危机——与其说是数量危机，不如说是质量危机。

制造商和消费者自愿采取措施，鼓励生产更耐用、可维修的商品，这对确保二手商品在未来几十年的蓬勃发展大有裨益，而且这也不需要搞成什么翻天覆地的革命。大大小小的制造商正在为越来越多的消费者提供更好的产品。我将重点介绍其中几位，介绍他们正在用怎样的方式，创造二手市场的未来。

二手市场发展的障碍并非只有质量危机，反全球化也会阻碍物品的重复利用，但是二手交易中最严重的贸易壁垒不是关税和禁令。实际上，偏见才是最棘手的障碍。正是这些偏见，阻碍了发达国家的人将他们不想要的东西转卖到发展中国家。在本书中，我将探寻这些偏见的起源和影响、偏见加深的原因、如何克服这些偏见以及为什么应该克服这些偏见。发达国家的消费者需要接受这一事实：若是将发展中国家排除在外，二手经济便无法发展。

如果这本书得以流行，读者们应该会进一步了解，他们的消费行为会对全球经济、环境带来怎样的影响，以及最终会对他们自己的衣橱和地下室带来怎样的影响。运气好的话，你也会更加了解，迈克·梅勒斯从捐赠接收处运去仓库的几袋子衣服和破烂沙发，将如何得到回收利用（或惨遭废弃）。如果你只想确保自己不会留下烂摊子，给别人带来麻烦，那你只需要改变自己的购物方式，并重新思考自己的消费动机。

和大多数美国人一样，这些年来我也囤了不少东西。但是在写这本书的过程中，我学会割舍一些东西（当然不是全部舍弃）。我不能保证本书的读者会产生与我相似的体悟，但他们会在书中发现一个令人惊讶的世界，在那里，旧的东西一次又一次地变废为宝。全世界从废弃物中获利的欲望，每时每刻都在刺激着创新并催生着新的谋生方式。这就像是一场寻宝活动，人人都可参与其中。

CHAPTER

01
空巢清理公司

　　169 号公路自北向南，穿过明尼阿波利斯富裕的西郊。公路边有高耸的棕色隔音墙，将沿途大部分景观阻挡在视野之外；尽管如此，你仍然会不时看见路边露出的一个个迷你仓。褐色似乎是这里最受欢迎的颜色，在明尼苏达州干燥的秋日里，公路上的灌木丛也褪成了棕褐色，使同样是棕色的隔音墙难以分辨。

　　人们都知道这些仓库可以使用，也知道搭建这些仓库的用意。为了满足美国人对于储物空间日益增长的需求，美国境内每年都会新增数千个迷你仓。截至 2017 年，全美至少有 54000 个迷你仓，可出租的空间足够覆盖整个加利福尼亚州的棕榈泉市，高尔夫球场的面积也包含在内。近年来，美国仓储业的年收益是好莱坞收入的3 倍。

　　仓储业的收益能够稳定持续多年。在这个通过品牌彰显个人身份的时代，美国人倾向于将物品留存得更久一些，有时甚至重视物品胜过重视自己。艾斯迷你仓 ① 位于普利茅斯的 169 号公路旁，其每平方英尺恒温储物空间的收费价格，比周边许多单间公寓每平方英尺的价格还要高。

在一个清冷的秋日，我去艾斯迷你仓的办公室，咨询租赁价格和可用存储空间的相关事宜。一位谢顶的职员拿起一张网格纸，眯着眼睛看上面的内容。办公室外面，一辆皮卡开进了停车场，车厢里堆放着家具，车上挂着一盏灯。

"这周晚些时候我们可能有能出租的空间，"这位职员说道，并且从桌上递给我一张名片，"40 英尺 ×10 英尺大小。"

我这才发现，莎伦·卡德特之所以把车停到这里，正是因为她要来清理职员所说的那间迷你仓。莎伦·卡德特是空巢清理公司的客户经理。空巢清理公司是一家成立了 8 年的本地企业，专门帮客户清空家里的物品。

人们选择这种房屋清理服务的原因有很多，不过主要是为了缩减生活用品或是处理亲人的后事。清理行业正在蓬勃发展：到 2030 年，老年人口将占美国总人口的 1/5。有些老年人仍然想住在物品堆积如山的独栋住宅里，但是也有许多老人，会按照自己或家人的意愿，减少家里的东西。此外，在老人们逐渐离世后，清理他们一生所积累的物品的重担，就落在了其他人头上。

大量清理房屋的公司和个体户，在把那些能卖出去的东西单独

---

① Ace Mini-Storage，该公司最近已更名为玛特仓储（Storage Mart）。——译者注

拎出来后，会开车将其余东西扔到垃圾场。但是空巢清理公司的特别之处在于，它承诺尽力实现二手物品的重复利用与二次出售，不轻易放弃任何二手物品。空巢清理公司有一家二手店，店里卖不掉的东西会捐给其他机构，在那里再碰碰运气。

莎伦·卡德特下车时，一阵冷风呼啸而过，吹起了她的黑色风衣和齐肩短发。

"我们正在为这个人清理两间迷你仓，里面放满了他母亲收藏的各种东西。"

我们朝着停在迷你仓一侧的大卡车走过去，她对我说："这位母亲留下的东西数量惊人，我真觉得她可能开过一间店。"

一辆卡车停在两间迷你仓前面的私家车道上，仓库的门开着，

该建筑物位于明尼苏达州普利茅斯，原为艾斯迷你仓，共有753个可供储物的私人仓库

三位工作人员正在将仓库里的箱子往卡车上搬，并整齐地堆放在卡车上。仓库属于一位母亲，她的儿子是一位退休的汽车修理师，正在旁边默默地看着。只要不刨根问底，他还是很乐意和我交谈的。

"这些是我妈妈租的仓库。她生前有一家小装饰品店。卖的不是什么古董，但都是些值得收藏的玩意儿。"

每间仓库里都放着几十个箱子，箱子上用黑色记号笔写着"豆子娃娃"（Beanie Babies）。我打开其中一个箱子，看到里面塞满了五颜六色的毛绒玩具。

"我去Craigslist网站查了一下，"这位汽车修理师告诉我，"这些毛绒玩具只能卖3美元，而且没什么人会买。"

莎伦·卡德特盯着卡车看了看——卡车已经装了1/3，然后又看向那间稍微大点儿的仓库，担心卡车空间不够。工作人员让她不用担心，他们可以处理好。

我心中有些疑虑。那间大点儿的仓库前面是一些展示架，其余的空间堆着一些装饰品公司的箱子，还没拆封。这位修理师的母亲似乎对 Department 56 生产的圣诞村陶瓷小摆件情有独钟。像这样的小摆件就有 100 多个。随着工作人员开始搬运仓库深处的箱子，我发现她还热衷于收集 Consummate Collection 制造的限量版陶瓷娃娃。

"我不知道她买这些东西的时候是怎么打算的，"这位修理师说，"这是买给我们的吗？在她开店时，我记得店里没有这些娃娃。"他拿起一个没开封的箱子，小声嘀咕道："中国制造。"

我小心翼翼地走进那间大点儿的仓库。地板上放着 1 组 6 听装的可口可乐，还没有开封，瓶身印着圣诞老人图案和"1996 年圣诞节"字样。

我回头看向修理师问道："这间仓库您母亲租了多少年？"

"2006 年还是 2007 年租的，"他回答道，"为这两间仓库，我们每个月要付 500 美元租金。"

"那些可口可乐都 21 年了。"

他摇了摇头。

"母亲在世时，她的房子里堆满了东西，所以只能把东西放到这儿来。你都感觉她是不是有什么围积东西的毛病。商家都允许刷信用卡，不知不觉就买了这么多。"

我们俩都往后退了几步，看着空巢清理公司的工作人员有条不紊地将一箱箱的娃娃堆到卡车上。

"跟你说吧，"他对我说，"我和妻子已经下定了决心，绝对不会给我们的孩子留下这种烂摊子。"

抛开房主的个人情感不谈，大多数美国人家里的东西都没有什么价值。洗手间里的用品，从牙刷到肥皂，全都无法重复使用。厨房用具显然也是些破烂玩儿，顶多能给废金属行业做点贡献。老旧的 CD、DVD、书籍和音乐播放器一般也没什么用，除非是品相不错，让收藏者很感兴趣的稀缺货。

除了有价值的老古董，普通家具的二手市场行情也不太好，尤其是宜家生产的那些组装家具。除了价格高昂的知名品牌货，二手衣服几乎无法同发展中国家生产的新衣服竞争，这些新衣服款式多样，价格还便宜。包括台式电脑和手机在内的二手电子产品正在加速贬值，甚至变得一文不值。许多地区的电子产品都是每季度更新换代一次，至少对于这些地方的消费者来说，情况如此。

莎伦·卡德特比大多数美国人都更了解二手物品。在为空巢清理公司工作的 6 年里，每次清理房屋之前，她都会先拍照，如今已经累计有数以千计的客户房屋照片了。这份随意为之的资料反映了美国的消费状况，成为一份前所未有的档案。这些照片全都单独保存在 Dropbox 文件夹里，她可以通过随身携带的 iPad 随时获取。我和她一起坐在 169 号公路边的一家驯鹿咖啡厅里，她把 iPad 放在左手边的桌子上。在她查收消息时，我注意到她的收件箱里有 25322 封电子邮件。

"好吧，我们来看个情况好点儿的。"她打开一个文件夹，里面还有数百个其他文件夹，每个都标记了相关地址。大多数文件夹里都包含 25~35 张照片，这些照片记录了客户及潜在客户房屋内的物品。对于莎伦·卡德特来说，这些照片有两个用处。首先，这可以让她对清理服务做一个报价。雇用劳动力和购买大垃圾箱都要花钱，而照片中能够再次出售的东西可以用来抵扣服务费。其次，这可以方便工作人员制订清理计划，有时候制订一个清理计划需要好几天。

"这个不错。"她说着打开一个文件夹，里面记录着双子城北部一间房屋的信息。

"这是一套复式住宅，"她边说边侧了侧身，"从外面看这座房子，什么也看不出来。"

她快速地浏览卧室的照片，里面有成堆的书籍，餐桌上堆放着一些活页夹。在翻到一张照片时她停了下来，照片中的书架上、箱子里和桌子上都堆着数百张 VHS 盒式磁带，还有些磁带堆在未封口的箱子里。

她放大了照片，指着书脊上手写的标签说："这些都是自己做的。"然后她还原了图片，又指向一排排三孔活页夹。"我猜他给这些磁带都编了目录。这人挺有激情的，这也是间很有激情的房子。"

"做这么多值得吗？"

她往后靠了靠，双臂交叉放在黑色的空巢清理公司 T 恤前面。

"自制的 VHS 磁带并不重要。"莎伦·卡德特考虑了一会儿说道。空巢清理公司之所以能在竞争日益激烈的房屋清理行业中立足，是因为其注重物品再利用。

"给花瓶之类的私人物品分类打包也不重要，重要的是'不随意丢弃'这一理念。"她解释道。

为什么这一点如此重要，这是一个极为复杂的问题。拥有数百次房屋清理经历的莎伦·卡德特，已经见识过客户在割舍旧物时是多么艰难。

"昨天我们清理了一间屋子，后来客户的姐姐打来电话说他（客户）已经在凌晨 4 点去世了，"莎伦·卡德特摊开双手说，"我不知道……但这只是巧合吗？"

从历史角度来看，个人身份在信仰的宗教、公民参与度，以及地域（通常是小地方）自豪感中有所体现。但是随着传统纽带在工业化、城市化以及世俗化的冲击下逐渐瓦解，品牌和物件成为彰显个人身份的一种方式。

iPhone用户自认为比安卓手机用户更加"非同凡想"（苹果广告语）。一辆沃尔沃汽车不太可能出现在Chick-Fil-A汽车餐厅，因为沃尔沃车主大多是接受过高等教育的自由派人士，而Chick-Fil-A是保守党人偏爱的连锁快餐品牌。[1]

零散的消费行为同样可以反映我们的个人身份——看看谷歌和Facebook就知道，这两家公司擅长在互联网上追踪消费者的个人身份。对于许多美国人来说，自己的个性必须通过堆在家里的物品来彰显。

就像这个新兴行业里的大多数人一样，莎伦·卡德特并非自幼立志成为房屋清理行业的佼佼者。她成长于明尼阿波利斯的一个中产阶级家庭，上过大学，为美国联合慈善总会（United Way）这样的大型慈善基金会工作过很长一段时间。后来，在21世纪头10年后期，她的父亲去世了，家人雇用了一家公司帮她母亲搬到一套小点儿的房子里。正是这家公司的经理后来在2011年成立了空巢清理公司。不久后，莎伦·卡德特在体育馆偶然碰到了这位"搬家经理"，之后，她仔细审视了自己当时的工作。

"从人性的角度来看，这次自我审视非常有意义。"她回忆起与空巢清理公司在网络上的初次相遇。2013 年，莎伦·卡德特以打包工的身份加入了这家公司，后来升职做到公司中层，负责房屋清理服务的推广工作。

空巢清理公司除了产生经济效益外，还能让人增长见识。莎伦·卡德特打开另一个文件夹，点开一张照片。照片上是一间杂乱无章的地下室，中间还放着一台跑步机。

"健身设备也不值钱。"她说，然后点开另一张照片，照片中的书架上堆满了杂志，大部分杂志书脊都是黄色的。

"地下室的书架上堆满了《国家地理》杂志，"她叹了口气说道，"人们以为这些东西有收藏价值。"

紧接着，我们更加郁闷了：这间地下室里居然还有一张旧沙发。

"没有人会要旧沙发，搬动的过程还存在风险，而且卖不出去。"

莎伦·卡德特知道，谈论她在工作上遇到的困难，会让人觉得每一次清理工作都是一集《囤积强迫症》。《囤积强迫症》是美国一部大热的电视连续剧，讲述了人们强迫症似的囤积物品，不愿意丢掉任何东西的故事。

"但并不是每户人家，每次搬家都这么极端，"她告诉我，"大部分情况都是正常的。"即便如此，空巢清理公司的客户还是会发现自己陷于同一类困境：他们拥有的东西太多了，完全应付不过来。

在我们离开之前，我问莎伦·卡德特这份工作对她个人而言有什么影响。

"本质上来说没什么影响，我家里照样堆满了东西。不过对于我个人确实有些影响，这份工作让我意识到了人生苦短。"

一个人走到生命尽头时，所拥有的东西可能远比他或她所能应付的要多——这个观念还很新颖。在人类历史的很长一段时间里，老年人都是社会上最穷困的那一类人，他们几乎没能留下任何东西，证明自己曾经存在过。而这种状况，和其他许多东西一样，在20世纪中期发生了转变。

得益于宽阔的住宅（自20世纪50年代以来，美国人的平均住房面积增加了一倍）、强有力的社会保障体系，以及更长的寿命，美国人拥有的东西也变多了。就这一点而言，美国超过了历史上的任何一个国家。

很大程度上来说，这是件好事，代表人们的生活水平更高了。但是久而久之，东西会变得破旧，人也会筋疲力尽。

梅赛德斯·冈德森住在明尼苏达州郊区伊代纳。1987年，冈德森给她母亲搬家，从母亲住了大半辈子的威斯康星州搬到双子城。她母亲老冈德森夫人在人生的最后7年里搬了4次家，这是其中一次。多次搬家的压力给冈德森女士留下了深刻印象。她于1990年成立了和顺搬家公司，这是美国公认的第一家专注于老年人及其物品搬运服务的公司。

这种业务案例很普遍。家人们通常分散在各地，而且越来越忙。所以子女通常都没空，只能让其他人来打包东西，帮父母搬到老年公寓去。这项任务比较棘手。住在三居室的老年人东西太多了，根本不可能全带到新家去。为了便于老年人生活，新家一般都要小一些。这种情况催生了一种新职业：老年人搬家经理——帮助老年人搬家，从装箱到开箱，包揽各个方面。

和顺搬家公司效益很好，声名远播。2018 年，该公司为双子城的居民提供了 1200 多次搬家服务，平均每次收费 1500~3500 美元（不包括货车运输费用）。梅赛德斯·冈德森的儿子在加利福尼亚州经营分公司，他还是美国老年人搬迁经理协会（National Association of Senior Move Managers）的合伙创始人之一，该协会目前在美国 40 个州拥有 600 多位会员。

随着这一行业的快速发展，越来越多的新职业应运而生。"整理师"是其中最有趣的一种职业。除了要帮忙打包东西，整理师还要和房主一起决定带什么东西去新家，更重要的是，要决定舍弃哪些东西。

吉尔·弗里曼就是这一行业的杰出人士之一，她既是和顺搬家公司的市场专员，也是一位职业整理师。我在 169 号公路上另一家驯鹿咖啡厅里偶然碰见了她。

"囤积强迫症是一种谱系障碍^①，"她告诉我，"问题在于，我们要如何应对这种心理障碍。我们都在为此努力。"

吉尔·弗里曼留着一头金色短发，有一双蓝色的眼睛，散发出无

---

① 谱系障碍（spectrum disorder）作为医学用语，是某一系列形式相近但程度不同的症状的统称。——译者注

限魅力。她告诉我她以前是一名演员，过几天她还要主持一场 90 分钟的整理研讨会，对此我一点儿也不觉得惊讶。

"我一到客户家，首先要做的事情就是和他们谈一谈，"她解释说，"我想要成为他们的朋友，而不是敌人。因为客户有时候对我有些敌意，觉得我会随意丢弃他们的东西。"

不过只有刚开始的时候会这样。这无法避免，毕竟这份工作就是要说服别人学会舍弃，并且保证他们所爱的东西不会被丢弃。

"舍弃的过程确实令人伤感。人们结婚置办瓷器时，想的是永久保留下来。劝说客户舍弃这些东西会让他们心碎。"

当拥有的东西失去时，一种更深层次的伤感会随之而来。你失去的不仅仅是情感。你失去的是你自己。

随着人们喜好的不断变化，舍弃变得更加艰难。生于 20 世纪中叶的美国人非常喜爱精美的瓷器和古董，年轻一代却对此不感兴趣。

"现在的年轻人早就不要这些东西了，但是老人们希望他们需要，"吉尔·弗里曼说，"他们会说'我的孩子们需要这些东西'，但其实孩子们不需要。"

因为这不符合他们的身份认同。

在整理他人的东西时，吉尔·弗里曼的妙计就是劝说客户，告诉他们这些东西不会白白浪费。

"男人舍不得工具，女人舍不得特百惠。所以我们会告诉他们特百惠是可以回收利用的，其他人也会继续使用这些工具。"

之后老年人搬家经理要做的便是快速决定剩下的东西该怎么办。

吉尔·弗里曼和其他整理师都是按小时收费的。他们首先考虑的一定是工作效率而不是这些物品的可持续性。

清理东西的过程很痛苦。塔米·威尔科特斯是和顺搬家公司的一位搬家经理。我和她在明尼阿波利斯南部和顺搬家公司的另一位整理师家中喝咖啡时，她回忆起整理一位摄影师物品的经历。

她告诉我："他的一生全浓缩在照片里。我看到许多探险狩猎的照片，还有动物的照片，这些照片讲述了他的整个人生。我告诉他的家人，他们应该留下这些照片，但他们硬是不要。垃圾车把这些照片拖走后，我的心都要碎了。"

塔米·威尔科特斯不知道这些照片去了哪里，而且这也不是她该操心的事情。"这家人付给我每小时 52 美元，目的就一个，让我帮忙清理掉这些东西。"

空巢清理公司的二手店位于 169 号公路上，就在卡尔弗餐厅后面的米色办公区。店铺前面的金属筐里装着一些耙子和园艺工具，这看起来一点也不像办公区。但是一打开大门，五彩缤纷的装饰品便会与平淡无奇的米色墙壁形成鲜明对比。店里面堆放着中世纪的白色皮革沙发、边柜、装着复古照片的金属筐、农具、放着玻璃器皿和盘子的架子，以及复古杂志。由成百上千册书籍组合成的桌子上立着几台收银机，还有一件突兀的东西——一个耙子吊在天花板上。这些都是过去一个月左右，空巢清理公司从清理的房屋中带回来的东西；他们向原主人保证，这些东西都能实现重复利用。

我是废品厂老板的儿子，对于像我这样的人来说，这里就是最棒的游乐场。我的奶奶也是废品厂老板的女儿，如果她还在世的话，我一定会带她来这里转转，也许转上一个多小时，我们都舍不得离开。

不过在周三这个特别的日子，我不会在这里停留太久。创始人莎伦·费齐曼已经同意坐下来接受我的采访，但是如果我们选择在店里做这个采访的话，她会分心。于是她找了个借口离开，建议我们去街对面的珀金斯餐厅。她身高只有 5 英尺，大大的眼睛四处张望着，而且步伐平稳，径直朝前走得很快，我几乎是追着她穿过了马路。

到了珀金斯餐厅，莎伦·费齐曼领我入座，还点了些早点。此时已经是正午时分。她说："嗯……你想了解些什么呢？"

莎伦·费齐曼是明尼阿波利斯本地人，早些年曾在电视台工作，之后还卖过牛肉绞碎机。

"我在美国各地跑来跑去，跟麦当劳和珀金斯谈合作。"她面带微笑地回忆着。莎伦·费齐曼已经结婚了，还有几个孩子，得抽时间照顾他们。但是在她 40 多岁时，身体出了点状况。之后，她选择重回职场。这一切本不在计划之中。她想了想自己过去爱做的事情，回忆起儿时对整理东西的热爱。一天夜里，莎伦·费齐曼在上网时，用谷歌搜索了"整理"，便看到了和顺搬家公司。

她从打包工做起，后来升职为搬家经理。她的工作内容是在搬家结束后给所有不要的东西找到一个归宿，这让人印象深刻。

"我总会叫住搬东西的师傅，问他们'我这有一堆东西，你们要吗？'他们会很乐意回答我，'好，我们来拿'。"

莎伦·费齐曼想知道是否还有一种更简单、更高效、更可持续的方式。

"我真的讨厌，讨厌丢东西，"她停顿了一会，"但是我不是个囤积狂。可就因为这家店，我的员工觉得我是囤积狂。其实他们应该去我家里看看，我真不是个囤积狂。"

就像莎伦·费齐曼看到的那样，空巢清理公司的清理服务费用可以用转卖东西的钱来抵扣。

8年后的今天，空巢清理公司已经有大约30名员工，还有一间二手店。这间二手店已经差不多成为双子城的地标了。

但是莎伦·费齐曼却坚持说这一切根本不在她的计划之中。

"这就很像是这么回事——有那么一堆东西，也有可以继续使用这些东西的一群人。关键在于我们怎样能让二者结合起来，而不至于让物品回收利用变得如此困难。"

她停了下来，切开刚刚端上桌的煎蛋卷。

"后来当这件事发生在自己身上时——不得不着手清理我父母的房子并卖掉他们的房子，我们才发现房子里保存了这么多令人惊叹的东西。"

"你还记得一些具体的细节吗？"

"我记得有个餐桌，实在是漂亮极了。肯定会有人觉得，连这都没人要吗？没错，就是没人要。"

星期二早上9点，在明尼阿波利斯北部绿树成荫的文森特大街上，莎伦·卡德特站在一栋漂亮的复式住宅外。4位工作人员已经在房子里开始清理工作。莎伦·卡德特正在讲电话，核对那些不能重复利用，需要用大垃圾箱运走的东西。透过窗户，我看见客厅差不多都搬空了，只零星地摆着几件家具。

"情况看起来还好。"我对她说。

莎伦·卡德特把手机放进外套口袋里，说道："看了地下室你再评价，可不要被这里的表象骗了。"

房子里面，丹尼丝·迪克森坐在一把椅子上。她是一位身材苗条的中年非裔美国妇女，是一名企业主。客厅一共只剩下三把椅子了。每把椅子上都贴了一块蓝色胶带，这意味着这家人会带走这些椅子，空巢清理公司不用处理。屋内另一头的餐桌也贴上了蓝色胶带，桌子上放着各种各样的玻璃器皿，还有一些东西看起来像是古董，桌上大多数东西都没有贴蓝色胶带。

打包工扛着硬纸箱下楼时，丹尼丝·迪克森跷起了二郎腿。"我本来可以去街角花几百美元雇一些人来做这件事，"她说得很实在，"但是我希望这些东西能在社区里得到重复利用。这会让我好受些。"

一位员工从后门走了进来。"有个烤架在……"

"那是我父亲的熏肉机和木炭，"丹尼丝·迪克森打断了他，"我已经答应送给今天早上来的一位先生了。"然后她转身看着我说："我不能感情用事，我得保持理性。"

这栋房子是她父母的，他们在1973年买下了这栋房子。丹尼丝·迪克森的母亲是一位圣约牧师（"我们是明尼苏达州第一批进入圣约教会的非裔美国人"），父亲是美国退伍军人事务部的一名手术室技术员。他们在这里养大了丹尼丝·迪克森和她的两兄妹，什么也不缺。

"我们的生活好极了，"她说，声音突然哽咽，"我们曾经拥有一切。"她告诉我，在 1982 年，他们家还被评为明尼阿波利斯年度家庭。

丹尼丝·迪克森的父母现在都已 82 岁高龄，他们本打算一直住在这个房子里。直到九个月前，本就患有阿尔茨海默病的父亲，在医院住了一个月，后来又在一家疗养院住了一个月。

"我很清楚，他们不能继续住在这里了。所以我给他们买了一套专门为老年人打造的共有产权公寓，在那里有任何需要，只要按铃就行。"

搬家解决了大部分问题。但是留下的东西该怎么处理呢？丹尼丝·迪克森主动整理了一些家人可以带走的东西。父母留下的大部分东西对别人来说没有用，但是对家人来说意义重大，比如一些照片和书籍。之后她请空巢清理公司处理剩下的东西。

"我知道母亲会理解我的做法，"但是其他家人理解不了，"你没看到我的妹妹，因为她多半是躲到哪里去哭鼻子了。"丹尼丝·迪克森说话时，以一种姐妹间拌嘴时常见的样子翻着白眼。

"好吧，妹妹，如果你觉得不舒服的话，我们应该买下这栋房子。但有时候，东西就仅仅是东西而已。我们已经积累了几代人的东西，连爷爷奶奶的东西都还在。"

房子后面的柴油机发出轰轰的响声。莎伦·卡德特打了声招呼，便去检查大垃圾箱的运送情况了。丹尼丝·迪克森站了起来，邀请我四处逛逛。我跟着她去了厨房，厨房很窄，里面两位打包工正在小心翼翼地打包架子上和橱柜里成套的碗碟。

"真不知道我们怎么有这么多的东西，"她说，"但是我真心希望有人能用得上它们。"

她踩着咯吱响的楼梯走进了地下室，地下室里仅有几个灯泡发出微弱的光芒，头顶上是暴露的横梁。有一些装满了东西的箱子和垃圾袋，还有一些工具、真空吸尘器和电器。三位打包工在地下室有序分工，各司其职，整理东西并分别放到不同的箱子和袋子里。这些东西有的会运去空巢清理公司，空巢清理公司卖不出去的会运给救世军 [1]，还有的东西会被当作垃圾扔掉。

在地下室的尽头，一些椅子后面还有很多东西，打包工都没有能落脚的地方。

"这些是我父亲过去这些年里积累的东西，"她指着一个箱子说，"谁知道里面是些什么！"我靠过去看了看，但箱子用报纸包住了。丹尼丝·迪克森盯着地下室四处看了许久，然后找了个借口离开了。"我 10 点钟有约。"

丹尼丝·迪克森上楼去了，我仍在地下室里小心翼翼地挪动着，

---

① Salvation Army，成立于 1865 年的基督教教派。——译者注

身边满是见证了她父母一生的物品。特蕾西·卢克是一位健壮的整理师，下颌强劲，工作起来十分高效，不掺杂个人情感。她正在一堆衣服箱子旁屈膝整理衣物。

"做这份工作需要有一定的判断力。"她告诉我。除非这些衣服属于复古风格，具有收藏价值，否则利润空间太小空巢清理公司看不上。所以，他们一般把这些东西打包送给救世军。

一般来说，打包工会把东西分成五类：其一，新的、复古的、有收藏价值的、可以重新售卖的东西，会被送去空巢清理公司的二手店；其二，对于二手店来说太廉价或者太普通，但还可以再利用的东西，会被送给救世军或者类似的慈善机构；其三，旧电子产品，将被运往专门的电子产品回收站；其四，可回收的纸和金属，要被运去普通的回收站；其五，垃圾，由当天负责运输的人来处理。

特蕾西·卢克停下来，检查一件精心叠好的女士衬衫，然后把它放进送给救世军的袋子里。

"我刚开始在空巢清理公司工作时，不觉得自己东西太多，"她说，"后来，我也开始缩减自己的个人物品。"

特蕾西·卢克在进入空巢清理公司工作之前，就有过应付囤积狂的经历。她是一名退休警官，曾经在双子城一个富裕的郊区工作了20年，其间拜访过许多囤积狂的家。

"对于老一辈的人来说，失去生命中的事物是很难受的。"她说。

但是她的这种怜悯之心也有限度。

"我们究竟需要多少礼物？那个箱子里放着一套崭新的厨具。估计里面还有一本书。"

仅从这点迹象就能知道美国人的家里堆了多少崭新的、没有用的东西，而且不止美国存在这样的问题。2016年英国零售巨头玛莎百货以及由20家慈善机构组成的英国慈善联盟乐施会（Oxfam）赞助的一项研究表明，英国人的衣橱里有36亿件没有穿过的衣服。[2]

地下室的另一边，另一位打包工爱丽·恩兹站在几个箱子中间。"这里有4台真空吸尘器。"

特蕾西·卢克点了点头。"这在囤积狂的家里太常见了。"

"我觉得，你把东西修好了，老人们就会接着用。"

我慢悠悠地爬上楼，去了一楼客厅旁边的卧室。克里斯蒂·杜菲特正在里面整理衣服，她做了4年的打包工，已经很有经验了。卧室角落里还放着3台真空吸尘器。

"这些人的东西真是太多了。如果你发现他们有一张纸，那他们一定还有1000张纸。"她对我说。

克里斯蒂·杜菲特比其他同事更年轻一些，也更有活力。"我有两个孩子，过去我也留着很多东西，"她解释道，"后来他们长大了，我意识到很多东西对他们来说都没有什么意义。"她把背心叠好放到运给救世军的袋子里。"你应该去阁楼看看。"

走上一段楼梯便可以到达阁楼，阁楼的入口促狭，空间很小，屋顶倾斜的角度使阁楼更显狭窄。这里非常暖和，但十分局促，更何况地板上乱堆着各种东西——一张床、几张桌子，还有一个梳妆台，这些东西让阁楼看起来更挤，也更暖和。我打开一个黑色大垃圾袋，看见了一个耀眼的纸片圣诞老人，它的双眼炯炯有神，下面还有一些装饰品。我系上了袋子，看了看旁边堆着的一些东西。角落里还有一台真空吸尘器。

从阁楼下来之后，我和克里斯蒂·杜菲特提到了在阁楼上看到的圣诞节装饰品。

"现在还是夏天，没人想要这些东西，"她告诉我，"就算你要捐给救世军，他们都不会要。根本没地方放这些东西。"她耸了耸肩继续说："东西真的太多了，在空巢清理公司工作久了之后，你就会明白，'在添置新东西时必然要舍弃一些旧东西'。"

要是在第二次世界大战以前，克里斯蒂·杜菲特刚才的那番话根本说不通。彼时的美国和世界上其他国家一样，还处于农业社会。那时家庭人口多，人们都定居在某个地方，家里的东西很少，大多数都是手工自制的，比较珍贵。19~20世纪初期，从很多方面来看，实用家政手册（现在这种类型的手册基本上已经消失了）就等同于维修手册。[3] 有些手册还讲述了修补餐具的基本方法，帮助人们修复破碎的碗碟；还有些手册教人们如何延长瓷器、铁器以及玻璃器皿的使用寿命。那时候，父母或祖父母留下的少量物品都会遗赠给下一代继续使用。

随着工业革命的发展，越来越多的人口涌入城市，从事大规模生产工作。社会与物品的关系开始发生变化，"废弃物"这一现代概念出现了。例如，对于传统的农业社会而言，食物残渣就是肥料。但是到了 19 世纪，很多人从农村移居到城市，而城市里很少有地方可以"回收利用"食物。由于缺少集中处理废弃物的方式，人们通常只能通过窗户将食物残渣倒在街上。1842 年，《纽约时报》估计，那个时候大约有 1 万头猪在纽约的大街上游荡，吃人们倾倒的食物垃圾。现代化的垃圾收集和处理方式在当时还没有出现。

同样的，大规模生产让中产阶级拥有了便宜的衣服和大衣橱，在此之前，衣服都得自己手工缝制，价格十分昂贵。手工缝制一件衬衣需要好几天，床上用品和毯子都是传家宝。这些东西坏了之后就反复修补，或者用来给其他衣物打补丁，最终才沦为清洁用的抹布。

随后，工业化和城市化改变了这一切。人们在血汗工厂里劳动，忙碌得几乎没有时间去修补一件上衣，或是将它改造成新衣服，甚至做成抹布。因此，去商店买新衣服成为一个不错的选择。人们用挣来的工资买衣服，可当时衣服仍然很贵。直到几十年后，美国的中产阶级才负担得起频繁购买衣物的开销。但是，"衣服或其他物件可以修补后继续使用"的想法逐渐消失了。在这个过程之中，衣物所蕴含的情感价值和物价一样快速下跌。毕竟，抛弃一件商店买的上衣，要比抛弃母亲、妻子或是姐姐亲手做的衣服容易得多。

当然，工业化之前的农业生活方式比现代生活方式更加环保，更有利于社会可持续发展，农业社会以前的粗放式游牧生活更是如此。但是，没有人会嚷嚷着想要回归上述两种生活。而且需要强调的是，这两种生活方式都毫无浪漫色彩可言：当时卫生条件很差，人们大都营养不良，人均寿命相当短，而且生活单调无趣。毫无疑问，大规模生产和消费经济也会带来负面影响，尤其是工厂生产污染了大气和水质。在发展中国家，工业化发展带来的不利影响已经表现得非常明显。即便如此，这些地方的消费者还是欣然接受大规模生产和城市化发展，当然这是可以理解的。

工业化所带来的进步值得庆祝。但是当你发现，清理美国人家里的东西平均要花费好几小时时，你就会怀疑，你所庆祝的这些进步，真的是在推动人类社会向前发展吗？

明尼阿波利斯时尚住宅区有一栋高档的多层联排别墅，我在别墅的车库里见到了莎伦·卡德特。莎伦说这里有八九位空巢清理公司的员工，他们正在家具、箱子堆积成山的车库里，熟练地将椅子和箱子搬上空巢清理公司的卡车。卡车里已经装了当天早晨一次清理服务收拾出来的东西。莎伦·卡德特说她一周通常要组织 7~13 次清理服务。不过由于一些房屋清理工作比较复杂，需要好几人才能完成。比如今天这个，所以这周只安排了 7 次。

"我什么样的场面都见过，"她对我说，"不过这家人的东西真的太多了。"

这栋别墅的主人是一位老奶奶，刚过世不久。据她的亲人说，这么多年来他们没有人（包括住在她附近的妹妹）去过她家。

"她觉得很难堪，"莎伦·卡德特说，"不过老实说，这还不是我见过的最糟糕的情况。"

莎伦·卡德特带我进了屋子，走上铺满地毯的楼梯，地毯上满是经年累月堆积的污垢。楼梯一侧的尽头是一间办公室，三位工作人员正在里面，拉开一个个抽屉，迅速把里面的东西倒进垃圾袋。

"他们不是在找东西，"莎伦·卡德特解释道，"而是把东西全都给清理掉。"

私人稿件收到回收袋里；坏了的订书机、渗墨水的旧钢笔，以及一个塑料回形针都被丢进垃圾袋；还有许多未开封的稿纸，其中有些打包放进了二手店的箱子里。

"在这样的清理工作中，应该找不到空巢清理公司可以回收的东西，我们更像是在提供一种纯粹的服务。"

一位高大健壮的老人走进房间，在一张桌子和白色书架旁半跪了下来。

"颗粒板。"他小声嘀咕着，把手放在上面，检查木板重量和材质。莎伦·卡德特向我介绍，这位老人名叫卡尔。卡尔非常激动，想向我这个记者展示他关于搬家的学问。

"我在搬家行业已经工作 30 年了，"他站着对我说，"要是我就绝对不会在宜家买东西，搬家的时候，我们要用收缩塑料膜把宜家家具包裹起来，就算这样，也只有一半的概率能保证家具完好无损。"

莎伦·卡德特和我走出了这间办公室，接着上了楼。上楼的时候她告诉我，她并不像那些搬运工一样乐观。

"大多数情况下，我们都不会回收利用那些桌子和架子。可能搬一次家之后，颗粒板还可以用，再之后就没用了。没人想买旧的颗粒板，新的已经很便宜了。"

楼上的状况，连房主的亲人们都感到震惊。这一层很明亮，天花板较高，空间充足，而主要的生活区域里却堆满了收纳箱、书籍和散纸。茶色地毯上有着棕色的污渍；房间的正中央放着两台老式健身器材——一台健骑收腹机和一台舒行跑步机；各种保健品的瓶子四处散落在地上，他们把这些瓶子收集起来放到厨房里。台面上不太干净，放满了瓶子以及各种装着保健品的容器：赤榆皮、老虎药膏、有机大麦芽粉、灵芝提取物，以及有机小麦汁。箱子里大概还有 100 多瓶。

楼下传来砸碎东西、锵锵作响的声音，闻声我跳了起来。

"白色颗粒板架子没有什么用，"莎伦·卡德特耸了耸肩说，"小伙子们正在拆这些架子，其实没必要。"

爱丽·恩兹正坐在房间里的一个箱子上，整理收纳箱里的文件和活页夹。

"要是我们能直接把所有纸张都丢进要回收的袋子里，整理速度会快得多。"她说着打开了一个活页夹，看看里面都有些什么。

"但这样的话，你就会错过活页夹和书籍里原本可以回收的东西。"

爱丽·恩兹旁边的桌子上放着三本书:《Mac 版 Office 2008》《韦氏新大学辞典》和凯西·利普写的《远离混乱》。

"他们自己也知道,像这样囤积东西是不正常的。"她告诉我。

莎伦·卡德特伸手从箱子底部掏出一些小陶瓷猫,扔到了装垃圾的袋子里。

"我们不会帮任何人保存这种小摆件,"她轻蔑地说,"我在很多漂亮房子里也见过这种东西,上面还贴着古德维尔的标签。人们到底要让这些玩意儿重复回收多少次呢?"

我观察了几次房屋清理工作后,从中发现了一些共性。出生于大萧条时期的老年人更喜欢囤积东西。爱丽·恩兹称,这些老年客户中,有人塑料袋里还装着塑料袋。相比之下,婴儿潮时期出生的人,总的来说东西要少一些,但是他们拥有的电子产品更多。

"清理那些人们生活了四五十年甚至六十年的房子,才真是有意思。但是从情感上来说,真的很难割舍掉某些东西。房主还留着他们的孩子小时候画的画,甚至连婴儿图书都在。"她停顿了一下,朝我苦笑着。除了你的家人,没人在乎你小时候的童书,有时候连家人也不在乎。"如果这些童书有收藏价值,倒是可以拿去二手店卖。"

空巢清理公司的搬运工和打包工午餐吃的是达美乐比萨,吃完之后,他们继续工作。我去了一楼的那间办公室,办公室里的大部分家具已经清理出去,现在只剩地面上有些散纸。一楼角落里还有一间卧室,一张大床和两个床头柜几乎就占满了整个卧室。房间四周塞满了必须整理的箱子。

艾米·里明顿是这次清理工作的打包工领班，她正坐在床边上整理一个装着信封和文件的箱子。

"我差不多是个环保主义者，"她告诉我，"我来空巢清理公司工作的原因之一，就是看中了这里减少浪费、回收利用的理念。"

她从箱子里拿出一个大信封，打开看了看，里面装着些彩色老照片。她把这些照片和纸牌归为一类后，扔进了垃圾袋。

"如果这些是老古董或邮票，我们就会送到二手店去。人们喜欢收集这些玩意儿。"接下来，她从信封里拿出一沓私人信件，拿在手上晃了晃，确保里面没有现金或其他值钱的东西，之后便把剩下的东西丢进了送去回收的袋子里。

我走进房间，看见衣柜底下有一些差不多的箱子，衣柜里装满了冬季衣物。至少，这些东西让我明白，曾经住在这里的主人不仅是一位营养品消费者，还有一些她自己所珍视的东西，尽管这些东西二手店都看不上。如今大多数东西就要被送到造纸厂和明尼阿波利斯城郊的垃圾焚烧厂去了。

艾米·里明顿的话驱散了我的愁绪，她说："你在工作时，不可能花时间检查每一张纸。我每周要清理4~5所房子，现在丢掉的东西比我以前丢掉的还要多。当然，这一次扔掉的东西尤其多。"

第一箱信件和照片下面是一个蓝色皮革钱包。钱包已经褪色，针脚也开线了。她把钱包扔进垃圾袋里，又从箱子里拿出一个很小的帆布刺绣手提包。

"我很想回收利用这个包，但是没人想要，所以我做了决定，扔掉，全都扔掉。"

她伸手从衣柜里拉出另外几个纸箱。令她惊讶的是，这些箱子后面还有几十双新鞋子。

"卡尔，过来一下，"她喊道，"这里有新鞋子，你能把它们放到二手店的箱子里吗？"卡尔大步走进房间，看了衣柜一眼，说他马上回来。

"房子里有100多双鞋子和鞋垫，"她接着说，"这位女士还有强迫症和阿尔茨海默病。这些新的和复古的鞋子会被送去二手店，剩下的就捐给慈善机构义卖。"

"这间房里能回收利用的东西，大概占多少比例？"

"15%~20%，大部分是鞋子。"艾米·里明顿弯腰捡起一封手写的信，这一定是之前从信封里掉出来的。信上的字迹已经模糊不清，她停下来读了几句话，然后将信丢进了可回收物品的袋子里。

"我有时候很生气，这些人买这么多东西无非是因为便宜，还把别人送给他们的东西全都留下来，说着'这对我来说太重要啦！'"她用嘲讽的语气说道，"好了，现在这些东西要怎么处理？"她无奈地摇了摇头，打开了另一个装着照片和信件的箱子。

空置的多户住宅都成了遗产，这种多户住宅还会越来越多。到2030年，65岁以上人口数量将占美国人口总量的1/4，随着老年人口的增长，老年住房需求也会不断上涨。为此，莎伦·卡德特在工作日上午 9 点半赶到明尼阿波利斯的房地产公司科威国际不动产。她坐在无窗会议室角落的小咖啡桌旁，面向大约 40 位代理人宣讲空巢清理公司的相关信息。和她同时受邀的还有一位搬家经理人、一家除味公司，以及一位亲手创造了房地产收盘神话的女士。

刚开始是咖啡时间。在莎伦·卡德特摆放空巢清理公司的宣讲册时，一位帅气的房产经理人穿着一身看起来十分昂贵的西装走了过来。他听说过空巢清理公司，现在想了解更多的相关信息，但这次活动并不是面向客户的。他说道："我的父亲年纪大了，他不是囤积狂，我们正在商量变卖旧物，可问题是没什么可以卖的。"

莎伦·卡德特以前也听过这种话。"变卖旧物时，你不知道要卖些什么，结束后，你又会发现还有东西没有处理掉，这样任务还是没有完成。"

他们交换了名片，在他离开时莎伦·卡德特小声对我说："这太常见了。你来这里本来是和房产经理谈解决方案的，但聊着聊着话题就跑到家庭生活上去了。这就是我们的生存方式。我们不仅仅是要留下需要的东西，更要留住情感和回忆。当然，我也是这样。"

在找和莎伦·卡德特聊天时，一位个子不高、身穿亮红色外套的中年女士向我们走来。她介绍自己叫琳达·诺维奇，已经卖了 20 年的房子。她认识莎伦·卡德特，也了解空巢清理公司。

"作为一名房产经理人，你会要求卖家把房子收拾整洁。但是轮到你自己收拾房子时……"她说着，摇了摇头。

莎伦·卡德特告诉琳达·诺维奇我正在写一本关于空巢清理公司

以及二手市场行业的书。琳达·诺维奇把一只手放在胸口上说："太棒了！我读大学要搬出去住时，母亲带我参观了旧货市场。那里都是些又重又旧的木质家具，但我们还是想买一件。"

莎伦·卡德特大声笑了出来，几乎整个房间都能听到她的笑声。"现在可没有人想要这些东西了。"

琳达·诺维奇向莎伦·卡德特靠了靠，看上去准备吐露心声。"我的侄子在搬进新公寓时，什么都想要新的。他很喜欢买 Target 的东西。"

性格直爽的莎伦·卡德特听完，沉思片刻后说道："买 Target 是一种欲望，而用旧货是一种情怀。"

CHAPTER

02
收纳整理

"二战"后，包括美国在内的许多国家的经济开始崛起，且日益繁荣。同时，人口老龄化带来了大量的旧物，要为它们寻找合适的归宿，成为一项艰难的挑战。面临这一挑战的并非只有美国，在日本，不但人口日益老龄化，而且人口总量不断下降。很多时候，没有亲人来认领或清理死者的遗物；还有很多时候，甚至不会有人雇用他人来做清理工作。同时，在日本每天都能发现堆满了东西和垃圾的房子，按美国人的说法就是"囤积狂"的房子。

诸如近藤麻理惠这类极简主义者，以及整理运动的代表人物所描绘的图景，与日本的现实状况相去甚远。但值得注意的是，这些运动在日本流行的原因之一是日本人想跟美国人一样，尽可能地缩减自己家中的物品。从这个意义上说，近藤麻理惠是在为日本境外的读者描绘一个美好愿景，可是日本境外的消费者对此并不期待。

韩贞子匆忙冲上东京惠比寿地铁站的楼梯，礼貌地笑着和我打招呼，还鞠了个躬。她的脸圆圆的，波波头，显得很年轻，身穿一件棕褐色的围裙，围裙前面的两个大口袋里装满了钢笔、记号笔和胶带。她是 Tail Project 的主管，这是一家已经成立了 6 年的公司，总部位于东京附近，专门负责清理日本去世者家中的物品。韩贞子原来是一名空姐，现年 50 岁的她已经从空姐岗位退休 10 年了。但是她急促的语速和高效的做事方式，都能反映出她以前的生活。

我和赵退非同行，在日本游玩期间他给我做翻译，也常向我介绍日本文化。除非我能清楚地听懂日本人在用英语和我交流，否则都需要赵退非帮忙翻译。

韩贞子的名片上列出了三项专业资格认证：二手商品经销商执照；日本遗物整理师认定协会颁发的资格认证（这家机构代表了日本 8000 家清理公司）；第三项是该机构认证的"终活"（shukatsu，"临终活动"的简称）[1] 咨询师。

最后一项认证在日本十分少见。"二战"后，日本重建，经济飞速发展。这一时期"就活"（shukatsu）描述的是人们求职的过程。但是近年来，老一辈日本人已经改变了"shukatsu"最初的日语含义，现在"shukatsu"有了一个全新的含义：为离世做准备的过程。这听起来稍显讽刺。

人们对这一行业的需求十分迫切。2018 年，日本新生人口数为

---

[1] 日文中"终活"与"就活"同音，读作"shukatsu"，前者为临终关怀服务即处理后事之意，而后者为找工作之意。——译者注

92.1 万，而死亡人数高达 136.9 万。这是自 1899 年，日本首次创下最低新生人口数纪录以来最低的数据，也是日本连续第八年人口总数下降。尽管几十年来日本政府一直努力出台政策鼓励人们生育，但过去 50 年间，日本人口还是减少了 1/3。因此，日本处理后事的行业也在飞速发展。"终活"交易在日本十分普遍，人们可以在交易会上认识许多寿衣商家和遗产规划师。在日本，有关如何有序处理临终事务的书籍也有很多。人们还可以咨询像韩贞子这样的企业主，了解去世后遗物的处理问题，或是在自己离世后让花钱雇来的人帮忙把遗物送出去。

今天韩贞子要清理一位女士的公寓，她的丈夫最近在一场车祸中丧生了。这对夫妻没有想保留一些传家宝、留存珍贵的回忆，或是简单帮忙处理后事的子女。这家人像大多数日本家庭一样，需要全面清理家中的物品。

"有些人会要求留下一些东西，"她一边说一边打了辆出租车，"但是大多数人什么都不要。"

这样的做法在 60 年前是无法想象的。那时候日本人都是大家庭，大多数人住在乡卜，亲人之间离得很近，人们都愿意担负处理后事的责任。不过情况很快就发生了变化。在"二战"后日本经济飞速发展的那些年里，日本的年轻人都想到离家很远的大城市里，找一份稳定而且待遇不错的工作，一干就是一辈子，从而过上优渥的生活。在繁荣经济的驱动下，日本这个向来保守的国家的消费水平达到了前所未有的程度。到了 20 世纪 60 年代，日本富人打趣说，日本神话中的三种"神器"——天丛云剑、八咫镜、八尺琼勾玉，已经被电视机、洗衣机、空调这三种现代电器取代了。

后来，日本国富民强，人们在家里添置了很多物件，电视机和洗衣机也不再是什么稀奇物件，不值得用来自我调侃。20 世纪 90年代初期，日本出现经济泡沫，随之陷入衰退，经济停滞长达 10 余年。从那时开始，之前的调侃不再让人觉得有趣。尤其对于日本的年轻人来说，稳定就业的机会越来越少，取而代之的是工资低、福利差的非正规工作。经济上缺乏安全感，导致日本年轻人延迟婚育，或是干脆放弃结婚生子。

因此，经济泡沫过后，日本成了世界上人口老龄化最严重的国家，数百万家庭在经济繁荣时期积累了大量的财富，而继承人却少之又少。日本拥有 800 万间空置的房屋，也就是俗称的"鬼屋"。最近一份政府的调查报告显示，到 2040 年，日本空置房产的面积可能相当于整个奥地利的国土面积。

并非只有日本情况如此。东亚的发达国家和地区，人口老龄化的速度都在加快，同样留下了堆积如山的遗物。西欧国家也同样面临着人口结构变化带来的挑战。一家英国保险公司估计，2003 年英国家庭堆积的闲置芝士火锅套装数量将达 380 万，那这些厨具最后又会怎样被处置呢？就算大多数芝士火锅套装仍能使用，我们也很难相信人口会增长到足够的数量（哪怕算上移民），从而产生能够消化这些套装的二手市场。

幸运的是，回收物品或是清理不想要的物件时，有很多干净、环保的方式可供选择。如果废旧金属垃圾场不回收芝士火锅套装（情况多半如此），我们还可以把它们送到技术先进、符合环保标准的垃圾焚化炉里烧掉（在日本尤其会这样处理，因为日本拥有世界上最好的垃圾焚化炉）。只需要把处理的东西放进焚化炉里，支付处理费即可，不过费用比较高昂。用焚化炉处理一个装满东西的12加仑垃圾袋的费用大约是50美元，处理一个日式床垫的费用是100美元。一些即将被焚烧的东西也许还能再次出售，但是整理这些东西需要花费更多的时间，还要另外支付整理的费用，因此很不划算。

至少韩贞子是这样认为的。但是最近，她发现客户们有不同的想法。

"他们希望听到，有人还在继续使用他们以前的东西，"她说，"这会让他们好受很多。"作为一名商人，她有义务提供这项服务。

在离惠比寿不远处的罗多伦咖啡厅二楼，我遇见了滨田里奈，她是《再循环通信报》的编辑，也是最早了解日本二手商品市场的专家。

这份工作任务艰巨。

2016年，日本二手行业赢利160亿美元，大约占日本整体零售额的4%。实际上，二手行业对日本产生的影响还要更大。例如，滨田里奈提供的数据显示，2016年日本二手服装的消费人数达2000万，大约占日本总人口的1/6。尽管二手服装的销售额总体上不如一手服装，但仍占服装市场零售总额的 10.5%。对于日本年轻人来说，二手物品是一种身份认同方式。

滨田里奈身材小巧，大概只有 5 英尺高。她左肩上挎着一个超大的手提包，包里装着几份《再循环通信报》，供阅读使用。它看起来很像《华尔街日报》，内容丰富，资料可靠。报上刊登了一些与拍卖行、在线二手交易平台以及市场前景预测相关的文章。文章四周刊登了数百条有关拍卖、价格数据以及新开的二手店铺的广告信息。

"反对浪费（Mottainai）！"她说了一个词。这个日文单词不太好翻译，它表达了一种对于浪费的惋惜之情，也表达了人们珍惜东西的意愿。

"20 世纪 60 年代以前，日本人都有这样一种精神，"她解释说，"甚至在江户时代（1603~1868），和服的回收利用就已经开始了。"

但是在 20 世纪 60 年代，日本进入了飞速发展时期，这一切都改变了。"日本人忘记了他们曾经的样子，只知道买、买、买。"

在她看来，得益于日本经济发展速度放缓，人口结构发生变化，这样的社会风气在过去 20 年里慢慢得到了改变。滨田里奈还提到了另外一个原因：2011 年 3 月发生在日本东北部的大地震和海啸，导致日本福岛核泄漏。

"自那以后，我们重新找回了自我，"她解释说，"人们开始把自己的东西捐到日本东北部，因为那里的人变得一无所有。人们也在思考，'也许我们应该再回收利用这些物品'。"

日本房屋清理行业在这次地震之前就出现了。一开始，该行业和二手行业没有多大关系，它只需要快速、高效地把业主的东西清空。从这个角度来说，房屋清理行业是 20 世纪中叶日本经济飞速发展的衍生品，不过在 21 世纪第二个 10 年初发生了改变。

北海道是日本北部的一座岛屿，以风景优美和旅游经济著名。人们发现北海道的几家房屋清理公司，都将清理出来的东西倾倒在自然环境中（从而避免支付高额废物处理费）。随之而来的媒体报道，在社会上引起了轩然大波，公众提高了对清理行业的监管意识。日本遗物整理师认定协会应运而生。该协会努力扭转清理行业的负面形象，方式之一就是为清理公司提供深度培训，培训内容包括如何依靠回收和再利用获利。

近年来，甚至连佛教僧侣都卷入了这一行业。滨田里奈解释称，日本的神道教和佛教信奉逝者的灵魂会寄居在使用多年的物品上。

"在亲人过世后，家人会去寺庙找僧人为逝者祈福，"滨田里奈说，"然后僧人就会去逝者家里清理东西。"

这个商业模式很有吸引力，因此一些清理公司选择直接和寺庙合作，一次性满足逝者的精神需求和物质需求。

不过，尽管日本人重新接纳了传统的价值观念，当代的价值观念仍然难以撼动。

"没错，日本是有'反对浪费'的精神，"滨田里奈承认道，"但日本的生活水平很高。"她手指弯曲在我们俩之间的桌子上敲了敲，"这张桌子不错，但是如果它脏了，日本人就不会用了。"

"那谁会用呢？"

"发展中国家的人会用。"

韩贞子在一条宁静的街道下了车，这条街的一侧是高档住宅公寓，另一侧是一座种满了樱花的公园，春风吹拂，落花满地。

我跟着她进入一栋公寓楼的大厅，爬了四段楼梯后，进入了一间两居室的公寓，里面的拆卸整理工作已经完成大半。Tail Project 的两名员工正在抬衣柜，准备运下楼去。还有一名员工跪在地板上，小心翼翼地扯出几年前固定在地板上的电线。左边是厨房，几个箱子里装满了厨房用具、玻璃器皿，另外两个箱子装满了威士忌和清酒酒瓶，还有一堆新箱子叠在一起用绳子捆着。旁边的墙上贴着一张鲍勃·马利抽大麻的海报，还有一张滚石乐队世界巡演的海报。

房间中央，一个女人坐在凳子上，跷着二郎腿。她 55 岁左右，身穿一条紧身牛仔裤、一件黑色短外套，头发刚刚过肩，有着黑眼圈。她是位寡妇，知道我要写书，还特意提醒我不要透露她的名字。

韩贞子去地铁站接我之前，就在用报纸包装这位寡妇的玻璃器皿，现在她可以继续工作了。"我把能在回收市场再出售的东西打包好，"她解释说，"其他工作人员负责打包家具。"

我靠近了些，看她正小心翼翼地包装着两个污浊的玻璃啤酒杯。

"这些你能卖掉吗？"

"这在日本很难卖出去。日本人更喜欢只用了一年的旧物，包括电子产品也是这样。所以如果有海外市场需要，我们就出口。"

她在那位寡妇的厨房里忙活着，就像在一个即将落地而且机身宽大的喷气式飞机里收集金属托盘，丢掉那些必须扔掉的东西，这样她才能整理下一件物品。

"最早，我们的目标市场是菲律宾，但是最近非洲买的二手商品更多一些，也不是所有的东西都会出口。有时候我们会把一些东西放在办公室门口，有人想要就可以拿走。"

"我希望这些东西能给那些真正用得上的人。"那位寡妇说。她从杂物堆里拿出一辆手指大小的玩具自行车，放在手里把玩着。我突然意识到，人们渴望看到自己的物品重获新生，与其说是出于对这个星球的关怀或者反对浪费，不如说是另一种虚荣心作祟。她的话仿佛是在表明，她不要的东西仍然值得别人拥有。

一位工作人员搬来一箱黑胶唱片，这位寡妇顺势跪在地板上，在箱子里翻找着。我看见箱子里面有艾尔顿·约翰的两张唱片《不要朝我开枪，我是唯一的钢琴家》和《最好的奶油》。在日本，老黑胶唱片的收藏家激情洋溢，努力搜寻他们想要的唱片。二手啤酒杯可能不值钱，但这些唱片则价值不菲。

韩贞子的目光扫过这些唱片，什么也没说。

寡妇笑了笑说："我丈夫以前经常制作录音带，带到酒吧让人播放。我还记得他制作录音带的时候邻居都大喊：'声音小点儿！'以前我们经常在这儿搞聚会。"

韩贞子用胶带封上了一个装满玻璃器皿的箱子，低着头问："我可以拿走这些唱片吗？"

"拿去吧。"

这次的报酬不错。尽管一直在强调二手物品的再出售和再利用，但韩贞子的大部分收入还是来自客户支付的清理费用，一天的清理费为 2200~3200 美元（如需要几天才能完成的清理工作，则费用累计）。她还得支付员工薪水和废物处理费，有时支出甚至高达 1000 美元，所以利润也在缩减。

尽管如此，韩贞子的日子过得并不艰难。Tail Project 和日本许多清理公司一样，业务繁忙。她平均每月要接 10~12 份清理工作。

"我还可以接更多，"她真诚地说道，"但是我想把每一份清理工作都做到最好。"昨天，她在北部 180 英里处的福岛清理了一所房子，清理工作完成之后，她立马又赶去 20 英里外的横滨，见另一位客户。

"我刚开始从事这一行的时候，生意可没这么好做。"她打开一个满是废品的抽屉，把几盒没开封的订书钉丢进了再出售的纸箱里，把钢笔都扔进了旁边的垃圾袋。她在地上捡起一个圆筒状的东西，那是日本人常用来签名的私人印章。

韩贞子转身对那位寡妇说："这个你还要吗？"

在那个上午，随着时间的推移，原本沉默寡言的寡妇慢慢变得健谈起来，甚至还和我们开起了玩笑。但是听到这个问题后，她似乎又陷入了萎靡状态。"不要了，谢谢你。"她说着摇了摇头。

那个印章被扔进了垃圾袋。

韩贞子的整理方法很实用，并非纸上谈兵。任何东西都有其立身之处，或者更恰当地说，有自己的市场。这种思想在当代日本还不是很成熟。20世纪初，日本现代化的官员和实业家都拥护弗雷德里克·温斯洛·泰勒的"科学管理"原理。弗雷德里克·温斯洛·泰勒是一位美国机械工程师，也是世界上第一位管理学家。[1]他的"泰勒制"（Taylorism）名声日显，该方法试图最大限度地提高办公效率，清理废物，节约时间。

丰田汽车公司采纳了泰勒式的理念，创建了著名的"精益生产"管理体系，"精益生产"也已成为日本制造业技艺高超的代名词。但是"泰勒制"不仅仅运用于工厂管理。对于一个泰勒模式的办公室而言，管理人员的办公桌必须位于靠近门的位置，因为管理人员需

Tail Project的韩贞子在东京地区做清理工作

要经常出入办公室。公共物品也必须放在指定区域，这样就不用浪费时间找东西了。[2]

日本的一些泰勒的追随者，认为这种方法同样适用于家庭生活。20 世纪 40 年代晚期出现了一些建议类型的图书，倡导减少废弃物，提高家庭生活中物品的使用率。例如，1949 年，大元茂一郎出版了《家庭生活的科学》，该书力求家庭主妇在担当管理者的前提下，创造出最佳的家庭劳动分工模式。泰勒式的建议比如"东西应该放在家里的指定区域，盒子、罐子之类的容器应当贴上描述所装内容的标签"[3]，在 21 世纪第二个 10 年，仍然是整理物品的准则。

这些建议都不适合极简主义者，也不适合那些想减少对物品依赖的人。事实上，这些建议针对的是那些爱购物的日本人，是为了帮助他们整理家里数量越来越多的物品和废弃物。很少有哪个国家的人像日本人一样喜欢购物（日本的经济规模便是证据之一）。潮流变化飞快，人们买下一些新潮的小玩意儿，等到一出新款，就把它们扔在了一边。

但是，即便在 20 世纪中叶日本经济飞速发展时期，也有一些持怀疑态度的人。20 世纪 70 年代，一场新兴的环保运动开始唱衰日本的物质主义。环保人士的担忧逐渐和社会担忧交融。1979 年，日本开展了关于生活方式的年度国民调查，受访者首次表明，对他们而言，"心中的充实"和"宽裕的生活"（yutori）比物质丰裕更加重要。"宽裕的生活"大意是"寻找时间和空间来享受生活"。随着喧嚣的 80 年代渐渐远去，人们对物质主义的不满也日益明显。

伊科·玛鲁科·辛尼瓦是最早研究日本废弃物和浪费现状的历史学家，他在书中提及那些追求"宽裕的生活"的人时认为，"不仅要关注是否有必要买某件东西，也要看这件东西能否让人发自内心地感到开心、快乐"[4]。从买一些能让人们内心感到愉悦的东西，到接受近藤麻理惠著名的"怦然心动"整理法——只保留一些能让人快乐的东西，还算不上是一次很大的飞跃。

2018 年末，我去了马萨诸塞州的威廉姆斯学院，在辛尼瓦教授的办公室见到了她本人。我询问她是哪些因素交织融汇，最后在 21 世纪头 10 年末，催生了风靡全球的日本收纳整理运动。和滨田里奈一样，辛尼瓦教授也认为日本长时间的经济低迷是原因之一。但她还是保守地指出，尽管经济衰退，人们的环保意识不断增强，但日本的收纳整理运动的目的，主要还是通过整理物品，让人们快速获得个人幸福感；该运动的目的仅在于节省空间，跟金钱和环保都没有关系：

> 我认为，近藤麻理惠之所以在日本受到欢迎，与她在美国或是其他相对富裕的大众消费型社会受到欢迎的原因是一样的。也就是说，她着重于处理物质丰裕、物品过多的问题，而这样的问题只会发生在属于特定阶层、拥有较强购买力的人身上。可实际上她并没有从消费端来解决问题。有人说这意味着你应该凑合着少买点东西。但事实上，关于这些东西最初是怎样进

入人们家里，又是为什么进入人们家里，近藤麻理惠并没有给出答案。

最后一个问题——日本经济发达，但老龄化严重，这也造成了物品堆积如山。这个问题通常只能在人去世后的房屋清理中得到解决，那时消费者再也无法因为这些东西而感到快乐，来收拾整理的人可能只是花钱雇来的帮手。

韩贞子没有时间为客户丢掉的那些东西感到惋惜。自己的母亲在早些年去世后，她便对这一切深有体会。那时候家里人都帮不上忙，据韩贞子回忆，当时她本来很乐意雇用一两个人来整理母亲的遗物，可到头来，还是她亲自整理的。

"真的太难了，"她回忆说，眼神中透露出一丝脆弱，"这些都是我妈妈的东西啊！"她以前也说过类似的话，"但是我必须这么做。"

几年后的 2011 年 3 月，日本东北部发生了大地震。在此之后，丰田汽车旗下的钣金喷漆设备制造商 Active-Techno 受经济衰退的影响，生意变得不景气。这家公司的老板是韩贞子的朋友，他提到当时正在寻找新的商业机会，无意中看到一篇与清理行业有关的文章。

"他说：'也许我应该做清理这一行。'"韩贞子回忆道，"我说：'不不不，我来做好了。'"于是，2012 年 Tail Project 作为

Active-Techno 的一个部门开始开展业务。

进入这个行业的门槛较低。韩贞子取得了二手商品经销执照。出于工作需要，她还做一些卫生工作，并接受了与殡葬服务业类似的安全培训。日本每周有数千人孤独离世，因此清理业务可以占到公司总业务的 30%。

韩贞子走出厨房，拿出她的 iPhone，浏览一些清理工作的照片。

"看。"她给我看手机上一张床的照片。照片中的床垫上有一个人形的深色印记。

"我不负责搬尸体，"她说，"但是我必须接受培训，做剩下的清理工作。"

她继续翻看照片，浏览着榻榻米上还沾着头发的照片、垃圾堆里发现尸体的照片，还有床上躺着一具腐尸的照片。她去拜访潜在客户，争取拿下单子时，拍了这些照片。如果接手这份工作，那这些照片就可以提示她和工作人员，需要如何为后续清理做准备。

有的清理工作让人快乐，韩贞子说，比如看到家属们聚在一起，讲述逝者的往事。但也有的清理工作让人很悲伤。"有些家属只是来拿值钱的东西，剩下的就全都不管了。"她停顿了一下问，"美国那边是什么情况呢？"

这时，那位寡妇突然插话，说她和丈夫曾经去过洛杉矶，在那里她也见过车库旧货出售。"美国人搞旧货出售就是为了腾出空间，以买更多的东西。"她对我说，然后眼睛看向别处，笑了笑，也许是想起了她曾对丈夫说过同样的话。

"我觉得还挺有趣。"

下午晚些时候，横滨宽阔的大街上已经变得有些拥堵。BOOKOFF 是日本第二大的二手物品收购商和零售商。高初小港是 BOOKOFF 的一位公关主管，他开着宝马车载着我和赵退非。在 1/4 英里的路程内，我们路过了 Tackle Berry，这是一家二手渔具零售商，门店遍布日本各地；还路过了二手高尔夫用具零售商 Golf Effort，其门店位于东京和横滨区域。

"他们的大多数二手物品都是来自'终活'？"说这个词时，我感觉有些别扭，有点装腔作势的味道。

高初小港礼貌地笑了笑。

"大多数二手物品都是年轻人的，他们不停地扔掉旧东西给新买的腾空间。像这样的店铺就很方便人们处理旧物。"

BOOKOFF 于 20 世纪 90 年代开始涉足这一行，那时日本的二手市场主要面向低端消费人群。如今，BOOKOFF 在日本有 800 多家门店，主要是收购和销售从书籍到露营装备等各种东西。这家公司已在东京证券交易所上市，同时还有十几家经营二手货的公司也上市了。

高初小港将车开进了一个停车场，停车场位于 BOOKOFF 的两个大仓库之间，仓库上标有 BOOKOFF 充满活力的橙色标志。下车时，他理了理西装上的褶皱和衬衣领口，他今天没有系领带，还擦拭了一下黑边眼镜的镜片。高初小港身材瘦削，和他相处会让人觉得温暖。我觉得，这是他从事二手行业所产生的魔力。参观他们的仓库有点像为拍卖会拉开帷幕。只不过在这种情况下，一旦我们将不要的东西摆上二手展示台，它的价值就会大打折扣。

我们大步走进一间明亮的仓库，里面分散着数百个红色和蓝色的手推车。每个手推车上都装着大约 40 个破烂收纳箱。高初小港称，每个箱子里都装着人们卖给 BOOKOFF 的二手书、DVD 和CD，至少有 20 件。在互联网上，BOOKOFF 也在迅速拓展其电子商务板块。人们没有费时费力地把这些东西送到二手书店去，而是寄给了 BOOKOFF，因为 BOOKOFF 的回收流程更加简捷。

BOOKOFF 自创了一套简化的卸货流程：只需要把东西打包在一个箱子里，打印一张托运标签，然后叫一辆皮卡拖走即可。高初小港称 BOOKOFF 每天要接收 3000 个箱子，总计约 15 万件物品，其中大部分是书。这不是在清理二手书——BOOKOFF 如同黑洞般吸纳了人们不要的旧书，让这些旧书在书架上重获新生。

我们走了几步楼梯上了二楼。刚一到二楼，我就往后退了退，因为一位员工正推着一个浴缸大小的推车从我旁边经过，推车里面装满了数百本书，有齐腰高。

"这些都是要回收的书。"高初小港说。

BOOKOFF 是日本最大的二手书收购商和经销商，但并不是每本二手书都有人买，所以 BOOKOFF 也是日本最大的二手书回收商。据高初小港称，公司每年要将 3.5 万吨书送到废纸回收站。这约是埃菲尔铁塔重量的 3.5 倍，都是人们不想要的一些书：爱情小说、历史书、词典、名著，以及烹饪书籍。

这个数字令人心碎，对于一位作者来说更是如此。BOOKOFF Online 仓库的二楼，又长又窄，这里整天都在进行着残酷的挑拣工作。仓库中间全是堆着书的推车，两边大概有 30 个工作台，员工们每天要花大量时间打开顾客寄来的箱子，评估里面的东西是否有价值。

高初小港把我介绍给纳谷女士，她头发花白，精神矍铄，已经在这工作了 10 年。她的工作台上没有太多东西。工作台左侧有一个浴缸大小的笼子，里面装满了要回收的书，笼子后面是 6 个顾客寄来的纸箱，还没打开。她面前是一台电脑、一台条形码扫描器和一台打印机；右侧有一些蓝色和红色的箱子，和背包差不多大小。那些有价值的书都会放到这些箱子里。

挑拣的流程十分简单。纳谷女士划开一个箱子，从里面拿出一本书。如果这本书有瑕疵，比如书脊弯曲，内页有破损，封面褪色，那就马上丢到回收箱里。小港承认这个标准很严格。

"实际上，这比我们实体书店的质量标准更严格，"他说，"但问题是，网上的顾客在买二手书之前不能亲自检查。所以书必须像新的一样，我们不希望顾客因为质量问题而退货。"

BOOKOFF 的二手书要先经过外观检查，然后进行条形码扫描，再由不断更新的大数据库和购买算法来评估价值。BOOKOFF 不会把上述信息或信息管理者的身份公之于众。但是小港称，决定买哪本书，用什么方式支付都基于一系列因素，包括过去卖了哪些书，公司负责定价的员工预期哪些书能畅销（如果有一本书正被翻拍成电影，而原著已经停止销售，那公司可能就会留意市面上的相关旧书），以及哪些书已经卖不动了。

大多数书是没有用的。小港称，人们送到 BOOKOFF 的书，60% 都没有价值。

"大部分是日本漫画，漫画在日本属于一次性消费品。"他指的是日本独特的漫画书和漫画小说，这些书的印数以百万计。

"另外，虽然有些漫画书特别火，但我们还是不希望货架上有太多漫画书。"他把漫画书丢进了笼子里。

"所以，这些书也要送去回收站。"

每扫描一本书，就会发出"哔——"的一声，电脑屏幕上还会显示这本书是应该放进回收箱里，还是放进红色或者蓝色的箱子里。纳谷女士扫描这些书，然后分别放到各个箱子里，就像在发牌一样。哔——

"我总能在这看到各种各样有趣的书。"哔——

"特别是那些放进回收箱里的书。"哔——

"但是我们不能带走任何东西，这让我有点难过。"哔——

"不过这也鼓励了我，出去买些新的。"哔——

纳谷边干活边说道。

"我也这样。"小港说着伸手在回收箱里拿了一本他看中的书。这是一本 30 年前的精装本小说，他小心翼翼地翻着。这本书成色很好，版本也很稀有。如果拿到传统的二手书店去卖，肯定能卖个好价钱。但是 BOOKOFF 的书太多了，而且有个问题：这本书不仅没有条码，也没有国际标准图书编号（识别图书及其出版商的唯一编号，通常为 10 位数或者 13 位数）。"所以 BOOKOFF 的系统根本没办法给它定价。"小港说。他做了个鬼脸，把书轻轻地放在回收箱上面，便转身离开了。

评估过程很残酷，但是很有必要。没有国际标准图书编号的话，查找一本书的价格可能需要 5 分钟；而书上有了条形码，5 分钟足够纳谷女士扫描、分类 20 本书。如果 BOOKOFF 每天只接收少量的书，不用条形码扫描器也可以，这样或许能感受到高初小港刚刚所感受的那种快乐。但是既然 BOOKOFF 要继续经营下去，为消费者提供一个能毫不愧疚地处理闲置物品的地方，那么它每天就得接收成千上万本书，员工们根本没时间享受快乐。

与此同时，工人正推着一辆装满了蓝色和红色箱子的手推车走向电梯，准备将它们运到楼上存放。这些箱子和我们在纳谷女士工作台旁看到的一模一样，每个箱子里都装着一位顾客的东西，还有一张物品价值的发票清单。发票的副本会通过电子邮件发送给顾客，顾客只需要接收发票就可以收到货款。小港称，80% 的顾客都会这样做。还有 20% 的顾客宁可自掏腰包，把书重新运回自己家。很少有企业比 BOOKOFF 提供的价格更好，尤其是还要加上运费。它们通常都是按照书的数量估价。

她说："不管顾客接不接受 BOOKOFF 的出价，他们所在意的其实不是价格本身。"

而 BOOKOFF 所在意的就是价格本身。卖家确定好价格之后，就可以把书寄到 BOOKOFF 的两个仓库。其中小部分书会被运到仓库二楼，工作人员会打包好这些书，再运到日本各个 BOOKOFF 门店去卖。标题、作者和主题都不重要，书店只要书，任何类型的书都要。横滨这间仓库里就有各种类型的书。

但大部分书都会被运到旁边的四层楼里去，小港称这栋楼是日本最大的二手商品仓库，可能也是全球最大的二手商品仓库。

"我一直都在说这间仓库应该去申请吉尼斯世界纪录。"他说。

这间仓库里有 500 万件商品，大部分都是书，被存放在书架上。仓库里光线昏暗，书架之间的走廊很窄，只够工作人员手持导航仪推着车经过。这里不是图书馆，没有按照标题、作者或主题顺序来摆放书籍。实际上，丰田汽车公司设计了一种只按书架号分类的系统。如果书架上还有空位，就会把书放上去。有人订购这本书时，导航仪会帮助工作人员找到这本书，拿去寄送。这种服务本身就是 BOOKOFF 提供给买家的一种无形商品。

一栋二层楼坐落在镰仓市蜿蜒公路一侧的山坡旁，镰仓是一座临海旅游小城，位于东京以南大约 35 英里处。这栋房子矗立在石墙和铁门后面，还配有金属遮阳板，不仅可以使屋内免受烈日的炙烤，还可以避开外人窥探的视线。当然，外人窥探的情况并不常见，至少在上午晚些时候，周围似乎只有寥寥几位坐在公园长凳上的老人。

韩贞子马上就到。前两天她都在清理这栋房子，不过今天早上她不在这里，因为在别处有另一单业务要谈。

这就是普通社区里的一栋常见的房子。房子附近和庭院都打扫得特别干净，看不见任何垃圾。3 年前，这栋房子里住着一家三口：一位老妇人，现在已经 95 岁了，还有她的女儿和女婿。也是在 3 年前，女婿去世了。几个月后，老妇人的孙女沙耶（她希望我在书中只提及她的名字而非姓氏）把妈妈和奶奶接走，一起生活在离这 20 英里的横滨。去年，沙耶的妈妈也去世了。

沙耶穿着格子衬衫、牛仔裤，外面套了件围裙，到门口来接我。她面露微笑，戴着一副眼镜，看着有点书卷气。她是一位兼职儿童英语教师，而且很乐意和我聊天。

"进来吧，快请进。"她一边说，一边招呼我进屋。

尽管有遮阳板，屋子里还是很明亮，泛着黄光，房子保存得很好。屋里有一个瓷器柜，装得满满的，电视柜上有一台电视机。不过，餐桌上的东西很眼熟，是些用报纸包好的碗碟，还有一罐能提神醒脑的 Premium Boss 冰咖啡，这应该是沙耶的。旁边还有几件漂亮的红色漆器。

"这些漆器都是我母亲自己做的，"她告诉我，"我们会留下这些漆器。"

韩贞子的一名女性新员工也在场，正在打包厨房里的碗碟。她太害羞了，所以基本不怎么和我这个记者说话，我也不知道她的名字。沙耶向我介绍了自己，然后带我去了客厅。

"我小时候就住在这里，"她笑着对我说，眼睛瞥了一眼楼上，"我知道我应该亲手收拾这些东西，但我有工作要做，还要照顾丈夫和两个孩子。我一个人做不了这么多。"

有三家清理公司给她发来报价。因为韩贞子性格不错，报价也很有竞争力，而且在努力寻找二手物品的再利用市场。最后她选择了 Tail Project。

"我什么都不想扔，这些东西别的人其实还用得上，"她转身朝桌子方向看，"做这个决定很难，一旦开始了就没有回头路。"

她领着我去了二楼，二楼的天花板是倾斜的。首先，我们来到了她奶奶的房间。地板上是长方形的榻榻米床垫。墙是橄榄绿色，除了天花板角落高处摆着一座小神棚，房间里什么东西都没有。小神棚前面挂着缠绕的一截绳子，叫注连绳，人们相信它能驱赶邪灵。

"韩贞子女士会联系当地的宗教机构来取走，"沙耶告诉我，"他们会烧掉它。如果其他东西上也附带有死者的灵魂，他们会一起烧掉。"

根据日本遗物整理师认定协会的规定，焚烧神棚的价格与佛坛（直径 1 米）或床垫的价格差不多，都是 100 美元左右。

沙耶带我去了旁边的步入式衣帽间，衣帽间的一侧是木质抽屉柜，与墙的长度相当。房间其他地方都堆着箱子和收纳盒。

"日本的宗教很有意思，认为抽屉里也有自己的灵魂，"她说，"因为已经用了很多年了。"

一根绳子绑在一张抽屉长的和服包装纸上，沙耶轻轻地揭开，里面是一件深蓝色的亚麻制衣服，衣服下面是毛线编织的花纹图案。

"这些和服都是我奶奶做的，"她说着，拿起一件又一件衣服，"这些都是她一针一线缝制出来的。"

这个抽屉里面有 6 件和服，下面的 3 个抽屉里还有很多衣服。她走进卧室，拿起一个之前我没注意的箱子，里面至少还有 10 件衣服。

"这些你要留着，是吗？"

她跪在地上，拆开和服包装纸，里面有两件和服。

"一件和服，母亲穿了女儿再穿，没那么容易割舍。"

其中一件和服是棕色的，上面绣着错综复杂的漩涡图案；另外一件和服上面是绿色与橘色交错的艺术图案。

"但是我不能留下所有和服，家里没地方放。可能别人拿去还能继续穿，"她站起来，擦了擦眼泪，"我心里很难受，但是我带不走所有东西。还有些东西早就已经扔了、卖了。"

我们从她奶奶的房间走到她母亲的房间，整个过程就像从日本的古代穿越到了现代。母亲的房间里全是箱子，堆得高高的。一张双人床上也堆着许多箱子。房间里还有一个梳妆台、一个抽屉柜和一把椅子。空荡的墙上挂着几幅家人合影。沙耶摸了摸她身上穿的黑白格衬衣的袖子。

"这些衣服都是我妈妈的，现在我在穿。"她说完，带我看了看衣橱。里面 6 个塑料箱堆得高高的。她打开一个箱子，拉出来一件手工织的毛衣。

"这些也是奶奶亲手做的，"她说完，又开始哭，"我没办法留下所有东西。"

下楼时，我告诉她有一个二手和服市场，在周末开市，就在热闹的原宿街。

"那儿的客户大都是外国游客。"我小心翼翼地试探，心想她应该希望奶奶做的衣服能够被懂得欣赏的人买走。

她朝我使劲点了点头，表示赞同。

"好，那就让外国朋友带走吧，有人能珍惜这些衣服真的挺好。"然后她转过身去，泪水又湿润了眼眶。我不知道该说些什么安慰她。幸亏就在这时，门开了，韩贞子走了进来，准备完成剩下的工作。

CHAPTER

03
物品泛滥

　　能够世代相传的都是稀罕物件，能够随着时间增值的更是绝世珍宝。人们拥有的东西越来越多，消费者典当物品也越来越常见。一家私人古董店或收藏品店可以转卖某个家庭的少数珍贵物件，从中获利。然而，任何人都能卖掉一条钻石项链，但保证能每周卖掉25件二手毛衣吗？这就需要有资金、有耐心的人来经营，并确保在二手毛衣卖不出去的时候，还有许多其他商品可以出售。

　　几十年来，二手店就扮演了这个角色。古德维尔工业国际能够让美国家庭用品的剩余价值得到最大限度的利用，在这方面没有哪家二手店比它做得更好。2017年，古德维尔工业国际零售总额达58.7亿美元，在美国旧货贸易中名列第一；同年美国旧货贸易的总收入为175亿美元。美国境内外都在效仿古德维尔的商业模式。对于美国人来说，古德维尔代表了整个旧货行业，相当于慈善捐助行业的巨头。从过去到未来，古德维尔一直是二手物品的归宿。

下午 3 点左右，位于图森南霍顿路与东高尔夫路交叉口的这家古德维尔，前来捐赠的人络绎不绝。捐赠接收处有些灰色手推车，里面装有拼图玩具、沙发垫、相框、装满衣服鞋子的枕头套、两把高脚椅和至少一台真空吸尘器。我还发现了别人丢在这里的一袋垃圾——真正的垃圾，里面有 3 袋没吃掉的好时巧克力，锡纸包装还是完好的，但巧克力已经融化，溢了出来。

在捐赠接收处外面，一张咖啡桌抵着一块床头板，挡住了半边入口，还有两辆推车，一辆手推车里装着家用仿真绿植，挡住了入口的另一边。周围还有一台笨重的老式划船机，以及几个用胶带封好的大箱子。我整天都在这儿，但还是没有印象，这些东西是什么时候从捐赠者的车上卸下来的。

来捐东西的人仍然很多，还有 4 辆车在等着捐赠。米歇尔·詹斯，今年 43 岁，行事十分淡定。她用社会评论家般的眼光，挑剔地看着这些捐给古德维尔的东西。她告诉我捐赠高峰才刚刚开始。她正要过来帮忙。

接下来，一位老人缓慢地从一辆日产开拓者皮卡上下来，手上拿着一双毛皮里衬的猎人鞋。

"我送过前妻一双这样的靴子，她很喜欢，"他说，"当时花了我 150 美元。这双呢，本来是我送给现任妻子的，可她不喜欢，因为我给前妻送过一样的。"

米歇尔·詹斯带着嫌恶的表情接了过来，扭过身子大声喊道："谢谢您的捐赠！养活了我们店 22 名员工！"然后她转头对我说：

"这是我们这个月的口号。"

接下来轮到一辆墨西哥牌照的白色雪佛兰英帕拉。开车的人是个穿着条纹无袖 T 恤的圆脸少女，我对她有印象。大概 30 分钟前她来过这儿，放下了至少 12 个垃圾袋，里面装满了衣服和床上用品。这一次她打开后备厢，里面放着好几箱碗碟。

"这些都是我奶奶的，她是个围积狂。这些是车库旧货出售剩下的……"她耸了耸肩。

米歇尔·詹斯停下来盯着那些东西。

"这些东西不算太多，对吧？"少女带着一丝惶恐的表情问道。

"不多，我们不会拒绝顾客的捐赠，除非床垫或有害化学物质。"

"那太好了。我们还担心你们不会全部都要呢。"

米歇尔·詹斯把箱子从车上搬下来，放到手推车上。她推着这一大堆东西穿过捐赠接收处时，摇了摇头。

"车库旧货出售不如往日了。一半的东西都卖不出去，因为价格太贵。这些人都以为自己是在拿着什么宝贝，参加《古董巡回秀》（*Antiques Roadshow*）。"

垃圾袋里有一个绿色的玻璃花瓶，米歇尔·詹斯拿起来看了看，花瓶上还贴着一个手写的 2 美元粉色价格标签，应该是之前车库旧货出售贴上去的。

"人们一看这个标签就知道，去二手店买更便宜。"

"真的吗？"

砰——

在我身后，身材魁梧的弗兰克·卡普汉正把一个装满衣服的大垃圾袋，使劲塞进洗衣机大小的纸箱里。那个箱子装得满满当当的，里面的东西都快溢出来了。弗兰克·卡普汉今年50岁，以前当过建筑工人。只见他满头是汗，收紧双肩，把垃圾袋举过头顶——然后又是砰的一声。

米歇尔·詹斯翻了个白眼，解释道："箱子不够用，我们只能这样做，尽量多装点东西。"

"装货时，我们还不能站上去，跳着压实箱子里的东西。"这违反安全条例。

又是砰的一声。

"捐东西的来了。"她说完朝门口走去。

2018~2019年这一年里，图森地区的40家门店和捐赠中心组成的古德维尔南亚利桑那区，接收了50.4519万件个人捐赠物品。捐赠的东西从沙发到棒球卡应有尽有，平均每次捐赠物品的重量为60磅。保守估计，这座拥有50万人口的美国中等城市，在这一年卖出或者捐赠的东西重达5000多万磅，其中送到古德维尔的多达3000万磅。

这些都还不算什么。

美国环境保护局的最新数据显示，2015年，美国人扔掉的家具和室内装饰品重量达241亿磅。同这些旧沙发一起扔掉的，还有320亿磅纺织用品，包括衣服、床单、毛巾、抹布，以及453亿磅环保局所谓的"杂七杂八的耐用品"。那些日常使用中不容易弄坏的

周六上午，图森的车库旧货出售结束后，南霍顿路和东高尔夫路交叉口这家古德维尔接收了人们卖不出去的大量旧物

东西，从耙子到刀叉匙，从钢丝锯到拼图玩具，从拨号式座机到智能手机，都属于这类物品。这波物品堆积浪潮仍未达到顶峰。

古德维尔南亚利桑那区在美国和加拿大 162 家独立运营的古德维尔地区分部中属于中等大小。古德维尔作为一个整体，总共包含3000 家门店和捐赠中心，这些店每年让 30 亿磅重的物品摆脱了进入垃圾场的命运。换句话说，在这样一个经济繁荣的年代，古德维尔回收的旧衣服、家具和杂七杂八的耐用品，仅占美国人全部丢弃物品的 3%。

这一数量已经比其他任何机构回收的都要多了。

1932 年 2 月，《科学美国人》刊发了一篇名为《垃圾创岗，废物创收》的专题文章，向读者介绍了古德维尔。当时古德维尔虽然已经成立 30 年了，但和其他一些接收旧物捐赠的慈善机构一样，刚刚为大多数美国人所知。这篇专题的作者表示，捐赠带来的好处远不止精神愉悦。美国平均每套房屋的阁楼上都放着价值 15 美元的闲置物品，对于大多数美国人来说，这些闲置物品是一种"丝毫不能让他们感到幸福的负担"。古德维尔不仅帮美国人解决了这种负担，还雇用了一些生活困难的人来修理、翻新这些不要的东西（尤其是衣服），然后在店里出售，这比东西闲置在阁楼上所产生的价值可要高出许多。

古德维尔的这种慈善救助模式，只存在于大规模生产和消费时代。工业革命之前，教堂经常为穷人募集衣服。但是随着商店售卖的衣服价格降低，人们不再需要在家自制衣服，手工缝制衣服的能力也随之下降。人们也不会为了省钱，而反复修补、缝制衣服。潮流时尚不断变换，促使人们不断更换衣橱里的衣服，这更加剧了上述趋势。随着越来越多的美国人都买得起新衣服，贫富差距开始体现在品位上；穷人也可以穿得像富人那样优雅，只要他们不在乎衣服是否过时了一两个流行季。衣橱和阁楼上的东西越来越多，认为自己被过多的东西压得不堪重负的人也越来越多。[1]

慈善机构抓住了这个机遇。1865 年，救世军的成立给伦敦城的穷人们带来了福音。该机构雇用城市里的穷人，去回收人们不要的东西，修好之后再卖出去。1897 年，该机构扩展到纽约，并在那里建造了所谓的工业之家，作为修理物品、传递福音的场所，也为穷人提供了住所。这些房子是多层的，里面还有零售店（穷人可以在这里工作）和装运区，后来装运区逐渐发展成为捐赠中心。

同期，牧师埃德加·詹姆斯·赫尔姆接管了波士顿的卫理公会教堂，并启动了一项计划，专门回收并修补当地居民的衣服。作为该项回收计划的一部分，卫理公会教堂将一些麻布袋分发给中产阶级，让富人将自己不想要但还能修好的东西装进这些幸运袋（不久后更名为福袋），再送回卫理公会教堂。这种成功模式进而扩展到布鲁克林，"古德维尔工业"（Goodwill Industries）这个名字于1915年在布鲁克林正式启用。到了1920年，美国六大城市都单独开设了古德维尔分店。卫理公会教派的隶属关系最终瓦解，古德维尔迅速扩大，部分原因在于它能为各个教派所接受，而且对美国大众有很强的吸引力。

周五早上，我和丽莎·艾伦以及莉斯·吉利克坐在古德维尔南亚利桑那区总部，这里位于图森南部的工业园，人烟稀少。丽莎·艾伦和莉斯·吉利克是古德维尔南亚利桑那区的联席总裁。她们共同管理着这家大约价值3000万美元的公司。古德维尔南亚利桑那区共有16家零售店，两家直销店，一家专卖高端二手商品的精品店（主要是服装）以及几间仓库。这家拥有500名全职员工的公司还构建了一个庞大的社会服务网络。

丽莎·艾伦负责监管慈善机构零售和运营方面的工作。她说话很快，思路清晰，一听就是在美国销售品文化中摸爬滚打多年的人。

"古德维尔占南亚利桑那州旧货市场总份额的47%。10年前，这一比例只在 20%~23%。"

丽莎·艾伦有传统零售方面的工作经历，她坦言，在她的领导下，古德维尔才有了起色。

"这是我们制定的发展战略，因为当时还无法满足市场需求。"

"你们怎么知道自己无法满足二手市场的需求？"

"做个评估就知道了，"她说，"你不仅可以看到美国的失业率，还能发现社会上很多人需要接受进一步的培训。"

这并没有回答我刚才提出的问题，却回答了一个更为重要的问题：是什么激励着古德维尔继续前行？它并不是为了营利而营利。更确切地说，它最初的动机是应对社会危机，比如青年失业。后来古德维尔找到了解决办法。

"商店能拉动经济的发展，提供更多的就业岗位。"

这与 19 世纪 90 年代古德维尔的使命相同，但是二者之间存在一个重大区别。古德维尔并没有雇用城市贫民去修理店和门店工作，而是利用专业化管理的门店为社会服务筹措资金，并利用这些资金帮助弱势群体找到工作实现自力更生。尽管古德维尔门店的一半收益都是由莉斯·吉利克来管理的，但她不怎么开口讲话，似乎是不愿意抢了另一位联席总裁丽莎·艾伦的风头。不过有机会时，我还是会请她也讲一讲。

"我们所有的工作都围绕着使命进行，"她告诉我，"这就是我们做这些事的原因，每个人都参与其中。我们有 500 多名员工，其中有四五十人专门服务于社会事业的发展。"

古德维尔提供社会服务的对象通常比较刺头，需要消耗大量资金。政府或许是不愿意，或许是无能为力，总之无法独力安置好这些人。然而，正是这些人（而不是二手物品）最大限度地激发了古德维尔员工的工作热情（尽管不是所有员工都亲自参与社会服务）。

例如，图森的皮马县有大量未完成高中学业的青少年，其中许多人走上了违法犯罪的道路。因此，在莉斯·吉利克的带领下，古德维尔集中精力，帮助这些青少年，为他们支付普通同等学历证书考试费，补贴薪资，让那些心怀疑虑的雇主可以放心雇用这些失足青年。

"去年我们为1300人提供了就业机会，"莉斯·吉利克告诉我，"所以这能证明用店铺带动经济发展的方式是正确的。"

丽莎·艾伦点了点头。"我们通过经营店铺的方式做我们想做的事情，"她说，"如果效果不好，我们就另寻他路。如果效果好，选择就多了。所以我们现在致力于提高店铺的业绩，但是现在的投资都在零售以外的方面。"

"你们店会雇用计划之外的员工吗？"

丽莎·艾伦摇了摇头。"很少。这些店就像个工具。如果有人需要工作服，我们可以满足他的需求。但是这些店都是独立的，从某种程度上说，这会造成利益冲突。我们希望能让弱势群体在社会上有容身之处。"

当然，并不是每个人都对古德维尔带来的经济增长拍手叫好。早在20世纪20年代，以营利为目的的废品回收商和二手店就得和慈善机构竞争，而慈善机构的东西都是人们捐赠的，对此他们深恶痛绝。尽管遇到了种种困难，古德维尔在慈善管理机构的排名中始终位列第一。在南亚利桑那州，古德维尔将90%的捐赠所得用于社会服务工作，并因其回馈社会的善举而广受赞誉。古德维尔确实是一家非常重要的民间机构。

在南霍顿路和东高尔夫路交叉口的捐赠接收处，整洁的办公桌上放着一本古德维尔的捐赠税务收据簿，内页纸张在风扇吹起的微风中飘动着。办公桌后面是8个6英尺高的箱子，员工们把这些箱子称作"笼子"。离办公桌最近的两个笼子专门装衣服。旁边是一个专门放床上用品的笼子，另一个放着各种各样的大件耐用品，从大花盆到三轮车，应有尽有。古德维尔称它们为"大家伙"。旁边的笼子专门放"电子设备大件"，比如加热板、音响、笔记本电脑，也放一些小玩意儿，比如银器、儿童玩具、CD和DVD，还有鞋子。所有东西都存放在对应的笼子里。

迈克·梅勒斯休息了一会儿，开始继续工作，把那些成堆的捐赠物品分类放进垃圾袋和箱子里。他把衣服都扔进专门装衣服的笼子里，一些叠得十分整齐的床单也都放进专门的笼子里。迈克·梅勒斯在一个袋子底部找到了许多莱茵石首饰、彩色珠子、塑料吊坠、手镯，还有一些缠成结的金银链子（他告诉我，"这些链子肯定是假的"）。

他把这堆东西放进了办公桌上的特百惠罐子里，这个罐子里面装着其他乱成一团的金银首饰，快要装满了。下一个袋子里面装着床单、一个纸质派对喇叭、一顶纸帽子、一副缺了镜片的线圈太阳眼镜、一张 Safeway 会员卡以及一枚 5 美分硬币。迈克·梅勒斯把这枚硬币放进了一个装了半罐硬币的玻璃罐里，旁边的玻璃罐子几乎装满了廉价的珠宝。这些东西看起来是随意放置的，实则不然。古德维尔对于桌子上能放什么、不能放什么有严格的规定。这些都与员工奖励挂钩。这样一来，古德维尔就可以避免留下没有价值的垃圾。

我向仓库里面走去，途中经过一个地方，那里的家具摆开有三个沙发那么大。我看见两名员工正在餐桌那边忙着整理新到的货物。这些东西都是古德维尔的重要收入来源，但还是不能和衣服相提并论。人们捐得最多的东西就是衣服，古德维尔卖得最多的东西也是衣服。

今天，在仓库最深处，4 名妇女正忙着进行古德维尔所谓的服装"生产"。这个概念很简单：整理笼子里的衣服，给衣服标价，然后上架挂起来，整个过程就像是在进行某种生产。但是不同于传统工厂用原材料和零部件制造新产品，古德维尔用几笼子人们捐赠的东西"生产"挂在架子上的衣服，按衣服质量和价格分类整理。和传统工厂一样，古德维尔也设定了生产目标。例如，昨天的目标是"生产"价值 4787 美元的服装，但最终超额完成了任务，"生产"的 1115 件衣服总价值高达 5657 美元。

古德维尔"生产"的大多数产品都不会在这里销售。在这家古德维尔，大约 45% 的产品会在销售区售卖（几年前这一比例为33%），这对于一家美国二手店来说已经很高了，但想要维持这个销售比例很难。我们在这里闲逛时，古德维尔南亚利桑那区的零售总监凯文·坎宁安总结了目前他们所面临的挑战：

> 你可以想象一下，沃尔玛总部给门店的一位经理打电话说："有一车货要送到你们那里。"经理会回答："好的，我知道了。"然后总部的这位经理就会说："哦，顺便说一下，我们不知道车上有些什么货，车上的东西都不一样。还有，你们需要自己定价。哦，对了！你们卖货时还必须留出利润空间。"

对于捐到捐赠接收处的那些东西，定价策略都不一样，这体现了定价策略的智慧和市场敏感性。正常售卖的物品定价较高，送去大卖场或出口市场的比较便宜；至于只能丢去垃圾场的，就是赔钱货了。

沃尔玛及其他大型零售商的经验、品位，以及对市场的敏感性构造了一种不断更新的模式。

"如果像沃尔玛那样定价，古德维尔的顾客根本不会买账，"丽莎·艾伦告诉我，"我心里有数！人们知道这些东西值多少钱。"

"要是古德维尔的东西质量比沃尔玛更好呢？"

丽莎·艾伦笑着摇了摇头。

古德维尔南亚利桑那区共有 16 家店，每家店所服务的市场略有不同，这让经营变得更加困难。位于城市富裕地区的古德维尔定价6.99美元的东西，对于另外一家古德维尔来说可能就太高了。为了均衡市场差异，确保合理定价，古德维尔会雇用小时工，给予他们优厚的福利及高于平均水平的工资，最重要的是，还会根据销售和生产任务的完成情况发放奖金。公司希望他们能长期做下去，这样就有足够的时间，了解其所在地区的市场情况。如果他们都做不到，那就没人能做到了。

这份工作会耗费时间和大量资金，需要投入足够的人力，还要了解当地的市场，做出正确的判断。古德维尔努力尝试将这份工作系统化。例如，分拣区的墙上贴着一张标着"2.99美元品牌"的表单，上面列出了 Target 和 Kohl's 这样的大型零售商旗下的时装品牌。如果分拣工拿到一件 Old Navy 的上衣、外套，或者是 Target 旗下 Mossimo 的牛仔裤，那毫无疑问，这件衣服就是 2.99 美元，应该放到贴着 2.99 美元标签的大纸箱里。之后，工作人员会给这件衣服贴上相应的标签，再挂到销售区的货架上。

高端品牌的衣服也是同样的待遇。有一张单子上标着"精品品牌分拣"，这里面列出了 86 个时装品牌，涵盖了从 Brooks Brothers 到 Zara 等品牌，这些品牌的衣服会放到高档社区的古德维尔高端精品店里出售，这家精品店已经经营了 3 年。

凯文·坎宁安对我说："一条新的 Miss Me 牛仔裤卖 249 美元。但在这里，6.99 美元也卖不到，人们会看着吊牌说'这还是古德维尔吗？'但在精品店里，这条牛仔裤可以卖到 30~40 美元。"有些二手货经销商在古德维尔搜罗物美价廉的商品，然后挂到 eBay 或是其他在线平台上高价出售。古德维尔开设精品店的做法是一着好棋，可以削弱这些经销商的竞争力。

我在图森及附近地区的古德维尔参观两周以来，一些二手货经销商向我抱怨，古德维尔货架上再也没有那么多便宜货了。古德维尔肯定很高兴。

"我们也想赚钱，"凯文·坎宁安告诉我，"精品店可以为我们创收。"

除了送去精品店的衣服和标价 2.99 美元的衣服，其他衣服的价格需要人为判断。这里有几个大箱子分别装着售价为 3.99 美元、4.99 美元、6.99 美元的衣服。麦肯齐·威廉姆斯 20 岁出头，是这里的分拣工。她梳着长马尾，十分健谈。和其他人一样，她也戴着手套，以免手被箱子里的钉子或其他东西伤到。这些箱子深 2 英尺，里面装的都是别人捐的衣服。

"Talbots 的衣服价值 6.99 美元。"说着她把一件 Talbots 衬衫丢进了装 6.99 美元衣服的箱子。

"A four 不算是好牌子，一件吊带也就值 2.99 美元。"她把一件绿色吊带衫，放进了装 2.99 美元衣服的箱子里。

接下来，她又从一个笼子里拉出来一件 Dockers 的绿色毛衣。"这件衣服本来应该卖 6.99 美元，因为这个牌子挺好的。但是亚利桑那州的天气热，也就只能卖 4.99 美元吧。"

再之后是一件男士短袖格子衬衫。

"David Taylor 这个牌子怎么样？"她询问其他分拣工。

"让我看看。"副经理朱莉·桑切斯说。她接过这件衬衫，取下手套，拇指和食指捏着，摸了摸衬衫料子。"4.99 美元。"

"你怎么看出来的？"我问道。

"靠手感。"她回答道，说着把衬衫领子立了起来。

"哦，不行了，这衣服领子上有几个洞。把它放进'不做任何处理'的箱子。"她把衣服递给凯尔西，放进了贴有"不做任何处理"标签的箱子里，里面的衣服都会送去古德维尔直销店，和其他衣服一起论磅卖掉。

桑切斯来这整理衣服的时间比麦肯齐要长。桑切斯正在和刚从她身边经过的年轻同事说话。

"你看那张单子上的品牌。"她说着，指了指墙上那张 2.99 美元的单子。

"整理那些衣服的时候你一定要仔细点，现在衣服质量都不如从前了。我以前还在 Target 买 Mossimo 的衣服，但是现在就不会买了。这个牌子的衣服洗一次就坏。我在捐赠物品里也看到过 Mossimo 的衣服，现在的东西质量太差了。"

"是人们太不爱惜衣服了吗？"我问。

"是因为服装生产成本越来越低了。"

在这些箱子的另一边，凯西·格雷克正在检查售价 6.99 美元的衣服。她年纪有些大了，沉默寡言。如果以她的经验来看，衣服价格没问题，她就会给这些衣服贴上标签，挂到货架上去。

"现在的衣服似乎都穿不了多久，"她说，"制造衣服的人都明白这一点，所以他们也不用费心做出高质量的衣服。"

数据也表明她说得很对。2000~2015 年，全球服装生产总量增加了一倍，而每件衣服在被丢弃之前穿过的平均次数却下降了 36%。[2]

有一些因素导致了这些变化：过去 30 年间，中国乃至大亚洲区新增了亿万名消费者，为了满足他们的消费需求，亚洲的制造商们会生产一些价格便宜的东西。在这方面，制造商已经做得很专业了。但为了降低生产成本，必然会牺牲产品质量，服装的使用寿命也会缩短。而降低成本的关键在于，雇用廉价劳动力，将厂址选在柬埔寨、缅甸这样的新兴市场。到了 20 世纪 90 年代，这种做法也推动了"快时尚"[①] 以及 Forever21 和 H&M 等品牌的发展。

如今，你不需要很富裕，也不需要住在巴黎或纽约，就可以买到最新的走秀款时装。你只需要去商场逛逛，或是上网就能买到。这对年轻、讲究时尚的中产阶级消费者来说是件好事。他们中大多数人不会反复穿一件衣服，自然也不会注意到衣服被洗坏了。二手服装平台 thredUP 在 2018 年的一项调查显示，千禧一代最有可能一件衣服只穿 1~5 次就扔掉。[3]如果这些衣服和他们想要模仿的高端品牌质量一样好，对古德维尔来说就是件大好事。但是，正如桑切斯提到的那样，这些衣服的质量比一次性的好不了多少，最好的

---

① 快时尚又称快速时尚，提供当下流行的款式和元素，以低价、款多、量少为特点，激发消费者的购买兴趣，最大限度地满足消费者需求。——译者注

情况也只是被扔进"不做任何处理"的箱子里。

我问坎宁安，古德维尔目前在定价方面有什么挑战。他告诉我："顾客在意的是价格，而不是质量。他们不会花 6.99 美元买一件耐穿的衬衫。如果要买，他们宁愿去沃尔玛买一件 2.99 美元的衬衫。因为价格更便宜。"

正是这些因素让定价变得困难，无论对一件吊带还是一张便宜的沙发来说都是如此，而物品质量对于依赖捐赠的旧货行业来说至关重要。

星期六早上 6：30，凯西·扎克站在捐赠接收处离门口 10 英尺远的位置，清点着库存。她是南霍顿路和东高尔夫路交叉口这家古德维尔的经理。

"我们店的仓库太干净了，"她说，"货物不太够，昨天只整理了 500 美元的货。"她停了下来，看了看旁边的推车，里面装着两台立体声接收器、一台平板电视机、一台扫描仪，还有三个插线板。

"不过，值得骄傲的是这里有很多电器设备，几个月来，我们第一次超额完成了'生产'目标。"

凯西今年 66 岁，但是行动非常麻利，仿佛比实际年龄年轻很多。今天是古德维尔每月一次的半价出售活动日，店里会涌入许多顾客，所以她很忙。在前台，她要忙着给顾客结账。在后台，她还要担心货够不够，能不能满足顾客的需求，今天还要完成 14087 美元的销售目标。

她穿着一件橘色 Boo Crew T 恤、一条宽松的牛仔裤和一双耐克跑鞋，给古德维尔的万圣节主题产品做促销。在来古德维尔工作之前，她在传统零售行业工作了 32 年，其间还在西尔斯百货干了数十年。她坚持认为，在古德维尔工作最具有挑战性。

"和其他零售店不一样，在这里必须不断变换花样，"她说，"人们每天都来逛，如果他们总是看到同样的东西，没有新鲜劲，就不会再来了。"

为了确保顾客不会流失，古德维尔每周都会更换价格标签的颜色，这样经理和员工只需要瞄一眼，就知道货架上的东西已经出售多久了。标签颜色每 6 周循环更新一次，那些用了 6 周的标签（已经上架 6 周的商品）会被拖走，放到"不做任何处理"的箱子里。这种方式让顾客感受到持续的新鲜感，虽然做法有点残忍，但店铺收入的确增加了。更重要的是，这样确保了货架上永远有足够的空间，存放不断涌进捐赠接收处的物品。

不只是古德维尔这样做。全球的二手店都热衷于更换库存，而且会采取类似的举措。

例如，总部位于横滨的 BOOKOFF，旗下有 800 家门店，都采用 4 种不同颜色的价格标签，每季一换。每个季度结束后，店员会把货架上剩下的商品全部撤下来。BOOKOFF 称这一过程为"凉粉"，这借用了一种日式粉条的名称，这种粉条由海藻和琼脂凝胶挤压制成。

"顾客并不在乎东西有多旧，他们在乎的是这些东西在货架上卖了多久，"BOOKOFF 的发言人高初小港向我解释道，"就像食物一样，东西放久了也会变坏，我们把这种现象叫作'毒苹果'。"

就像北美的旧货商都效仿古德维尔，每 6 周更换一次库存，日本二手行业也都在模仿 BOOKOFF 的"凉粉"模式。凯西拿起一个带夹写字板，上面记载着最近"生产"的详细情况。她担心这些东西可能不够新颖，不能吸引那些常客。

"如果商品总是一成不变，我们就无法在业内立足。店铺每天都得把所有东西摆出来，但我们还是需要更多的货物。"

凯西盯着大门外聚集的人群，大约有 60 人。

"他们中一些人是所谓的'藏匿者'，"她告诉我，"这些人头一天晚上来，把东西藏在店里的隐蔽处。这样他们隔天就可以半价买到这些东西。"

凯西在服装区拿了一件风衣，抽出两幅油画说道："朱莉，你能帮我拿下这些东西吗？"

朱莉·桑切斯跑了过来，接过东西，边走边看后面的标价。"这些东西才 2.99 美元。"

凯西指了指衣服货架，上面的 T 恤都是按颜色分类摆放的，和百货商店一样摆放有序。"衣服就该这样摆放，干净整洁，不会掉在地板上。这就和街对面沃尔玛里卖的衣服一样好。"就像她说的那样：街对面有一家沃尔玛，是古德维尔的竞争对手。沃尔玛也卖售价 2.99 美元的 T 恤。

并不是只有古德维尔南亚利桑那区在与沃尔玛竞争。放眼整个北美，所有的古德维尔都采用更明亮的灯光、更鲜艳的颜色标签，以及专业的产品摆放方式，努力提升大众对于旧货店面貌的期望值。改进之后，古德维尔吸引的客户经济层次更加多样化了。

"大约在 2000 年，古德维尔开始发生一些变化，"丽莎·艾伦告诉我，"我们的停车场甚至开始出现一些豪车。"

差不多在同一时间，日本的 BOOKOFF 也发生了一些变化。

日本买卖二手货的历史，可以追溯到几个世纪以前。有组织的典当行协会出现于 17 世纪，受政府和警方保护。作为一个受关照的行业，日本典当行效益很好。但是它们不注重客户服务，因此日本典当行的名声不太好。

桥本真由美是 BOOKOFF 的前任总裁兼董事会主席，现在是BOOKOFF 的高级顾问兼公司董事。她说："那段日子里，人们不愿意把东西卖给二手货贩子，觉得卖给他们很丢人。"

桥本真由美现年 78 岁，是日本企业界的传奇人物。她 41 岁时以兼职员工的身份进入公司。当时，BOOKOFF 刚成立一年，只有一家店铺，专营二手书。她做了几年全职妈妈，后来孩子们都长大了，不太需要她的照顾了。所以，桥木真由美有了新的野心："我想自己赚钱。"随着 BOOKOFF 不断扩张，成为全国连锁店，桥本真由美乘势而上，成为日本极少数经营上市公司的女性之一。众所周知，日本女性很难在职场中晋升。近年来，她退居幕后，但也只是"略有收敛"而已，她在附近的一家 BOOKOFF 里保留了一间办公室，并称："我想看看公司未来还会发生些什么。"

"在BOOKOFF工作时，您觉得1991年的二手书店怎么样？"

"太脏了！"她很肯定地说，然后笑了起来，"我绝不会去任何一家二手书店。"桥本真由美看起来像个主妇，但是她行事十分果断，这能让人感受到她的威信，明白她为何能取得如今的成就。

"还有别的印象吗？"

"很丢脸。日本以前有很多典当行。这些典当行都很势利，人们去典当行卖东西换钱，典当行对你的态度就像你在乞讨。所以如果有人看见你去了典当行，就会觉得你很穷。"

在接下来的25年里，桥本真由美努力将BOOKOFF的业务扩展到全品类的消费品。一路走来，BOOKOFF改变了日本消费者对二手物品的看法。这并不容易。

首先，BOOKOFF必须给售卖二手物品正名。为此，桥本真由美设计了一条标语："Please sell to us（请卖给我们）。"在说英语的人看来，这就是陈词滥调，并不是什么标语。但是在日本，这改变了人们对典当行"势利"的印象，使二手买卖成了一件更有尊严、更得体的事情。如今，日本大多数经营二手物品的公司都会贴上这条标语，其中还包括许多BOOKOFF的竞争对手。

其次，BOOKOFF将店铺布置得更加光鲜亮丽。

"传统二手书店通常都采光不好，但经常有客人光顾。我们需要改变这一点。"桥本真由美解释道。

所以他们把灯都打开，店内墙壁都漆成黄色和橘色，并且简化了定价方式，这样不只是势利的藏书家，任何人都可以在柜台后面工作。

"我们希望母亲带着孩子来店里会感到十分舒适。我们鼓励顾客在店里阅读，也希望他们来这里工作。"

最后，也是最具有变革性的一点，我们发起了一项针对顾客的培训计划。桥本真由美解释称，人们通常都认为二手书很脏，所以BOOKOFF 设计了一种机器，可以清理书上的污渍，整理折页，这样二手书就能像新的一样，而价格只是新书价格的一小部分。人们越来越愿意把东西卖给 BOOKOFF，顾客也开始改变他们的行为。

"他们意识到如果爱惜点用，东西还能换钱，"桥本真由美解释道，"最后我们都不需要用机器翻新旧书了。人们卖给我们的书已经足够好了，可以直接放到货架上卖。"

在 BOOKOFF 总部附近的三家门店中的任何一家门口，驻足看一看，你就会发现这种变化非常明显。书架十分整洁，上面整齐摆放的书籍堪比新书：书脊没有褶皱，书页干净，也没有折角。这里也并非只有书。在服装区，没有"二手店"常有的霉味，衣服都是按品牌摆放的，这种陈设方式让人联想到优衣库或是 GAP 的商品摆放方式；在体育用品区，帐篷和露营用品看起来都像新的，这样的陈设放到迪克体育用品店也不会显得格格不入。

"在我们出现之前，人们都觉得二手货就是废品，"桥本真由美说，"而 BOOKOFF 能变废为宝。"

"所以，BOOKOFF 从某种程度上说就是制造商，它在生产产品。"

桥本真由美用力地点头称："没错。"

迄今为止，没有任何一家美国公司能像 BOOKOFF 改变日本人一样，改变美国人对待二手物品的方式。这种现象背后自有其原因。在美国（以及欧洲），人们把大多数二手物品捐出去做慈善，而不是卖掉换钱。因此，大多数人都缺少经济动力，做不到爱惜自己的物品。正因如此，尽管世界上很多人在用完某件东西时会榨取剩余价值（就像卖掉二手车一样），美国人却会从慈善的角度看待这件东西，用它去帮助穷人，顺便保护环境。无论这两种动机本身是不是好事，都不能激励人们更加爱惜物品。在我看来，BOOKOFF 所售产品的质量，比捐到美国二手店里的东西要好得多。二者真的无法相提并论。

这种状况不可能很快发生变化。在北美和欧洲文化中，二手物品应该用于救济穷人，这种理念已经深深烙刻在人们心里。事实上，古德维尔每次涨价或是开精品店，都会受到各个社区的强烈斥责，它们认为二手店就应该救济当地的穷人。

同时，像 Savers 这种营利性的旧货店，以及线上二手交易平台 OfferUp、Poshmark 和 eBay，其商品的交易量远远低于古德维尔，这种现状也不太可能发生变化。在凯西·扎克的古德维尔门店里，搅拌碗只卖 0.5 美元，衬衫卖 2.99 美元，这个价格在网上绝对买不到（运费都比大多数商品的价格贵）；对于需要按面积支付租金的营利性商店来说，古德维尔的售价太低了。若是这个捐赠体系不存在，那么将有更多的东西沦为垃圾。

早上 8 点，凯西·扎克站在古德维尔销售区中央。她站在货架的前端，里面堆满了木勺和塑料锅铲等新的厨房用具。角落里还有一堆堆二手锅碗瓢盆。

"这些新产品是怎么回事？"我问。

她看了看店外排起的长队，这真不是个深入讨论零售策略的好时机。但是凯西·扎克出了名的有耐心，她回答道："如果我们不卖，顾客就会去沃尔玛买。既然我们不能卖二手浴帽，那我们就卖新的，这样人们在这里什么都能买到。"

"你们卖得多吗？"

"新商品只占我们销售额的 8%~9%"

古德维尔店里一手货激增，不仅是为了方便和即时销售，也是为了提升店铺在顾客眼中的形象。店铺的陈设十分有序，甚至一些产品上的小瑕疵都被干净的包装掩盖了。拥有多年零售经验的凯西，显然很珍惜这个展现自我能力的机会。

开门之前，她最后看了一眼自己的店，然后向大门走去。这里不是 BOOKOFF，也不是沃尔玛。但在美国人的印象中，比起以前在车库、昏暗的二手店或教堂地下室售卖二手货，古德维尔这种经营模式已经先进了很多。

她打开店门，用轻快的声音说道："早上好，欢迎光临。早上好，您还好吗？早上好。早上好。今天店里有半价活动，早上好！"

第一批顾客冲进来，越过凯西直接去到他们藏东西的地方。我想看看是否有人发现藏在油画里的那件风衣，但是没人冲过去。两分钟后，一对拉美裔中年夫妇来到了收银处。他们的两辆推车里装着一个小狗窝，一个台灯，一件红色丝绸围巾，一个全新的 Jiffy Foil 烤盘，一些塑料器皿，两个儿童背包（一个印着蜘蛛侠，另一个印着忍者神龟），一盒新的棉球，以及三个新浴帽。

收银员在收银机上结算手推车里的东西时，柜台一侧便堆满了衣架。凯西在整理手提包和展示柜里其他收藏品的间隙，还帮忙把这些衣架挂到了附近专门收纳衣架的架子上。"一个工作日结束的时候，我们会有四五千个空衣架。"她说。

我以为我听错了。"多少？"

"四五千个。我们会 10 个 1 打包起来，拿出来卖。一般可以卖 300 个，"她从收银处又抓起一捆衣架，"真的不用制造更多衣架了。"

到了 9 点，开门一小时后，凯西邀请我跟她去后面的办公区看看。"去看看我们是怎么操作的吧。"她说。

她的电脑上显示的是这一小时的营业额：70 位顾客共付款 1407.11 美元。其中纺织品卖了 380 美元，家具卖了 376 美元。"不算很糟，"她说，"比我预想的要好。"

但是在凯西看来，图森其他古德维尔店上报的销售数据看起来更不错。上午 9 点，她所在的这家店销售额排名第一，排名第二的店位于繁华的熊峡谷，销售额为 1323 美元。位于卡萨格兰德的店，距离最远，服务于一个低收入社区，排名最后一位，销售额只有73美元。

凯西回到店里，依然精力充沛。今天大多数东西都能卖出去。她的销售数据应该看起来不错，销售目标也会超额完成。

"从这里开始排队。"她对店里排着长队的人们说，指引他们排在直达收银处的通道上。

现在，从大门涌进来的人和来捐赠接收处的人一样多。

CHAPTER

04
好东西

　　过去 20 年里，我都在写些关于废弃物和回收利用的书。每周都有人对我说"一个人的垃圾可能是另一个人的宝贝"。在美国，从事车库旧货出售的人这样说；我在马来西亚有套房子，楼下跳蚤市场的人也这样说；在西非国家贝宁的商贸中心科托努的人还是这样说。一天下午，我询问科托努当托帕（Dantokpa）市场里一位卖二手鞋的商人，他这些几乎全新的大码耐克鞋是从哪儿找的货源。

　　他咧着嘴笑道："垃圾也是宝。"

　　和许多谚语一样，"一个人的垃圾可能是另一个人的宝贝"多少有些道理，但在我看来，这句话的道理毕竟有限。更多的时候，一个人的垃圾对另一个人来说同样是垃圾。而且由于世界上的东西越来越多，垃圾也变得越来越多。不过在二手货中，只要是宝贝，总还是会受到关注的。

　　随便走进一家书店，书架上一定会有几本如何给"收藏品"定价的指南（运气好的话，可以找到一本书，教你如何定价、卖掉旧餐叉和穿了 10 年的腈纶毛衣）。在美国，晚上看电视换台时，你必定会看到一个节目，节目中一个乱糟糟的拾荒者，意外得到了一个签名款的棒球，棒球的实际价值是他所付金额的好几倍。

尽管这是小概率事件，但有些时候，正是出于淘到"珍宝"的微弱可能性，二手货商贩和慈善机构才会愿意全盘接收那些没什么价值的东西。知道其中的区别可以帮助我们理解为什么要珍惜物品，以及怎样珍惜物品，还可以让我们明白为什么大多数东西变成了垃圾。

我的祖父母住在明尼苏达州圣路易斯公园的一栋复式楼房里，距离 169 号公路大概有半英里。住在魁北克南部大街街角的头 5 年里，我记得自己经常两头跑，去祖父母家串门，每次到了大门口都会看见，祖母贝蒂在那儿迎接我。她通常会带我去楼上的客厅和厨房，但如果我不想上楼，祖母也会和我一起踩着咯吱响的木梯去地下室。

地下室里堆满了旧物，大部分都是"好东西"，反正我祖母是这么说的。远处的角落里摆着两个又大又重的中式木质储藏柜（我觉得其中一个储藏柜是祖母的母亲留下的）、一个木质落地书桌（她会说"这是留给你的"）、一个立式古典灯、一个放药的储藏柜（祖母说"有一天这也是你的"）。

地下室里还有一些桌子，上面放着一些小摆件，比如美国总统竞选的徽章（祖母说"如果当年我已经满 21 岁，有权投票的话，我就会给肯尼迪投一票"），几个花瓶，一些烛台、明信片，零碎的艺术玻璃，还有一些乱七八糟的照片。有一面墙上贴着亚伯拉罕·林肯的照片，另一面墙上挂着拿破仑的画像。楼梯附近还有一些裱起来的收藏币，以及一些其他图画，大部分都是风景画，在地下室四处摆着。

如果你幸运地受邀参观这间地下室——不是每个人都能被邀请，她很可能会像你这个第一次来这里的人一样，带着同样的好奇心去挖掘那些琳琅满目的物品。如果你拿起某件东西，比如一个古董熨斗，问她从哪里买的，她的回答几乎是一样的："那是很久以前的事了，可能大减价的时候买的吧。"

我的祖母热衷于收集物品，这可能与她祖上的移民经历有关。她的父亲亚伯·莱德从俄国来到美国后一无所有，没有受过教育，不会说英文，也没有可以谋生的技能，所以他和数百万俄国犹太人一样，成了一个拾荒者，在加尔维斯顿和得克萨斯州搜寻别人丢掉的东西，再拿去卖钱。

起初，他收集别人丢掉的各类衣物和床单。不过没多久，他就有了足够的资金，开始回收废金属和废纸。最后，他开始回收古董和一些收藏品。无论是收购废铜管道设备，还是橡木柜，都有同一条潜在的规律：卖家不知道东西的真正价值，而亚伯·莱德知道或者起码自以为知道。

亚伯·莱德有五个孩子，我祖母排行老三，他们在人生的某个阶段都曾干过家族的回收生意。从某种程度来说，他们都成了收藏爱好者；家里囤着一堆东西，部分原因便是他们购入这些东西时错误地高估了它们的价值。对于那些对移民生活和大萧条时期保有鲜明记忆的个人和家庭来说，砍价买便宜货可以带来某种安全感，以及某种身份认同感。

正如我在第一本书《废物星球》中提到的，我记得我很小的时候，在家里的废金属仓库里和父亲一起盘点库存。仓库里面堆满了有价值的回收品：从当地制造商那回收的金属切割器，从维修店买来的报废汽车的散热器，从电工那买来的成捆的金属丝。等我再过一两天去仓库看时，那些东西都已不见了，因为父亲以更高的价格卖给了别人。

关于童年，我还有些别的记忆。

天还没亮，我便坐在祖母的蓝色轿车后座上。我们在郊区一座单层平房前停了下来，祖母关了轿车前灯，我们一起等着别人开门。收音机还小声播放着。祖母翻看报纸，在上面寻找附近关于车库旧货出售的信息，报纸摩擦发出沙沙的响声。

车库门开了，她合上报纸，沿着车道走到比我们来得更早的人后面。这些人全指望着第一个冲进去买东西。我记得盘子上全是红宝石样子的胸针，我祖母和老板讨价还价，旁边的人探着身子看，生怕错过了什么好东西。而我们总是会淘到一些"好东西"。

20 世纪 70 年代初期，美国的车库旧货出售刚刚兴起。《废物与需求》（*Waste and Want*）是一本记录美国废物史的标志性著作，其作者历史学家苏珊·斯特拉瑟称，车库旧货出售一词出现于

1967 年。"人们口头创造了这个词，以便将慈善机构的捐赠品义卖和以营利为目的的车库、庭院旧货出售区分开来。"

慈善义卖出现于 20 世纪早期，当时美国富人发现，大规模生产让他们拥有了太多的东西，远远超过了生活所需。于是他们把多余的东西捐给教堂和其他慈善组织，后者则出售这些东西，将收益用于资助慈善事业。我的祖母多年来一直在经营一家二手店，这家店造福了美国犹太人妇女委员会。她还经常参加车库旧货出售，这样不仅可以自得其乐，还能从中获利。当时美国有很多车库旧货出售，苏珊·斯特拉瑟表示，截至 1981 年，美国平均每年举办 600 万场车库旧货出售活动。

20 世纪六七十年代，人们参加车库旧货出售的原因有很多。20 世纪 50 年代美国出现反主流文化运动，在美国年轻人中掀起了一股反对物质主义的环保主义浪潮。有些人认为车库旧货出售是一条让人完全避开消费经济的途径。其他一些人认为，旧货代表着过去那种简单、朴实的生活方式。还有许多人认为，与美国 20 世纪中叶繁荣的商场和百货商店统一的零售方式相比，车库旧货出售更能带给顾客有趣、多样化的购物体验。对于那些自认为不属于美国主流文化的人来说，车库旧货出售是他们反文化身份认同的工具——话虽如此，车库里出售的东西最初也是从大众市场买来的。

随着叛逆的年轻一代的成长和生儿育女，富裕的婴儿潮一代到来了。此时，车库旧货出售和二手店开始面向高端市场。1997 年，美国公共广播公司（PBS）开始播放《古董巡回秀》，这是根据英国广播公司的一档节目改编的周播电视节目。节目中，收藏家们会带着自己的古董，让专家鉴定，希望自己的古董是件珍宝。这档电视节目大获成功后，催生了更多的同类型节目，进而出现了第二代、第三代寻宝节目，比如《美国破烂王》(*American Pickers*)。

我祖母很喜欢这种电视节目。《古董巡回秀》来明尼阿波利斯时，她很想参加，还带去一个花瓶让人鉴定。但临到被邀请出镜时，她又拒绝了，说"不想被人关注"。到了20世纪90年代晚期，祖母基本上不参加车库旧货出售了。她有更佳的货源，比如我父亲的废料厂，她在里面搜寻黄铜花瓶和金属物件，有的东西的价值远超废金属，让她震惊不已。但是她也知道，我们以前买到的"好东西"很少见了，价格也不便宜。她说过，太多古董商都在做这一行，好东西已所剩无几。祖母曾经感叹道："今非昔比啊！"

明尼苏达州斯蒂尔沃特的主街与圣克洛伊河平行，街道两边是1860年至20世纪初期建立的二层或三层砖砌建筑群，十分美观。许多建筑都由曾经在此风光一时的木材商建造，他们为美国中西部的社区供应木材，包括35英里外的明尼阿波利斯。还有一些建筑曾经是制造基地，这些基地过去凭借圣克洛伊河与密西西比河相连的优势，蓬勃发展。

没有什么能永续发展，尤其是依靠有限自然资源的生意。果然，树木被砍伐殆尽，生产基地也被淘汰了。古董店搬进了优雅的老式砖砌建筑里，因为这里租金低、房价也低。明尼苏达州的小城和威斯康星州西部都有大量的古董库存。这一新兴行业不断发展，到了20世纪90年代初，斯蒂尔沃特大约有30家古董店，许多店卖的都是斯蒂尔沃特及附近地区在繁盛时期生产的物件。对于双子城附近的居民来说，小城里的古董店是他们最爱的一日游目的地。

但古董店看起来也是大限将至：斯蒂尔沃特现在仅有6家古董店。同时，并非只有圣克洛伊河岸的古董店数量在减少，过去20年来，明尼苏达州从事古董生意的人数下降了20%。这种趋势不是区域性的，而是全球性的。《古董巡回秀》近年来对早期节目中出现的古董重新进行了评估，发现这些古董的价值都下降了。因《古董巡回秀》出名的鉴赏专家大卫·拉基称，近年来，传统美式、英式家具的价格下跌了50%~75%，过去这些商品是古董店生存的支柱。[1] 全球拍卖行佳士得是收藏品拍卖的高端市场，可就连在佳士得，在不到一代人的时间里，一些传统欧式家具的价格也暴跌了70%。

在主街南端，离城市游客中心不远处，有一栋高大的三层建筑，最开始这是一家家具店，后来成了一家殡仪馆。1991年，街对面的一家古董店收购了这栋建筑，并把它改造成中城古董商场，据称这是方圆数百英里内最大的古董商场。

在斯蒂尔沃特，这种砖墙建筑随处可见。推开玻璃门进去，你会发现里面空间很大，分上下两层。第二层露台里面挂着很多风景画、老式广告牌，还有一套日本丝绸画和几个时钟。下面的大厅里有一些摆放混乱的储藏柜和桌子，陈列着各种各样的东西，有瓷器、艺术玻璃、广告牌和珠宝。人们从自己家、公司或者教堂的杂物堆

20世纪90年代，独立的小型古董店接连倒闭，古董商转而投奔大型古董商场。明尼苏达州斯蒂尔沃特的中城古董商场是美国中西部地区最大的古董商场

中如果发现了较有价值的物件，便会拿到这里来卖。

大多数日子里，70多岁的古董商迪克·里希特在此主持大局。他表情丰富，身材消瘦，一头白发乱糟糟的，跟他的胡子一样蓬乱。

"我们这儿有150万件商品。"他告诉我，同时带我穿过收银区，进入古董商场。他自20世纪90年代初就在这儿卖东西了。

"我可以挑战任何人的权威，跟他唱反调。"迪克并不是商场的老板，朱莉才是，她正在收银台附近指挥工作；但显然，迪克的控制欲很强。这让我联想到牧师在带人参观郊区教堂时所流露出来的情感，你会感觉仿佛整座教堂都是他的。

迪克轻快地大步走上楼梯，他解释道，一家古董商场背后的概念与一间共有产权房屋没有什么不同。在中城古董商场经营的古董商们要支付租金，金额为每笔交易金额的2%，而且每个月必须保证一定的营业时间，达到一定的交易额。当然，中城古董商场会支付电费、暖气费、安保费、营销费、销售税，以及信用卡等相关费用。这种模式出现在20世纪90年代，当时市面上"古董"数量激增，做古董生意的人也越来越多，导致独立的小型古董店接连倒闭。竞争激烈加上利润空间缩小，迫使那些货品充足的商人搬去了普通地段。

经营一家古董商场并不容易。古董商之间，尤其是那些有着相似收藏兴趣的商家之间，竞争十分激烈。

"我会跟你讲一讲，但是就不要记录下来了。"迪克说着摇了摇头，带我快速穿过商品区，这里有儿童图书、复古服饰，几个架子上摆满了旧的《生活杂志》，还有瓷器和玻璃制品。他进入一间店，两边全是《星球大战》《王牌大贱谍》和《星际迷航》的人偶。

"20年前，我们不让卖这些东西，"他说，"现在呢？人们喜欢老式商品，这能让他们想起从前的美好时光。但是这些商品已经停产了，所以我们改变了政策，允许出售。我个人不喜欢这样做，但是得与时俱进。"

他慢慢地逛着，经过了摆放古董玻璃和珠宝的橱窗、几个挂着复古服饰的货架，最后停在一个摆满古董茶杯和茶托的橱窗前。

"那你对什么感兴趣？"我问

"这段时间呢，我在收集彩色玻璃。不过要说过去嘛，我和妻子收藏了很多家具和玩偶。"

我盯着这些杯子和茶托看。"我祖母以前也收集杯子。"我告诉他。祖母当年在厨房外面整理茶具展示架的情景，在我脑海里挥之不去。

"再也没人想要这些东西了，真可惜。20年前，一个古董茶杯可以卖20~40美元。现在呢？"他小声叹气说，"现在价格只有以前的一半。"

他朝着楼厅走去，指着楼下窗户前的桌子，说道："看见那些了吗？那些东西都是耐热玻璃材质做成的。"

桌子上面全是砂锅、搅拌碗和其他耐用的玻璃器皿。现如今，20世纪五六十年代制造的物件很有收藏价值，可以卖数千美元。这些物件在美国年轻一代中尤其受欢迎。

"一年前，窗户上用的还都是维多利亚时代的玻璃。"

我差点就要插话，说我祖母也喜欢维多利亚时代的玻璃。不过他已经知道了。

"身边再也没有人会买维多利亚时代的东西了。人们的喜好变了，他们想要那些陪伴自己成长的东西。"

我想起了母亲的棕色搅拌碗，对他说："我从小用的就是这种耐热玻璃。但其实我不想要这种材质，尤其是价格还这么贵。"

"也许有人不喜欢吧，"他说，"但相信我，这里有人会买。"

几十年来，收藏品市场变得越来越有前景，稀有珍贵物件供不应求，收藏品的价格也随之上涨。拥有怀旧情结的古罗马贵族所追捧的古希腊雕像无疑是罕见的，所以后者的价格从古到今都居高不下。但是原装的全新《星球大战》手办值钱吗？——它们的成交价有时高达数万美元（2015 年原装的波巴·费特人偶能卖 2.7 万美元），即使市场上已经有数百万件非原装人偶。这种原装人偶的高溢价能持续到未来 50 年、100 年或 200 年后吗？我对此表示怀疑。

大规模生产使得收藏和鉴赏更加大众化，尽管在工业革命初期尚无人意识到这一点。到了 20 世纪中叶，每个人都可以收藏一些有价值的东西，以及一些从某种程度来说，称得上稀有的东西。

迪克带着我去看另一个展示柜，里面装满了德国小瓷器——洪梅尔陶俑，大都是小孩形状，第一批也就是所谓的"限量版"制造于 20 世纪 30 年代，数量很少。20 世纪 70 年代，收藏家们（主要是美国人）——受益于"二战"之后繁荣的经济而逐渐发家致富——开始玩收藏。

"过去我们每个卖 300~400 美元。"迪克说着指了指一个"6 折"的标牌。"现在呢，打折都没人买这鬼东西。"他双手摊开。"至于玩偶，20 世纪 90 年代我和妻子每周靠卖玩偶就可以挣2000~4000 美元，现在却压根卖不出去。"

"为什么？"

"怀旧情结的作用吧。有那么几年，（喜欢这些东西的人）手头有闲钱。抵押贷款还清了，孩子也读完了大学，所以他们买得起这些东西。"

然后，等到这些人去世，怀旧情结也随之烟消云散，所有这些批量生产的商品恢复了实际的价值。而在大多数情况下，它们的实际价值为零。

"那未来 20 年，什么东西会变得有价值呢？"

"或许是现在卖不出去的橡木家具？我们砍光了密歇根州的森林才制成这些橡木家具，而现在它们都摆在三楼，"他说着指了指商场的家具展示厅，"真见鬼。"

迪克向我介绍一位商场租户朱迪·戈伯，她住在美国中西部，有几十年的收藏品买卖经验。多年前，她会定期去农场参加拍卖会。

"这些农场里没有洗碗机，也就不会有洗碗机把玻璃器皿洗碎的问题，"她解释道，"所以好的玻璃器皿很畅销。"

更妙的是，住在小城镇的人不想要玻璃器皿，当地也没有什么古董商来跟她竞争。

"所以我能以 10 美元的价格买到 5 箱玻璃器皿，光是里面的一个高脚杯，就可以卖 40 美元。"

如今，卖给乡下农家的东西与卖给明尼阿波利斯郊区居民的东西不再存在差异。得益于大众市场的发展，几十年来，农民和城郊居民可以买到一样的东西。

"我觉得 20 世纪 70 年代的东西现在很流行。"我对琳达·亨伯格说，琳达·亨伯格也是一位有着几十年经验的古董商，她坐在朱迪·戈伯旁边。

"难道物品的年代不重要吗？"我问道。

她呵呵大笑。"哦，亲爱的。我们这有客人拿着一箱箱的东西进来，他们觉得那些东西很值钱，因为都是祖母的东西，或者是有

100 多年历史的东西。我们还得告诉他们，'那种瓷器图案连马饲料的包装袋上都会印上一些，为了吸引人们购买马饲料'。对于大多数人来说，家里有很多上了年头的东西很正常，要是你家里什么老物件都没有，才是稀奇。"

"到现在值钱吗？"

"还行，但也值不了太多吧。"

我和迪克穿过挂着复古服饰的货架，爬楼梯上了三楼。室内灯光幽暗，摆满了木质家具，昏黄的灯光映射其上。这儿至少有 300件中式储物柜、衣橱、椅子和桌子。我们沿着四周走，脚下踩着老旧的木地板，吱呀作响。

这么多的古董家具卖不出去，或者卖不出以前的好价钱，也情有可原。美国有房产的年轻人的数量在下降，也很少有租客会想要一个几百磅重的衣橱，因为这样搬家太不方便了。同时，玻璃覆盖的公寓楼以及落地窗的出现已经改变了装修风格，对于那些高端消费者而言更是如此，尽管他们曾经偏爱大大的棕色木制家具。在这种空间里，极简风格的现代设计，显然比占据一整面墙壁的维多利亚时代的储物柜更加适合。

但最重要的原因可能还是人口结构的改变：喜欢棕色大家具的人越来越少，他们都到了耄耋之年，还留下一大堆东西。若是一个年轻人想要一个维多利亚时代的大衣橱，他完全可以去自己奶奶或者别人奶奶的地下室里找，还不用花钱。

"现实点吧！"迪克一边说，一边对着这一层的家具挥了挥手，"再也没有人想要一套精美的橡木桌椅了。这么多木制家具，根本卖不掉。"

戴尔·肯尼站在旁边，他是一位身材魁梧的家具商，今年80岁。他面带愁容地向我们打招呼。

"我马上就不做这一行了。"他轻轻握着我的手说。

戴尔以前是西北航空的机械师，几十年前，母亲让他卖掉一些家具，自那以后，他便逐渐进入古董家具行业。西北航空机械师闹罢工后，他便把更多精力投入到这桩生意上。

"我们做这行已经太久了，20~25年前我就在回收家具。以前认识的那批人都老了，"他指着一件精致的木制剃须架，"就那个，过去一个剃须架可以卖上225美元，现在它不过是杂物而已。也没人想要斗柜，因为上面放不下一台电脑。"

我在这堆家具里闲逛。过去实心橡木桌很珍贵，会当作传家宝一代一代传下去，但现在它的价格比一部全新的iPhone还要便宜。

戴尔的一张橡木椅子上放着一个又脏又破的单肩包，上面印着"西北东方航空"的标志。"二战"后，西北东方航空公司率先开通了美国飞亚洲的航线。我2002年去中国时，就乘坐的西北航空（1986年公司名去掉了"东方"）的飞机。自那以后，我数百次乘坐西北航空和达美航空（2008年收购了西北航空）的航班跨越太平洋。早些年，在跨太平洋旅行据说比现在更奢侈的时候，我就渐渐养成了收集航空公司包包的嗜好。那个破旧的单肩包标价30美元。

"我要这个，"我对戴尔说，"去楼下结账吗？"

9000 英里外的马来西亚八打灵再也市，艾扎琳娜·扎克瑞站在阿马广场阴暗的低楼层里，旁边是三张牌桌。她戴着红色的头巾，穿着宽松的黑衣服，双手交叉站着，看着顾客从一个摊位走到另一个摊位，享受着马来西亚最大、最好的周末跳蚤市场。她的桌子上摆了一堆东西，有压铸玩具车、老式黑白照片和明信片、盘子、杯子、钢碗、打字机、旧咖啡罐和一个塑料米老鼠玩偶。

我 4 岁大的儿子正看着她摊子上的压铸玩具车，我在一堆老照片里翻来翻去，这些照片似乎都是几十年前拍的。大多数照片记录的是一家六口在乡村生活的场景。有一张照片，里面的人在一栋房子前亲密地站着，后面有许多橡胶树。对于某些地方的某些人来说，这些照片不仅是让人好奇的物件，还是家族历史的记录。

"你从哪弄到的这些东西？"我问她。

"我和丈夫在马来西亚到处跑。去柔佛州昔加末还有各种地方的老街逛，挨家挨户敲门，问他们有没有什么要卖的。我们在老城开了一家店。"她说。老城区是古城八打灵再也的市中心，人流量大，距离吉隆坡边界只有数英里。"我们的大多数家具都在那家店里。"

这引起了我的注意。家具小贩每周把沉甸甸的家具带来跳蚤市场售卖，除此之外，阿马广场的底层还有两家店专营木制古董家具。到了周末，这两家最大的家具店便把最好的家具搬到店外，招揽顾客。今天搬出来的家具有木制碗橱、梳妆柜、衣橱、储药柜和一个巨大的木制雕花吧台。我一直以为，这里和斯蒂尔沃特一样，对于这种家具的需求量不大。但阿马广场低额的租金让商家们的生意更加如鱼得水。

"顾客对这些家具感兴趣吗？"

"他们很喜欢，"她说，"所以我们才会卖嘛。但问题在于从哪里进货。"她指向放着一台唱片机的小木柜。"我在马来西亚买不起这个，它要2000~2500马币（490~610美元）。"

"所以你们挨家挨户敲门找货源吗？"

"不是，我们从国外进货。如果我从英国买一集装箱的老式家具运回来，价格大概是1000马币（合245美元）。"她低头穿过一间堆着木制家具的房子，似乎猜到我接下来会问什么，便提前告诉我："其他家的家具也是从国外买来的。"

我从未想到阿马广场的地下竟然是全球二手物品的中心。这里有一家超市、一些餐馆，以及几家黑胶唱片店。

"你进口了多少货？"我问道。

"买得起多少我就进口多少。"

我想到了中城古董商场的三楼，以及那些用密歇根森林中的树木制成的陈旧的橡木家具。"你买过美国的家具吗？"

她笑着摇了摇头。"在美国我不认识人呀。"

我打开手机，给她看中城古董商场三楼的照片，她看得瞪大了眼睛。

200 英里外的陆文良正在新加坡的一家老式店里低头吃着面条。这种色彩鲜艳、狭窄、两三层高的商用建筑遍布新加坡的老城街道。陆文良今年 39 岁，是 BooksActually 书店的老板，BooksActually 是全亚洲公认的最好的小型书店之一。BooksActually 书店也经营一家小古董店，就在书店后面，主要售卖当地的老古董。

陆文良中等身高，头发乱糟糟的。他表情复杂，说不出看到你是让他生气还是高兴。有时候除非你亲自和他聊聊，否则确实很难分清这两种表情。只要陆文良有空，他就会十分热情地招待我，而且聊起天来滔滔不绝，聊到他最爱的新加坡时更是如此。

"在新加坡，让人们接受二手货很不容易。"他告诉我。

从经济方面来说，新加坡的多元人口主要以华裔企业家为主，陆文良自认为也算其中的一员。

"在中国文化里，用二手货很丢脸，这说明你过得不好，"他摇了摇头说，"中国人过新年，人人都要穿新衣服。"

自 1965 年新加坡从马来西亚独立后，新加坡人便有了这样的思想观念。当时，没人能预料到这个小国能超越人口众多、资源丰富的邻国。但新加坡的确做到了。在短短 60 年的时间里，新加坡从一个贫穷落后的热带港口国家，变成了全球性的金融和航运中心。它还是众多跨国公司的区域中心，同时也是亚洲一些最具创新力的公司的研发中心。新加坡政府廉洁高效，居民生活质量很高。

在如此短的时间内取得了巨大的成就，新加坡也为此付出了代价。在经济繁荣发展的过程中，新加坡的建国史短得可怜。村庄消失了，公共房屋项目，也就是著名的组屋（由新加坡建屋发展局承建）应运而生；公墓只是临时的安息之处（要为下一波死者腾出空间）①。在那个欠发达的年代流行一时的东西——从电源线到黑白电视机——不仅已经过时，还被视为陈旧思想的标志，必须弃如敝屣。

我们在一家位于传统商店的中餐厅里吃午饭。

"过去 20 年变化太大了，"陆文良带着一丝愠怒说，"我记得我 20 年前买的餐桌，一直用到我们搬家才换新的。"

他夹起一撮面往嘴里送。

"新加坡现在丢掉的东西太多了。前几天，我们家附近有人丢掉了一张宜家松木边桌。桌子还挺好，但我没捡回来，因为我也没地方放。"

陆文良不像是那种会把一件很好的家具传承下去的人。

"我其实有点像囤积狂，"他承认道，"铅笔、尺子、办公用具，还有其他东西我都喜欢收集，我还收集砖块。"

"砖块？"

"新加坡曾经生产砖块。这些砖块建设了我们的国家，现在也到处都是，用来抵门之类的，"他兴奋地讲述着，"我们生产过 A1 砖，还有很多其他类型的砖。在那些旧砖上你还能看到牌子。但是现在，新加坡只进口砖块，所以我才收集那些旧砖块。"

---

① 新加坡的墓地无永久使用权，一般只有 15 年租期。——译者注

很少有囤积狂觉得一屋子的东西有什么实际用处，更不用说是砖头了。陆文良在 2006 年开了 BooksActually 书店之后，环视四周，觉得店里即使摆着书，也显得很空旷。"所以我带了一些老古董过来。"比如古董算尺，当装饰品摆在店铺里。不久，顾客便对这些东西产生了兴趣。"人们会问，这些东西卖吗？"他笑着说，"他们不买书但是想买一把木尺子。"

无论书店开在哪儿，卖书的生意都不好做。所以当陆文良看见那些年轻顾客有兴趣买新加坡的老物件时，便开始卖更多种类的旧物。新加坡政府定期开发组屋，许多人会搬进新家。搬家过程中，他们会留下很多东西。

"我就是这样开始了卡朗古尼（karanguni）的工作。"陆文良解释道，用了个当地拾荒者的行话词语。新加坡和其他地方一样，拾荒者都是社会最底层的人，但是陆文良不在乎。备受谴责的组屋（条件恶劣的公共住房）就像一座座博物馆，里面放满了这个国家的民众曾经渴求的物品。

"这份工作很脏，要在垃圾堆里找东西，"他告诉我，"但是你绝对不敢相信我都找到了些什么。有 20 世纪 20 年代的相册，我想不明白为什么会被扔掉呢？我把这些捡了回来，又卖了出去。"

后来，当我们坐出租车经过一些高端精品店和酒店时，我问陆文良，为什么在繁华的新加坡有人会喜欢从组屋低收入家庭回收来的东西。

"出于怀旧吧，"他说，"这也说得通，新加坡没有什么历史。我们的历史只能追溯到 1965 年。建国史太短了，所以人们想找一个老物件。最近比较时髦的是老式打字机。都是因为怀旧呐。"

他从口袋里掏出最新款的 iPhone，打开浏览器。

"宝丽来相机，"他说着停在谷歌搜索页面，"八九年前这玩意儿不值钱，但现在卖 200 美元。"他给我看了一张 20 世纪 70 年代生产的宝丽来相机的照片。

"我父亲有一台这个型号的相机，"我告诉他，"它要是还在就好了。"

出租车停在一条拥堵的街道旁，街上挤满了卖二手货的小贩。他们坐在塑料油布和餐馆的遮阳伞下，面前摆着要卖的二手货。我看见成堆的二手衣服、鞋子、DVD 播放器、行李箱，还有一些临时的商品展示架，里面放着许多亮闪闪的东西。到处都是多年前滞销的电水壶，装在破旧不堪的包装盒里。有人在卖拐杖，还有人在卖箱子，那些箱子堆了 6 英尺高，用黑色的塑料垃圾袋罩着。这里看起来很不正规，东西很便宜，还有点儿脏——整体看来，这里不像是在新加坡。

陆文良付完车费后，带着我在街上慢慢地逛。

"几年前，我父亲告诉我，如果我丢了什么东西，第二天它就会出现在'小偷市场'。"他说。

篷子和遮阳伞下坐在折叠椅上的这些人看起来不像小偷。大多数人年纪都很大了，看起来还没有明尼阿波利斯郊区普通养老院里的老人有攻击性。如果东西被偷了，肯定不是他们干的。新加坡的

"小偷市场"如今名叫双溪路跳蚤市场。这里就是旧货中转站,新加坡人遗失的、卖掉的或者捐出去的东西,都会在这里找到新的主人。

陆文良对我说:"你们美国有车库旧货出售,但是我们没有。这就是我们出售旧货的方式。"

我们闲逛的时候,一辆摩托车正在街上缓慢地移动,车身后侧系着两大袋东西。

"那是新来的货。"陆文良告诉我。

我们在一个摆着老式翻盖手机的小桌前停了下来。直到现在,这种手机很多还能用,但是新加坡正在逐渐淘汰支持这种手机的服务网络,所以它们事实上已经被淘汰了。桌子后面是一位穿着背心的老人,他把一款老式摩托罗拉手机推到我面前,介绍说:"这个不错。"

"用来干吗呢?"

"收藏啊!"

我和陆文良继续往前走。

"双溪路过去是现在的两倍大。但是现在房价太高了,"他指着街对面新建的一个地铁站说,"几个月后这个地铁站就会消失。"

我们在蓝色油布下面的两个摊位前停了下来,上面摆着老式数码相机,过时的翻盖手机,一对铃鼓,还有几袋子童书。陆文良看中了用塑料袋装的老式儿童卡片,上面印着超级英雄的图案,他说20世纪六七十年代出生的人会喜欢这些。他花了12美元买了5包,然后走到下一个摊位,在那又买了5袋老式的"奖励胸针",这些东西可以用来奖励社会研究课和合唱团里有出色表现的人，这些活动能勾起人们的怀旧之情。

"哥们儿，卖这个可比卖书赚得多。"

我们继续逛着。

"在这里，移民过来的工人才是大买家。"他指的是那些从印度尼西亚或者南亚国家移民过来的人，他们在新加坡从事建筑行业和服务业。"他们会买一些真正用得上的东西，比如衣服、鞋子和手机。"

我们在市场的尽头停了下来，在那里，油布上摆了几堆破旧的鞋子，旁边是几堆二手外套。两个穿着蓝色建筑工人制服的印度尼西亚人正在翻找鞋子，其中一个人拿了 4 双鞋。

"他们会把这些鞋子带到印度尼西亚去卖。"陆文良说。

他们不会买胸针和过时的手机用来怀旧，那是富人才买得起的二手货。

后来，在 BooksActually 书店里，陆文良带我去了收银台后面，那里摆出来的大多数古董都对外出售。一面墙上都是玻璃杯和瓶子，按形状和品牌摆放，它们能激起人们的怀旧之情。还有一个小木盒里装满了"老式纽扣"，售价 1.5 美元。陆文良指着一个装满了印度音乐磁带的木箱子说，这些磁带都是 20 世纪 80 年代的产物。

"我最开始从事卡朗古尼时，并没有收集磁带。我想着，谁会要这些东西？但是我店里还有很多空间，所以就开始收集磁带。现在这些磁带有了市场，"他拿起《最好的拉塔·曼吉茜卡 2》(*The*

Best of Lata Mangeshkar，Vol. 2），"有些磁带对于人们来说意义重大。"

他把手伸到箱子里想拿另外一盒磁带，但是突然注意到收银台边上有位没人招呼的顾客，便朝我说声抱歉，走过去招呼客人。我看着他迅速去了柜台后面，越过他的背影，能够看到店中央的一张桌子上书堆得高高的，四面放着书的墙看起来似乎朝着书店中央倾斜。和磁带一样，有些书在电子屏幕越来越常见的未来，对一些人来说意义重大。

有些书甚至会成为稀有之物，能够让人们想起曾经的新加坡，那时的 BooksActually 书店处于一场新兴运动的中心，倡导人们在当下重拾过去。但随着时间的推移，过去重要的事物会发生变化，大部分书会在社会文化中被边缘化，书角卷折，书页发黄。

20 世纪 90 年代，互联网的出现让二手经济更加体面，二手经济甚至在美国经济中占据了主导地位。其中颇受赞誉的二手交易平台 eBay，是第一批也是最成功的线上拍卖购物网站。eBay 于 1995 年 9 月成立，和其他企业一样，eBay 迅速发展壮大。1997 年，eBay 举行了 200 万次拍卖活动。到了 2005 年，其注册用户达亿万人，市值高达几十亿美元，超过了所谓的老牌制造商，如汽车制造商。一位早期的网瘾研究者声称，在 20 世纪 90 年代末，"网上拍卖瘾"占所有网瘾病例的 15%（网络性成瘾排第一）。毕竟，一开始人们被藏在储物柜里的稀罕物及其可能带来的财富所诱惑，但当透明度极高的互联网证明这些物品其实很普通时，人们便觉得一切都索然无味。

"你有一件自以为很稀有的宝贝，"迪克·里希特解释道，"刚开始，它的价格有所上涨，后来便趋于平稳。我们的心情也跟着起伏不定。"

人们所追逐的物品的诱惑力日益下降，线上拍卖情况也是如此。Facebook、Twitter、Netflix以及其他形式的娱乐平台越来越多地占用了互联网用户的屏幕使用时间。

事实证明，在网上拍卖普通的二手物品并不能维持业务的稳定发展。为此，你需要大量质量相同、价格固定的新产品。所以eBay在过去几年里开始摆脱过去，逐渐成为有竞争力的新产品销售商。当我们尝试联系eBay，了解其在全球二手产业中的地位时，公司发言人拒绝了。他说："这样做人们更会觉得eBay就是卖二手货的平台。"近年来，这位发言人给我回信称，eBay上架的商品中，84%以上的都是有固定价格的新产品。

当然，这并不意味着线上二手市场走到了终点。智能手机已经提供了全新一代的服务，这种服务让售卖东西变得比以往更加便利。这样，只能在eBay上出售东西也成为过去式。OfferUp是美国开发的一款先进的应用程序，可以在线买卖商品，用户若要出售东西，只需要拍张照片上传至OfferUp即可。在一次电话采访期间，OfferUp的CEO兼合伙人尼克·胡扎尔告诉我，他是在注意到"古德维尔发展迅猛"之后，才萌生了开发买卖二手商品应用程序的想法。

"你们是古德维尔的竞争对手吗？"

"其实不算。相反我们还扩大了二手市场。"

"这个市场有多大？"

"天上有多少星星，它就有多大。"

尼克·胡扎尔并没有夸大其词。

"我们最大的竞争对手是时间。"他对我说。如果你有一车库的东西，从耙子到大号轮胎之类的东西应有尽有——这些东西可能不值得你花费大量时间，来拍照并且上传到 OfferUp。

但如果是一部用了两年的 iPhone 呢？拍照上传就比较方便快捷。从整理杂物的角度来看，问题在于 iPhone、好家具以及其他"好东西"只占全球家庭囤积物的一小部分。靠帮人整理房间来赚钱不太靠谱，但是把较新的东西放到网上去卖就靠谱多了。尼克·胡扎尔表示，OfferUp 上售卖的东西，25% 都是新的。随着时间的推移，这一比例还将持续扩大。

CHAPTER

05
断舍离

　　韩贞子站在一辆卡车旁，卡车上装满了柜子、桌子、椅子还有许多打包好的纸箱。几段楼梯上，清理工作还在进行。

　　"我们可能还要叫一辆卡车过来。"她说道，有些懊悔自己判断失误了。

　　"我们现在重复利用的东西更多了。"清理私人物品价格高昂，这是推动日本回收利用的因素之一。另外一个因素则是二手物品全球化。

　　韩贞子指了指街对面一栋楼前成排的陶盆说道："我们回收这些陶盆，10 个卖 100 日元（约 1 美元）。"她告诉我，旁边的木制长凳也可以卖去非洲，但是她回收的大多数东西都要卖去菲律宾。"菲律宾人很喜欢日本产品。"她解释道。

　　长期以来，日本产品质量好，声名远扬，这是日本货的主要卖点。即便是日本制造的二手货，也令人垂涎不已，这点很少有人提及，但是同样很重要。

"所以就算东西其实是中国制造的，只要日本人用过，其他地方的人就会觉得这东西质量很好。"《再循环通信报》的滨田里奈解释道。东南亚国家的人尤其这么认为，过去几十年来，他们一直对日本的一手货垂涎不已，但通常无力购买。

之后，韩贞子沿着大和市长长的林荫大道驱车而行，大和市大概位于东京东南方 20 英里处。韩贞子一边开车一边和我聊工作，她放在大腿上的 iPhone 正在发出导航指令。明天她要清理一位自杀身亡的 26 岁女士的家。这位女士的父母雇用了她，开车的时候，韩贞子表示很遗憾，自己不能为这位女士做些什么了。

"最近，自杀太常见了。"她告诉我，"我们在清理时，经常能发现一些抗抑郁的处方药。"

她从一家红龙虾店左转开进街对面的停车场。停车场上方有一个发光的指示牌："村冈"。指示牌下面是一家公司，但这里以前似乎是个加油站。屋顶的承重梁裸露着，下面的位置空着，我猜这里过去是放燃油泵的地方。展示厅所占据的地方可能是一间商店，或是收银处。一辆叉车载着托盘在这里穿梭，托盘上有一台小冰箱、一把高脚椅和一个松下对流式烤箱。它停在一个敞开的 40 英寸高的货运集装箱旁，集装箱里装满了箱子、电器和家具。早上，这些东西将会被运去菲律宾。

村冈哲明是这家公司的老板，他今年 67 岁，瘦削结实、神采奕奕。他走过来，热情地和韩贞子打招呼。韩贞子是他的最佳客户之一，而且能从清理工作中回收家用产品，为他提供可靠的货源。他们走进主展厅，但在一把标价 700 日元（6.21 美元）的藤椅前停了下来，这把藤椅是韩贞子卖到这来的。我问村冈哲明买这把椅子花了多少钱时，韩贞子笑了笑说道："一分钱没要，算是免费的。"

村冈哲明的店里大都是老式个人电脑和显示器，有一些甚至可以追溯到 20 世纪 80 年代（"工厂想把这些东西的零部件用到他们的旧设备上。"他解释说）。他在这里从事了 20 年的电脑维修工作，觉得这门生意大有前途。

"顺便也连这个一起做了。"他说着，从口袋里拿出一个粉色盒子，里面装着一部三星 Galaxy 智能手机。

过去 10 年里，人们对于个人电脑以及电脑维修的需求急剧下降，因为用户都转移到移动网络市场了，所以村冈哲明也开始寻找新业务。

"我知道有人把二手货卖去菲律宾，"他耸耸肩说，"我也可以这样做。"

他亲自去了菲律宾，考察当地的批发市场，那里有人出售或拍卖日本货。

"买家给我展示了他们想要的东西，"他说，"而且告诉我怎样在集装箱里牢牢地打包货物。"

从菲律宾回来之后，他便开始在清理行业收购二手货，也收购个人抛售的二手货。近几个月，他甚至开始做起了清理业务。每个月他都会通过一名掮客运出 3~4 吨的货物，有了这名掮客，即使是在以腐败著称的菲律宾海关，他的货也能顺利清关。

他的故事并没有多么不同寻常，尤其是对于韩贞子而言。清理工作不忙时，她也会主持一些研讨会，教人如何做清理工作。

"老年人认为这份工作很简单，而且是个好业务。"她礼貌地笑着说道。但是，在未来这一行可能没那么容易做了。遗物整理师认定协会正在和政府合作，申请官方认证，这样就只有专业人士才能从事这一行。

在韩贞子和村冈哲明聊天时，集装箱已经封装好了。

"菲律宾市场总有一天也会消失，"她告诉我，"随着人们越来越有钱，他们会想要一手货。那就没有二手货市场了。"

之前就发生过这样的情况：泰国过去曾是最欢迎日本二手货的国家，但是，随着生活水平的提高，泰国人对于二手货的需求逐渐消失了。

"柬埔寨大概也是这样。"她推测道。

几天前，滨田里奈在喝咖啡时讨论过同样的问题。她说："只要存在贫富差距，二手行业就不会消失。"在她看来，日本的二手产业，特别是作为出口产业，已经意识到了重新利用二手物品的前景不太乐观。日本人太浪费了，世界上其他国家的人却都希望自己能有机会像日本人那样浪费。

就目前来说，韩贞子并不担心。她从事清理行业，收入可观，而且这一行发展势头强劲。不过发展强劲背后的原因，最好还是不要深究。

"我不想说我已经习惯了，"她说，"但我确实已经习惯了。"

小林茂今年 64 岁，他梳着尖尖的大背头，头发斑白，健步如飞，穿着灰色调的衣服——浅灰色的运动外套（里面是一件白色 T 恤）、米色休闲裤和一双近乎黑色的运动鞋，正在滨屋株式会社的一个二手货堆货场里跑来跑去。小林茂在 1991 年成立了滨屋株式会社，该公司就位于东京西北部 45 英里处的小城——东松山市。

堆货场左边是一间小小的办公室，前面的空地上停着一辆空空的平板卡车。再往前一点，几辆叉车在三面围住的仓库里进进出出，车子的托盘上放着电脑、电冰箱、录音机和一个笨重的纸箱，里面的电子琴都快掉出来了。装满了织布机的集装箱里站着一个 T 恤都汗湿了的健壮男人，小林茂朝他指了指。这个男人正拿着一块写字板，好像是在清点货物。

大熊友希是一名年轻的主管，在这里给小林茂当翻译。她说："他来自卡拉奇，是我们的一位常客。"她大声呼叫那位来自卡拉奇的男人，告诉他我是   名记者。

他很兴奋地说："滨屋太棒了！我来这已经有 18 年了！"

这个集装箱今天晚些时候会运出去，不过这才刚刚开始。滨屋在日本还有 15 个站点，在 2007 年，这些站点往全球 40 个国家共运出了大约 2700 个集装箱，里面装的都是日本的二手货。这家公司的网站、宣传册以及投资者资料上展示着一些照片，从照片中我们可以看到，包着头巾的阿富汗商人买卖从滨屋株式会社进口的录音机，柬埔寨家庭用着从滨屋进口的家具，马达加斯加的孩子们拿着从滨屋进口的热水瓶。这些照片并没有故意夸大事实。滨屋目前是亚洲最大的二手耐用品（纺织品属于非耐用品）出口商，可能也是全球最大的二手耐用品出口商。

小林茂急忙跑进一间巨大的仓库，里面全是冰箱和洗衣机，用塑料膜罩着，高高地堆在三个铁架子上。

"这些都是要运到越南的。"小林茂说。

他又指向几个放着电饭锅的货盘，电饭锅也用塑料膜罩着。

"这些也是。"

我们继续往仓库里走，在一堆 10 英尺高的金属货盘旁停了下来，货盘上面放着一堆针织机。

"以前这些是运去尼日利亚的，现在因为巴基斯坦的市场需求更大，所以大多数针织机都运去巴基斯坦了。"

紧挨着货盘的是一堆用塑料膜包装起来的真空吸尘器。

"这些也是运去巴基斯坦的。"

货盘下面放了一些小台扇。

"这个是要运去哪儿，友希？"

友希掏出手机，查询小台扇的运送地点。但我们没时间等查询结果，小林茂还要带我去看其他地方。平板电脑显示器层层叠叠地堆放着，只在左侧留了一条过道，感觉就像在无风的日子里走过一垄垄庄稼。

"这些是要运去中国的，"小林茂说，"中国人会拆掉显示屏，用在其他设备上。"旁边几摞冰箱下有一些大袋子。

小林茂随手打开一个袋子，示意我去看看：里面装着一些生了锈的手工工具，有螺丝刀、锤子，以及尺寸跟幼儿一样大的扳手。

"这些是要运到越南去的。"他一边说一边伸手从包里掏出一把螺丝刀，"质量真好，应该拿到日本中古店去卖。"

友希点了点头，在手机上做了记录。

小林茂又领着我们，进入一间更敞亮的仓库，里面全是做工精致的沙发、桌子，还有椅子（这儿可没有宜家那种廉价拼装家具）。

"这些家具都是要运到菲律宾、越南、马来西亚的。"

仓库边上放一些纸箱，里面装着几十把吉他。

"原声吉他运去马里，电吉他运去尼日利亚。"

小林茂指着车载收音机的货盘说："这些也是要运去尼日利亚的。"

然后，他走到磁带录音机的货盘前。

"这些是要运去马里的，不过市场需求不大。"

立体声音响层层叠放，用塑料膜包着，等待运送。

"这些音响是运去越南的，"小林茂说，"不过有点脏了，得先擦干净。"说完，他拨了个电话，和对方交谈起来。

"过去一对音响可以卖 10000 日元，"友希接着说，"现在只能卖 6000 日元了。"

"怎么回事？"

"中国制造的产品价格降了很多,"她说,"有时候全新的比二手的还要便宜。"

旁边还有些装满渔轮的洗衣篮和塑料牛奶盒。

友希顺着我的视线看去,说道:"马来西亚有一位购买渔具的大客户。他要在我们这儿下单 1000 个渔轮,然后从别处订鱼竿。"

"那些是要运去哪儿的?"我问,朝链锯货盘那边扬了扬头。

"柬埔寨。"友希说,"那些链锯要是再大点,就可以卖去尼日利亚了。尼日利亚人喜欢用大链锯,我们要经常和客户商量链锯尺寸。"

我们就这样看了半小时。滨屋真是一个日本二手物品博物馆,馆藏数量惊人。这些物品来源广泛,不仅有私人家用的,还有来自办公室、工厂、工地和租赁公司的,在日本经济衰退浪潮中被舍弃或在更新过程中被淘汰的各类物品。友希告诉我,光是我所在的这个地方,每天就有大约 130 位顾客来卖东西。什么样的东西都有,什么样的顾客都有——有市民从家里送来旧物,也有小商贩专门从住宅区回收废品。她还提醒我,这里并不是滨屋最大的二手物品集散地。

这不是小林茂原来想干的事情。20 世纪 80 年代,小林茂本来做的是废金属生意,还赚了不少钱。他将坏掉不要的货物回收过来,然后运到回收公司将它们变成原材料。这桩生意将电脑、汽车之类的物品看成可以化整为零的"商品包"。当这些"商品包"的价格超过了购买新汽车或新电脑的价格时,卖家就把它们拆分掉,当作废金属抛售。

小林茂本打算把这门生意做下去，但是 20 世纪 80 年代，日元走强，把日本的金属卖到海外变得无利可图，于是他决定转行。这时他恰好注意到商贩们在将日本二手水泵出口到中国台湾，并且获利不菲。

不过那时，中国台湾市场上对于日本二手水泵的需求已经饱和了，所以他找了一个市场还未饱和的发展中国家。

"我发现越南对电器、农业机械、建筑机械、工业机械的需求比较大。"

小林茂迅速将产品范围缩小至冰箱和洗衣机之类的电器。

"早些年，新电器价格很高，卖二手电器赚钱很容易。家家户户都想有台电器，所以人们会买二手货。"

"回收二手电器容易吗？"

"日本人很浪费的，他们总是喜欢换电器。哪怕还能用，也想换最新的。"

21 世纪第二个 10 年中期，滨屋年销售额高达 1 亿美元。没人比小林茂更惊讶于这个成绩了，毕竟他一开始对这桩生意没有抱太大希望。

"不过现在都 2018 年了，我们还没倒闭。"

他说着笑了起来，不过孩子气的笑容转瞬间成了苦笑。

"但是现在我们的业务正在急剧萎缩。我们知道那一天迟早会来。"

"为什么这么说？"

"10 年前，一台新的录音机要卖 20 万 ~30 万日元（当时合 200~300 美元）。过去一手货的价格很高，所以我们的二手货就有很大的销售空间。可这些年来，中国生产的电器太便宜了。中国的一手货甚至比日本的二手货还要便宜。人们根本没必要买二手货。"

小林茂和我见过的大多数企业家一样，很钦佩中国的企业家精神和经营市场的能力。他也是一个比较实际的人，明白自己的二手货生意已经没有办法和低价商品贸易抗衡。过去 50 年里，世界各地的低价商品数量激增。

"1991 年，我刚开始做这一行时，中国人还在手工制造新产品，当时我们已经工厂化生产了。仅仅 5 年、7 年之后，中国就实现了自动化生产。所以我预料，2000 年我的生意就会走到头。虽然我们没有倒闭，但是业务量急剧萎缩。任何国家的发展都对我们的生意不利。越南对于二手货的需求相比过去峰值时期下降了 10%，尼日利亚峰值时期的需求下降了 20%。同样，菲律宾的需求也下降了 20%。"

如果小林茂的说法是正确的（几乎没有人比他更有资格这么说），那么，自工业革命就开始的物品大众化进程依旧在加速。19 世纪时，曾经宝贵的家庭物件比如碗碟、玻璃器皿、实木家具都开始变得没有价值了。到了 20 世纪早期，中产阶级消费者能买得起几套碗碟，也能频繁地更换新衣。这个时代，收入水平较低的普通人还是买不起新的、时尚的物件，但是富裕的消费者会扔掉那些过多

小林茂在滨屋位于日本东松山市的仓库里检查一台中国制造的录音机，这台录音机将运往马里。日本制造的录音机会留在日本卖，在古董收藏品市场上能卖出高价

的东西，所以普通人也能用得起时髦的二手货。

20 世纪 70 年代，中国决定加入全球经济市场，物品大众化进程再次加速。短短几年内，数百万农民转移到城镇，在新建立的工厂里打工。大量农村人口涌入，几乎所有产品的生产成本都降低了，亿万人都能买得起新产品。然而，并非只有穷人受益于此。在日本，自 2001 年起，包括电器、消费类电子产品在内的耐用品价格下降了 43.1%。消费电子产品的价格下降得最为厉害，而这些电子产品大多数是中国制造的。

除了二手市场，各方都能从中获益。

"一件二手货流转到我们手上需要 10 年的时间，每 10 年一个循环周期，"小林茂告诉我，"10 年前我们可以拿到质量很好的'日本制造'的二手货。而如今全是'中国制造'，消费者对'中国制造'不那么感兴趣。"

说是不那么感兴趣，其实还是挺感兴趣的。

《再循环通信报》收集的数据表明，近年来有二十几家日本二手公司在东南亚地区至少新开了 63 家零售店或经销店，以泰国和菲律宾居多。每年仅这些公司出口的商品总额，就达 10 亿美元以上，总量达数十亿件。

生活富裕推动了需求的增长。国际货币基金组织称，2000~2015年，全球经济增长的 70% 都来自新兴市场经济体和发展中国家，比如马来西亚、越南、菲律宾。这些快速发展的国家同样是全球最大的二手货市场。刚富起来的消费者热衷于购物，他们只选择那些买得起的东西。通常来说，也就是二手货。

在整个东南亚地区，最常见的商业模式就是小型二手商店，其在乡镇地区尤为常见。这些零售商喜欢日本的东西，他们从批发二手货的进口商那里进货。这些贸易大部分都在灰色市场进行，进口的二手货都贴着别的标签，用来逃避海关检查，躲避禁令。但是，即便想为这些用船运过来的货物贴上正确的标签，全球贸易体系也缺少为"二手耐用品"分类的标签，因此二手货几乎不可能出现在追踪新商品的数据库和信息源头里。

无论数据情况怎样，毫无疑问，长期建立的地理、商贸和文化联系，有利于日本向外大量输送商品。例如，日本企业进入马来西亚市场已经几十年了，有的日本公司在马来西亚承包了重要的基础建设工程，还有一些日本零售商进驻了马来西亚商场。同样的，自20世纪80年代起，马来西亚的学生开始去日本做交换生，而且通常都是些经济条件不太好的学生。许多学生回国后会向人讲述，他们依靠BOOKOFF或其他二手店在日本生存下去的故事（或者是直接发到Facebook和Instagram上）。总的来说，日本货在东南亚本就有卓越的声誉，上述故事又进一步打造了日本制造的神话，这在欧美人士看来或许荒诞不经，东南亚人却对其深信不疑。在马来西亚，百货店里卖的全是日本二手货。

BOOKOFF在东南亚国家的起步较晚，和其他许多竞争对手不同，它在日本境内，就商品定价而言做得很完美，也没有出口的需求。但随着二手货数量的增长，BOOKOFF的管理人员也开始寻求国外市场。

在横滨的一次采访中，负责国际业务拓展的总经理井上彻称："BOOKOFF很擅长收购二手货。每年在日本没卖出去的存货多达1.3亿件，所以我们也需要制定出口战略。"

BOOKOFF考察了泰国和菲律宾市场，发现在这两个国家，日本二手货进口商之间的竞争已经十分激烈。但马来西亚由于收入水平较高，零售商许可证批复程序严格，经常被寻求海外市场的公司所忽视。马来西亚吸引了BOOKOFF，像这样的大企业才能完美地撬开马来西亚市场。

BOOKOFF 在马来西亚的第一家店于 2017 年 1 月开业，店铺位于吉隆坡西南方向一个大而空旷的商场里，离吉隆坡市中心 20 英里，该路段交通十分拥堵。一楼是一些餐馆和水果摊，附近写字楼的许多办公室白领都来这里消费。在空荡的阴暗之中，有一抹光亮。商场一侧有一排两层楼高、采光良好的窗户，从三楼一直延伸到四楼。玻璃上贴着"漫步日本"（Jalan Jalan Japan）的招牌，还贴着马来西亚国旗和日本国旗。这家公司的名字是马来语，意思是"逛逛日本"。

"这个商场是座鬼城，"井上彻承认道，"但是这里租金很便宜，而且在马来西亚还可以通过社交媒体促销。再说了，马来西亚人本来就喜欢日本货。"

这是一种荒谬的推销方式，但确实起了作用。在周末和发售日，店门口排起了长队。井上彻告诉我，这家店单日可以卖出 10000 件商品，总价值达 250 万日元（约 2.25 万美元）。马来西亚购物中心的商铺都希望能达到这样的业绩。BOOKOFF 现在也指望通过这些"漫步日本"店来打开马来西亚市场，当然不负众望的是，它也在不断扩张。目前，吉隆坡有三家"漫步日本"店，到 2020 年，还会新增两家 [①]。

"实际上，我们有足够的存货，供应 10 家店都没问题，"井上彻表示，"这才刚开始。"

[①] 截至 2021 年 5 月 25 日，"漫步日本"在马来西亚开设了 8 家门店，但其中一家处于暂时关闭状态。——译者注

"漫步日本"店里看起来有点像破败的BOOKOFF。一排排衣服向后延伸，占地面积达2.4万平方英尺。但是和日本的BOOKOFF不同，这里的衣服没有按颜色和品牌摆放；只是挂了一长条没分类的服装（大部分是女装），价格低廉，薄利多销。这些衣服平均每件10马币（约2.5美元）。

第一家"漫步日本"的店主小野泽浩二带着我参观，他说："如果这些衣服卖不出去，我还可以降价3~5马币（0.75~1.25美元）。"这家店每天可以卖掉500件衣物，平均每月卖掉15000件。

他接着说："这比优衣库的销量可要高得多！"

我们右边是一些装着廉价首饰的盒子，这些首饰只要几美元。再往前走，货架上有一些塑料袋包装的人偶，还有电子鸡——一种手掌大小的电子宠物蛋，在20世纪90年代很流行。"现在人们都在这买，不去日本买了。"小野泽浩二说着，耸了耸肩。

这些玩具旁边的两个货架上挂着厚重的棉麻和服，和我在东京的房屋清理中看到的和服差不多。

"人们买这些和服回去做装饰。"小野泽浩二说着不解地摇了摇头，"在日本，没人会这么做。也根本没人买。"和服旁边是两架子白色的蕾丝婚纱。

"人们连婚纱都卖给BOOKOFF吗？"我问。

小野泽浩二笑了。在来马来西亚经营"漫步日本"之前，他在横滨的BOOKOFF工作，起初只是一名普通的店员。

"他们什么东西都拿来卖。"他委婉地说。

我拿着一件婚纱仔细看，虽然不是丝绸材质，但是只卖40马币，按照目前的汇率来算，大约是10美元。这对于那些预算不多的人来说已经足够好了。"这些卖得出去吗？"

"如果卖不出去，我们就降价。"

我们走到家庭用品区，里面都是盘子、玻璃器皿和漆器。

"这些盘子卖得很好，"小野泽浩二说，"一整套卖9马币（2.25美元）。"

我走到几堆红色和棕色的漆器碗旁，有一些还贴着BOOKOFF的价格标签。在日本，一个碗要卖210日元（2美元），但在马来西亚，这种二手碗只要3马币（0.75美元）。

"如果你在这儿的商场买新的，要花100马币（25美元），"小野泽浩二告诉我，"对马来西亚人来说，在这买二手货很划算。"

归根结底，这才是重点。马来西亚的经济要比东南亚其他国家发达，但是2016年的家庭人均年收入为4571美元，远低于日本同期的17136美元。整个东南亚地区都羡慕日本人的生活方式。因此，如果马来西亚人想模仿日本人的生活方式，就只能买二手货。

收入不平等并不是推动日本二手货进军马来西亚市场的唯一因素。

"日本的家庭规模越来越小，房子也越来越小，"小野泽浩二说，"马来西亚家庭规模很大，而且在继续扩大，他们的房子也很大。"

我在摆放玩具汽车和玩具火车的货架旁停了下来。这里有风火轮还有托马斯火车头，我在横滨和东京的BOOKOFF也见过这样的玩具，但是有很大区别：马来西亚卖的玩具成色都比较差。在横滨，二手托马斯火车看起来像新的，连一道刮痕也没有。而在马来西亚，它看起来就很旧。四处逛了逛后，我发现这里卖的衣服同样如此。虽然衣服上没有明显的绽线、破洞或污渍，但是做工普遍不好，样式也不是最新潮的。这里的二手货并不是日本最好的。

"在日本，这些商品的情况要好得多。"我对小野泽浩二说。

他点点头说："在日本，我们可以卖掉最好的东西，赚的钱要比在这里赚得多。"

我们经过堆放着毛绒玩具的一排排货架，足有 4 英尺高，40 英尺长。

"毛绒玩具在这卖得很好，"小野泽浩二说，"这是我们没有预料到的。"

这里有五颜六色的小熊、斑马、猴子、娃娃，还有一些卡通人物，日本家长将玩偶卖给了数百家 BOOKOFF。日本的人口统计数据清晰地表明，这些毛绒玩具大部分来自只有一个孩子的家庭。在马来西亚，这些毛绒玩具会在平均有两个子女的家庭之间相互传递。

在日本并非所有过剩的物品都被扔进了垃圾场，或者是运去了发展中国家。有些物品还保留在人们家里，也有些运去了和日本一样富裕的国家。小林茂带我参观东松山市滨屋办事处旁边的仓库时曾提到这一点。

在远处一面墙上，挂着一张大大的迈克尔·杰克逊的绢印画，一条长架子上放着数百件卷起来的日本卷轴画。卷轴画附近停放着几辆日本老式自行车。

"这些画大部分要出口到英国去，"他说，"也许这些自行车会留在日本。"

尽管已是5月末，天气炎热，但友希还是穿着一件粉色开襟毛衣。她指着一个角落，那里放着十几个保温瓶和十个电饭煲。

"现在古董市场上，日本制造的老式热水瓶卖得非常好，电饭煲也卖得很好。"

"你们是怎样卖的？"

"我们为价值较高的商品设置了电商专区。大多数货都放到雅虎上拍卖。"

再往仓库里面走，我们停在了几辆推车面前，推车上堆着许多20世纪八九十年代日本制造的老式录音机。

"这些也是热门货，"友希说，"我们把这些东西放在涩谷的一家游击商店里卖。"涩谷是东京腹地的时尚购物街区。"人们都喜欢去那逛。"

我告诉她，我在东京地区的二手店里也看见过老式录音机。

"人们都很怀旧。当然，老式录音机的质量也很好。"

滨屋的电子商务专区就在这条街上，占了一间长仓库的两层。滨屋还雇用了十几名全职修理技工，专门修理电脑、电吉他等特定种类的物品。那儿还有一些小型摄影棚，专门为在线上拍卖的商品拍摄专业照片，旁边还有一个发货区。物品再利用看起来就是制造并翻新旧物，将那些需要修理的东西拿来修好，再卖给那些喜欢它们的顾客。然而，小林茂却对此不以为然。

"古董和电商售卖只占我们销售的一小部分，很小一部分。"

"马来西亚怎样？"我问，"BOOKOFF 在马来西亚发展得很快，这看起来可真是个好机会！"

在我们坐进他的宝马 3 系混动型轿车时，他说："我们收购 BOOKOFF 的剩余库存，然后出口，他们有太多货了，仅依靠马来西亚市场没办法全部消化掉。"他停顿了一会儿，接着说："而且马来西亚和中国走得很近。"

这是事实。成本较低的中国电子品牌，如海尔、OPPO 和海信，在马来西亚已经遍地开花，中国制造的服装也是如此。

"你担心中国的产品会影响发展中国家对二手货的需求吗？"

"是啊。"

他驾车穿过东松山市，身上带着那种在市中心有一大块地盘的人特有的自信。他开车带我们去他最爱的餐厅吃午饭，路上又告诉我，日本二手货的全球市场快到头了。所以，他正在慢慢做回老本行：废金属生意。在过去几年里，他逐渐有能力回收家用电器中的废金属，这些家用电器都是他曾经出口国外的二手货。做这桩生意成本很高，还要有先进的技术来保证回收过程的安全和环保。日本的环境监管法规要求企业必须严格遵守规定。

"物品重复利用对环境来说很友好，"他说，"但如果没人想重复利用，那我们又该做些什么呢？"

在我问他日本人的环保意识是不是越来越强时，他笑了起来，拿他女儿举例子。

"我女儿在学校读书时，带回来一张调查问卷，问我们家长是否支持孩子使用二手教材。这是我自己的女儿，我当然希望她用新教材。但是后来我发现，大部分家长都选择了二手教材，"他大笑起来总结道，"而且，日本现在还有'反对浪费'的意识。"

"这对公司来说是件好事吗？"

他摇了摇头说："'反对浪费'意识的普及对公司来说不太好。如果人们都反对浪费，我们就没办法得到成色很好的二手货。这样的二手货，在二手市场上卖不出去。"

"浪费反而有帮助是吗？"

"是的。"

到了夜晚，东京高圆寺交错纵横的狭窄街道上几乎漆黑一片，只有街道上、小巷里散布的小餐馆和十几家小型二手店会发出点亮光。高圆寺也因这些二手店而出名，这里是购买老式二手物件的好地方。东京大多数地方在"二战"中遭到破坏后，都重建了高楼大厦；高圆寺则与这些地方不同，仍然很大程度地保留着低层建筑，给人一种回到了日本传统小城镇的感觉。

但是当你走进一家二手店时，这种怀旧的感觉便消失了。这里的商品都是从美国进口的二手服装。三岔路口有一家店叫惠斯勒，专营 Allan Edmonds 等美国高端品牌的精制二手皮鞋。店里面弥漫着皮革的味道和一种上流社会的气息。几十年前一双古董鞋就要卖几百美元，热爱美国文化的店主会专程到美国采购。也许这位店主比美国人还要热爱美国文化。

当然，高圆寺的大多数店铺专门经营一些比较便宜的服装，比如运动衫、卫衣和 T 恤，休闲衬衫也很受欢迎。美国人认为很普通的一些东西在这里却很受欢迎，价格也卖得很高。运动品牌 Champion 的一件普通卫衣吊牌上写着"1980 年代织"，售价为 60 美元。一件重度磨损的蓝色棉质 T 恤在这里售价超过 50 美元，这在古德维尔还达不到上架标准。作为一个美国人，看到每周六车库旧货出售都不会拿出来卖的普通衣物在这里却大受追捧时，我很容易沾沾自喜。在高圆寺逛了这么久，我还发现了一个独特之处：正是这些零零散散的外国货，构成了日本人的身份认同。

高圆寺有家店叫 daidai，几乎没有哪个地方比这家店更光彩夺目了。在这条街上，daidai 发出的黄色灯光甚至能照亮旁边和对面的店。走进去推开双层门，能看见店里的色彩越发鲜艳，包括亮红色、粉色、橘色和黄色。店主小嶋美绪告诉我，店铺的灵感来源于《绿野仙踪》里鲜艳的彩色插画。

但《绿野仙踪》只是店铺灵感的起源。

"店铺的主题是一个翻转的玩具盒。"小嶋美绪说。

她是个身材纤弱的女子，穿着一件黄绿相间的印花连衣裙，配着绘有草莓图案的针织衣领（她在照片墙上称自己是"复古服装和草莓爱好者")。

"所以我们会想象，等我们打烊离开，关掉灯后，这里的东西都会变成活的。"

"像《玩具总动员》那样？"

她点头。

我注意到小嶋美绪的连衣裙与破布娃娃安妮和安迪 [①] 的风格有些类似，这些玩偶在很多店里都非常受欢迎。店里还有各种各样的草莓——编织的、塑料的、陶瓷的、真人大小的、比真人还大的……小嶋美绪右手食指上甚至还戴着鲜红的草莓戒指。daidai 有着明亮的艺术装修风格，这种风格的目的就是帮助销售女性服饰。所以店里的货架上都是印花连衣裙和女士衬衫，如果改小这些衣服的尺码，《绿野仙踪》里的破布娃娃桃乐茜也能穿。

"我专门飞去洛杉矶采购服装，"小嶋美绪带着揶揄的笑容说，"然后洛杉矶的人又来这儿买回去。"小嶋美绪喜欢这种搜罗衣服的感觉。帕萨迪纳的玫瑰碗跳蚤市场是她最喜欢的地方，她很了解那些美国平价品牌，比如 Savers、布法罗交易所（和 BOOKOFF 差不多），还有古德维尔。

但情况不尽如人意。"三四年前，找货还比较容易，"她说，"五六年前，好东西更多。"那时候，经济急转直下，daidai 那时专门售卖从跳蚤市场淘来的货。受到经济的冲击后，daidai 被迫调整

---

① 美国童话作家约翰尼·格鲁在《破布娃娃》系列中创作的玩偶形象。——译者注

自己的定位。

"现在，我们亲手缝制从美国买回来的物料。"她揭开缝纫机上面的草莓印花防尘罩，这台缝纫机就在收银台旁边。

"我从古德维尔买回来床单和窗帘布，用这些物料做新东西。"她朝着衣架走去，取出一件印着黄色太阳花的绿色夏季连衣裙，这衣服看起来就像是1977年空运过来的东西。"人们喜欢我们的原因之一就是我们在重复利用物品，还能发现别人发现不了的美。"

尽管如此，小嶋美绪对自己作品的最终命运从不抱任何幻想。

"日本人丢掉的衣服比美国人还多，"她说，"很多'快时尚'的衣服，人们都不会拿去捐，直接就扔了。"她叹了口气说："断舍离。"

"断舍离"是由三个汉字组成的日本词语，按照词的排列顺序来看，[1]"断"指的是断绝想要进入自己家的不必要的东西；"舍"指的是舍弃家里到处泛滥的东西；"离"是指摆脱对物品的执念。从断舍离的观点来看，清理家中堆积的物品也是在清理自己的内心和思绪，无论这些物品的归宿最终如何。

"断舍离从某种意义上说是好的，"小嶋美绪告诉我，"但它的负面影响是诱使人们扔掉很多东西。有些顾客进店，我会问：'你们的衣服呢？'他们说：'我们都断舍离了。'"她瞪大眼睛，露出一副震惊、难以置信的表情说道："他们应该把衣服给我们呀！"

"他们为什么要扔掉衣服呢？"

小嶋美绪用她从美国二手店买来的二手窗帘设计、缝制的女士
衬衫

"缺少储物空间，"她说，"日本人的房屋都很小，而且daidai
的衣服对于他们来说太特别了，很难保留下来。当然，日本空气潮
湿，衣服也不易保存。"

我盯着这家店看了很久。这里和 Old Navy、H&M 或是
Forever 21 等零售店的风格相去甚远。但在富裕的国家里，更多、
更新的产品才是永恒的主题。即使再经典的艺术品，也并非不可
取代。

"我参加过美国车库旧物出售，我觉得美国人都很爱惜东西，"
小嶋美绪说，"比我们做得要好。他们什么都捐，希望捐赠的东西能
够得到重复利用，甚至包括自己的内衣。"她边说边用草莓印花防尘
罩盖上了缝纫机。

我再次看了看店内的情况。"美国对你的工作影响很大吧。"我说。

她摇摇头，不同意我的说法。

"我没有受到美国的影响，只是刚好这些都是美国货而已。"

CHAPTER

06
我们的仓库是一间四居室

　　19号州际公路在图森南端与亚利桑那州的诺加利斯[①]之间绵延了63英里后，终止于离墨西哥境内的诺加利斯300英尺处。19号州际公路大多数路段都是荒凉的沙漠，途中只有少数几个小镇。在北边，美国边防检查官设立了半永久性检查站，打击走私行为和非法移民。但当地人聊起这条公路时，话题总会转向南边的墨西哥。一天24小时内，总会有一辆又一辆带拖厢的皮卡，满载着二手货从图森和菲尼克斯开往墨西哥。

　　我看见通用皮卡后边的拖厢里装着打包好的床垫，床垫与床垫之间塞满了各种各样的"耐用品"：自行车、桌子、小冰箱和一些箱子。我猜箱子里大概装着盘子、餐具、厨房炊具和玩具。我还见过更简单粗暴的装运方式：老旧的福特皮卡超载装运床架、自行车和

---

① 美墨边境的口岸城市，地跨美墨两国，亚利桑那州和墨西哥都称其诺加利斯（Nogales）。——译者注

商用冷藏柜，这些东西全都用松紧绳绑在一起。汽车这样在公路上行驶，十分危险。

日本同东南亚国家进行贸易的模式，在美国西南部同样适用。但是在美国西南边界，没有像滨屋这样的企业向商贩们输送大量货物，墨西哥城里也没有 BOOKOFF。相反，这里主要是小商贩们在进行贸易，他们一点一点地收购美国西南部居民弃之不用的东西，然后卖给墨西哥那些新出现的消费者。

这些商贩坚持不懈，在边境线上来来往往，有时候几乎每天都在搜寻二手货。如果边境设立了关卡，他们便绕过关卡，继续做生意。

设立边境关卡意义重大。墨西哥商界长期以来给政府施压，要求下令禁止进口二手货。如今，为了限制二手货贸易，商贩们需要取得经营许可证，而获得经营许可证的难度很大，对于那些用皮卡拖货进行交易的人来说，尤其艰难。同时，美国政府正在加大力度限制墨西哥人入境，即便这些墨西哥人进入美国境内只是为了买东西——运走那些美国人不想要的东西。

小商贩们找到了一种办法。

在整个墨西哥，人们都穿二手衣服，用二手家具和电器布置房屋，二手电子产品为人们提供了获得教育的途径和新的娱乐方式。在许多小镇和村庄，二手店比一手店更为常见。这是北美最环保的可持续性生意之一，但是很少有人注意到二手行业，除非他们深入其中探寻。

每到周末，在科洛西奥会有一个旧货交换集市，连绵的摊位长达 1 英里。科洛西奥是索诺拉州诺加利斯一条蜿蜒的林荫大道，刚过亚利桑那州诺加利斯的边界。小商贩们支起帐篷，摆好桌子，把衣服挂在撑杆和货架上，在街边展示。二手鞋子全都堆在外面，二手汽车车轮也堆放在一起；二手自行车放在帐篷底下，以防起了贼心、有贼胆的路人偷走。儿童服饰、链锯和发电机在这都很受欢迎。有的摊位卖新鲜水果，还有的摊位卖墨西哥玉米粉蒸肉。人们在这里悠闲地溜达，享受周末。

我也想在这逛一逛，但是我正坐在一辆最新款的皮卡上，"鞋匠"正开着车。"鞋匠"是个二手货贩子的绰号，墨西哥诺加利斯本地人，今年已经 41 岁了，图森的古德维尔职员都认识他（"鞋匠"让我用他的绰号，不要透露他的真实身份）。据"鞋匠"说，他已经在跨境二手贸易这一行干了 35 年，是个老手。每周有 5 天（有时候更多）他要开车从诺加利斯去图森，目的地通常只是图森地区的 16 家古德维尔。据他计算，自己每年大约要行驶 5 万英里。

"鞋匠"左转驶离了科洛西奥大街，看到一个朋友坐在路边的躺椅上。我们便下了车。"鞋匠"身高不到 6 英尺，身体健壮、肌肉发达。圆圆的脸上颧骨分明，说英语时声音低沉，如同他走路那般坚定、快速。他留着精心修剪的短胡须和八字胡，而且总是戴着棒球帽。他性格外向，有一种敏锐、微妙的幽默感，经常让我捉摸不透。

"鞋匠"的朋友背靠着一辆崭新的黑色福特皮卡，车身后面挂着长长的拖厢。里面有四个床垫、一台超大号的塑料冷风机、一张餐桌和四把椅子、一个微波炉、两辆儿童自行车，以及一台让"鞋匠"兴奋不已的冰柜。

"如果这些东西更旧一些，而且不是中国制造的，你就能赚一大笔钱。"

躺椅上的男人告诉"鞋匠"，他是在菲尼克斯的古德维尔买到的这台冰柜。他们聊天的时候，我看了看将近 1 英里外高高的边境栅栏，栅栏是由间隔 4 英寸的钢筋制成的，有些地方高达 30 英尺。远远望去，这些重叠的栅栏看起来有些朦胧，像是某种幻影。

回到皮卡上，我们继续前往马里波萨入境口岸①。2017 年，有超过 300 万辆车穿过该口岸，"鞋匠"一个人就往返了数百次。

"我来告诉你为什么二手生意规模这么庞大。"他一边看着路，一边查看手机上 WhatsApp② 收到的消息。

"在墨西哥，人们每天大概挣 1000 比索（60 美元）。比如说，他们想要一个床垫，当地床垫的价格是 1 万比索，如果刷信用卡买的话，最后实际支付的价格是原价的 3 倍。但是在图森，你可以拿到不要钱的床垫。"

在边境，美国特工将我们和卡车一起送入 X 光机，指示牌上称 X 光机对人体健康无害。

"那你也卖床垫吗？"

"不卖。床垫上全是床虱，太恶心了，我不喜欢。但是卖床垫比

---

① 该处为亚利桑那州诺加利斯的出入境边防检查站。——译者注
② 一款非常受欢迎的跨平台应用程序，用于智能手机之间的通信交流。——译者注

卖其他东西挣的钱要多。床垫是最挣钱的，其次是电器和服装。"

令人意外的是，"鞋匠"并没有大量买卖这些最挣钱的东西。他卖的是鞋子，而且大部分都是二手鞋。如果他能在卖新鞋的店里拿到便宜的折扣（通常是优惠券），他也会买些新鞋。在南亚利桑那州的古德维尔，大家都认为"鞋匠"是大买家（有一定话语权）。在墨西哥，他有一个由 7 个批发商组成的销售网，其中一些批发商一次就要批发 100 双鞋。

不过，他真正喜欢经营的还是玩具。

"看看，这是 1983 年的伊沃克人偶。"他说着把手机推到我面前。手机屏幕上有个毛茸茸的、长得像猴子的伊沃克人，是 1983 年《星球大战》续集《绝地归来》里的人物。"我在熊峡谷的古德维尔花 2 美元买了一个，之后以更高的价格卖给了蒙特雷的一个家伙。"

X 射线检查结束，边检官员朝我们挥手，目送我们进入美国境内。

"你是怎样开始做这一行的？"我问他。

"我爸爸是一个水果蔬菜商。"

"鞋匠"家里买得起电视机，他通过看电视学会了英语。"鞋匠"说他最喜欢的电视节目是 20 世纪 50 年代的美国喜剧——《反斗小宝贝》和《奥兹和哈里特的冒险》，这些喜剧理想化地呈现了郊区中产阶级的生活方式。当他混迹于美国边境的旧货交易市场时，他从电视里学到的东西便派上了用场。

"那时候有一些'中国佬'，"他说道，他管所有的东亚人都叫"中国佬"，"准确地说是韩国人，他们雇我做翻译，每天给我 4 美元。"

"你还会说韩语？"

"会一点点。"

他花了几年时间努力提升自己的经商能力，增进对二手市场的了解，同时和家人寻找新的出路。

"有一个做鞋子生意的韩国人，喜欢吸可卡因。"他回忆道。

这个韩国人向"鞋匠"的父亲借钱，继而挥霍一空。他想用房子给"鞋匠"的父亲抵账。

"我父亲不想要他的房子，""鞋匠"说，"所以他就把所有的鞋子都给了我们，于是我就开始做鞋子生意。"

他在诺加利斯一家自助仓库的门口停下车，打开车窗，然后输入密码。门打开后，他把车开进一间储藏室。这里和美国其他 54000 家自助仓储站一样，都是用来存放美国家庭里放不下的物品的。但是也有点不同。"在这里租储藏室的人是为了存放那些从北边买来的东西。"他拉起卷闸门说道。

这里存放的东西大部分是鞋子。两排快抵到天花板的架子上放的都是鞋子，还有很多装着鞋了的小购物袋和人垃圾袋，塑料桶里也装着鞋子。"鞋匠"把一些宽松的鞋子放进垃圾袋里，方便过境时运回去。这里还有一些其他的东西。架子上放着一套任天堂 Wii 游戏机，小冰箱上放着一个用盒子装好的 Lasko 风扇，塑料桶上放着一台 Vizio 电视机。电视机旁边是一桶古德维尔开具的收据。

"鞋匠"把小冰箱、电视机和另外一些装着鞋子的袋子一起装进车厢里，然后开车返回墨西哥。"鞋匠"的顾客群体还在不断壮大，他认为这是件好事。竞争越来越激烈，而且小型二手贩子变得越来越专业。

"1991年，旧货交易市场在人们心中就是个笑话。那时别人都认为我们是骗子什么的，做的是低俗生意，但现在人人都在做这一行。"

"为什么呢？"

"能赚大钱呀。2000年，黑手党遭到了大力打压，所以人们从毒品生意转向了二手生意。"

这也说得通。对迅速变换的市场具有一定的敏感性，具备走私物品的能力，都有助于从事这两个行业。

"现在你能看见人们开着大卡车，一次性采购5000美元、1万美元的二手货。做这行很干净，也很有趣。我们现在做的生意不合法，但好像也合法。"

"鞋匠"开车右转，经过了一道拱门，进入天桂卡诺阿斯的围墙区域。天桂卡诺阿斯是诺加利斯最大的旧货交易市场。他停在一个小铺子前面的碎石空地上，铺子顶上盖着波纹钢壁板。这间小店铺与这片区域的数百家其他店铺相连，1999年30家商铺在此建立了这个市场。如今，数英里范围内已有几百家商铺。

"鞋匠"的小店里有各种各样的东西，当然，鞋子是必不可少的。这里还放着几箱子网球、棒球、棒球棒、玩具屋，以及一堆轮

在墨西哥诺加利斯的天桂卡诺阿斯，商铺外面通常都摆着几把餐椅、几张床垫和一辆自行车。20世纪90年代早期，该市场是为了满足当地人的需求。如今，当地人把这些二手货批发给墨西哥欠发达地区的商贩

胎、几袋子人偶，架子上还有几个忍者神龟大玩偶、一些炊具、一台落叶鼓风机、一辆婴儿学步车和一个摩西人偶。

"这是我昨天从古德维尔买来的，"他说，"我还找到了耶稣。"我笑了，但他不是在开玩笑。他从摩西人偶后面拿出了一个耶稣人偶。

"生意怎么样？"我问柜台后面的"鞋匠"。

"这里的人不会买太多东西。他们觉得这些二手货太贵了，不值。"

"他们太节俭了。""鞋匠"嘲笑说，然后带我绕过街角进入市场。

"事实上，我没必要待在这里。我越来越像做批发生意的了。对我来说，旧货交易市场只是让我有机会认识南部新来的人。"

他说的是那些从埃莫西约和墨西哥城来的二手货贩子。但终端市场并非只有大城市。墨西哥大多数偏远地区日趋繁华，这些地方的人也需要二手货。

我们快速经过自行车铺子、割草机铺子，以及自行车和割草机都卖的铺子，还经过了几个卖玩具的铺子，"鞋匠"看见了一些他认识的人。

"这家伙从我这买东西。"他说，然后停下来和这个男人握手，这个男人面前的桌子上摆满了风火轮玩具车和各种各样的人偶。

然后我们转弯看到了一排排卖冰箱、洗衣机、烘干机和洗碗机的铺子。这里才是真正的二手电器超级市场。

"如果我带来 10 台洗衣机，很快就能卖光。"

但是这里有一种扭曲的观念：虽然新电器很好，但废旧电器更赚钱。

"如果你能买到一台废旧电器，带着它越过边境，修好之后卖出去，能赚三倍。要是卖新的就赚不了这么多。从我这买洗衣机的家伙，会把这些机器拆解掉，清理干净，这样赚的钱就能翻番。"

我们到了旧货交易市场中有着水泥地面和棚顶的区域。这里虽然称不上高端，但确实更加干净整洁，也没有像科洛西奥大街上那样东倒西歪、随意放置的衣架。科洛西奥大街上不同颜色和款式的衣服都混杂在一起，这里的商品则摆放有序：裙子和裙子放在一起，蓝色衣服放在一起，白色衣服放在一起，还有按球队划分的 NFL 球衣，T 恤也按照尺码大小排列。这样摆放是有原因的。

"这些都是新的。"我说。

"从几年前开始,新货把二手货挤了出去。"

他朝着坐在摊位前的一对中年夫妇点了点头,那个摊位上摆着"鞋匠"提到过的盗版 NFL 球衣。

"华人从洛杉矶带来了这些新鲜玩意儿,大部分都是山寨货。"

我朝四处看了看。大部分摊位都是华人在经营——有些人说着方言,有些人在手机上观看中国电视节目,还有一些人在玩微信,微信是中国使用最广泛的社交软件。我走近一家卖女装的摊位,这里的衣服面料很薄,也很粗糙,针脚松散,价格低廉,都是用来走量的货物。最重要的是,这些都是一次性的衣服。穿一次就可以扔了,再买件新的。

我之前见过这样的货。21 世纪初,上海地铁站挤满了小摊位,售卖这种质量很差但样子很时髦的便宜货。这些服装抄袭最流行的款式,顾客大部分是少男少女(现在也是这样),他们拿着父母或爷爷奶奶给的零花钱,抢着来买。当时没有二手服装可买:中国禁止进口二手服装(措施十分有效,不像墨西哥),骄傲、上进的上海人也不会穿二手服装。当然,人们都知道新衣服洗过 5 次之后就穿不了了。但是对于那些几周内就能挣到足够的钱买新衣服的人来说,这不是问题。

服装质量下降是中国的错吗?并不是。至少最开始,中国的服装产业是按照外国企业设定的标准在生产。而当初外国企业在中国建厂,看中的正是低廉的生产成本。那些外国企业争做优质企业,努力满足顾客的需求。沃尔玛和拉夫·劳伦同样认为价格比质量更能带动产品的销量，事实证明它们是正确的。几年内，沃尔玛售卖的本土 George 牛仔裤，从 26.67 美元降至 7.85 美元时，在德国没有人对此不满。

沃尔玛的竞争者——竭尽全力维持顾客十分在乎的价格区间，也做出了同样的妥协。如今，批评快时尚的人抱怨沃尔玛降低了质量标准，也许这是事实；但这同样降低了顾客对于一个新衣柜、一台新的烤面包机和一套新家具的价格期望值。在一个新消费者不断涌现的世界里，低价期待值更为重要。

"鞋匠"看见我时，我正在天桂卡诺阿斯的服装区闲逛。

"人们介意这些垃圾货吗？"我问道。

"如果在同样是 5 美元的二手衬衫和新衬衫之间做选择，人们肯定会买新的。人们都喜欢参加聚会，想在出门时穿上新衣服。"

"我好像就是这样。"我承认道。

我们又拐了个弯，进入一片开放区域，这里位于旧货交易市场的石墙边上。在钢筋制成的屋顶下面，十几家商贩的几十个床垫摆在那出售。

"卖床垫最赚钱，因为没有华人来竞争，""鞋匠"解释说，"墨西哥人也卖假货。在莫罗莱昂，人们就在生产假货。"

正如"鞋匠"预见的那样，未来的这里会更加正规：他会升级自己的品牌店铺，这是一个区分自己和那些卖便宜货店铺的好方法。他精通跨境采购，也计划在诺加利斯开一间商店，这样就可以把自己的货物展示出来。

这种想法很常见，他说："每个人都把家当店，我家也是。我的房子里都是家具、自行车和电视机。房子就是我的商品陈列厅，可以让那些从南部来的买家参观。但是我想标新立异，比如在辣妹很多的时尚街区开一间店。"

"你能做到吗？"

"大家都在做这行，甚至包括那些很有钱的人。他们根本不需要靠这个谋生，但就是想做。钱越多，买的东西越多。这就跟黑手党差不多，你根本阻止不了。"

安娜每天都和她的妹妹（不愿在书中透露姓名）从位于图森的住所开车出发，来到城市南边东欧文顿路的灰色商业街。早上 8 点之前，她们就到了，之后等着古德维尔直销中心的店长开门。在等待古德维尔开门期间，安娜告诉我她们来自墨西哥索诺拉州州府埃莫西约，她们的母亲还住在那里。但是安娜现在并没有心情闲聊，因为其他墨西哥二手贩子已经到了，这些都是安娜的竞争对手。安娜慢慢挪到离门更近的地方，她舒展肩膀，蓄势待发，想第一个冲进店里，而我挡了她的路。

6 年前，站在这里的是安娜的母亲，她会很熟练地慢慢移动到队列最前面。听说美国二手市场蓬勃发展时，她还住在亚利桑那州。得益于美国和其他发展中国家的大量投资，埃莫西约的经济高速发展。随着收入的增加，人们对生活的期待值也提高了。那些农民，从前没有满柜子的衣服，客厅里没有最新的电子设备，厨房里也没有什么电器，如今他们什么都想拥有。一手货太贵，所以只好用买得起的二手货来满足迫切的需求。安娜的母亲涉足这行之后很快发现，仅凭自己的能力根本无法处理所有的事情。理想的情况应该是这样，她在埃莫西约有一家店，然后有人负责在亚利桑那州采购。但实际情况是，她要一个人处理所有事情。

当时，安娜在一家外资物流仓库工作，靠比从前挣得稍多的工资勉强度日。所以，当安娜的母亲要她和妹妹加入自己的二手生意时，年轻的两姐妹都没有犹豫。她们搬到图森负责采购，母亲则搬回埃莫西约，负责店铺销售。

我问安娜有没有后悔换工作。

"不后悔。"安娜个子小，但她强大的气场笼罩在我们之间。她转身朝向窗户那边，眯着眼睛看店里数百张桌子上摆出来的商品。现在没空聊天了，店马上就要开门了。

道谢之后，我走到了这栋楼的背后，这里是装卸处。在里面，我见到了现年 28 岁的店长亚伯·梅狄纳，他正开着一辆叉车，从我旁边经过时挥手和我打了招呼。他的叉车上装着一个超大的洗衣机箱子，里面装满了东西，从箱子最顶上能看见一台真空吸尘器、一个紫色的塑料筐、一个可伸缩的木制儿童防护栏和一双滑冰鞋。

在我的右边是几排高高的蓝色塑料"笼子"，南霍顿路和东高尔夫路交叉口的古德维尔（以及南亚利桑那州所有的古德维尔）店里也有这样的笼子，专门用来装人们的捐赠物。但是这里的笼子里装的不是捐赠物，而是古德维尔南亚利桑那区卖不出去的商品。如果商品6周内没有卖出去，就会被运到这里或是诺加利斯的直销中心，以超低折扣价再次出售。这里有很多东西：大概2/3是南亚利桑那州所有的古德维尔店里卖不出去的二手商品。这里的商品价格很便宜，主要是为了走量，古德维尔直销中心悬挂的牌子用英语和西班牙语写着：

服装

1.49美元/磅

耐用品

0.89美元/磅

玻璃器皿

0.29美元/磅

按重量售卖衣服的方法很受欢迎——这家直销中心的销售额在古德维尔南亚利桑那区排名前三。昨天，仅仅是一个普通的工作日，这家店的销售额就高达5000美元。这对古德维尔来说已经很不错了。古德维尔不仅可以从捐赠物中获取额外的收益，还可以通过处理那些卖不出去的货物缩减成本。

亚伯停稳叉车，走了过来。他看起来十分和蔼，身高刚过6英尺，体重280磅，看起来很有魄力。他带我靠近那些"笼子"，从里面拿出一个特百惠塑料碗，这个碗在他的大手里看起来就像个小玩具。

"如果玩具和乐高成色不错的话，会卖得很好。但是，特百惠塑料碗就不太卖得出去。这些卖不动的东西在一元店都能买到，你花一美元就可以买到特百惠的塑料制品。"

他指向一张餐桌，透过销售区的门可以看到这张桌子。"我处理家具有这么一套流程：如果卖不出去，我就降价49美分。降价之后，人们会来瞧一瞧的。"

"如果免费出售呢？"

"免费？如果降价49美分还卖不出去，那就是卖不出去了，可以直接拖去垃圾场。"

几英尺外，另一位员工正在看着一台机器夹着一个笼子，随着一声刺耳的碰撞声，机器倾斜着把笼子里的东西倒在了桌子上。整个过程谈不上特别小心或是优雅。我觉得，倒也用不着特别小心：这些东西都是按重量出售的，工作人员只需要把它们弄平整，再用推车推到销售区去。

门旁边有两推车衣服，用床单盖着，看起来像停尸房里停放的尸体。亚伯示意我跟着他，他正推着一辆推车进门，另一位员工推着另一辆推车紧随其后。

我们朝宽敞明亮的店铺走去时，亚伯告诉我："这里每天都有很多客人。"

这一片区域大概有100辆手推车整齐地摆放着，顾客们在这些推车里翻找，希望能买到自己心仪的东西。

"从早上 8 点到下午 5 点，都有客人来。"他预计 80%~90% 的客人都是墨西哥人，他们过来采购货物，再带回墨西哥卖。

这是桩大生意。墨西哥的大型中间商花钱雇用了"采购团"，这些人整天待在直销中心，等待新库存上架。这些采购团和安娜姐妹是竞争关系，与他们相比，安娜和妹妹的生意规模很小。

"有时候竞争可能会有点儿激烈，"亚伯耸了耸他宽厚的肩膀，承认道，"人们抢着从旧货市场买东西，带到边境另一边去卖。不过幸运的是，我们这里有一年多没发生过冲突事件了。一年多以前发生的那次冲突也不严重。我只希望人们能好好买东西。"

两辆手推车被推到一个开放区域，这里有些地方已经被两个盖着床单的手推车占据了，20 来位顾客放下他们正在翻找的东西，围住了马上要揭晓的两推车商品。亚伯抓住床单的一角，用力扯了下来。这些采购者猛扑过去，一头扎进三四百磅重的衣服里，拉扯、翻找他们觉得可以在墨西哥卖掉的衣服。在买家们翻呀、拉呀、拽呀的时候，衣服袖子和裤腿像爆米花一样在空中翻腾。

"男装卖得不好，"亚伯客观地说，"男装通常都很破旧，而且比女装重，称重卖的价格会更贵。"

"顾客对价格这么敏感吗？"

"嗯，是的。"亚伯前臂交叉，脸上露出平静的微笑，旁观着抢购热潮。

"能卖得出去的东西开场 20 分钟就会卖掉，然后就卖不动了。

我们会让这些推车停留大约 1 小时，有时候会更久些，这取决于我们的库存里还有些什么。"

我环视四周发现还有大约 100 辆手推车，大多数都没什么顾客光顾；到处都有采购者在翻找，但大部分人都是漫不经心的样子。大多数采购者都随意地坐在一些要出售的家具上，等待着下一波耐用品（玩具、容器和行李箱）或玻璃器皿上新。两分钟后，抢购热潮褪去，但是手推车里的货物看起来和之前数量相当。

"好像没卖出去什么。"

"这里待售的商品能卖出去的只占12%，剩下的要送去切利贝尔。"他说，切利贝尔是中心仓库所在的那条街。我计算了一下，这意味着古德维尔南亚利桑那区收到的捐赠物，只有不到一半会在亚利桑那州出售。

一位收银员有事招呼亚伯过去，我便转到安娜和她妹妹那去看

欧文顿路古德维尔直销店里，商品一上架，商贩们就猛扑向一桌子的货物，但是其中90%的商品都卖不出去

看。她们正站在一辆装满衣服的手推车旁，反复检查拉出来的衣服，把那些觉得卖不出去的衣物又放回手推车里。

"我们的顾客不喜欢喇叭裤。"她一边把喇叭裤放进推车里一边说。她拿起一条红裙子，认真地叠好堆放起来。"在埃莫西约，这个可以卖2~3美元。"

安娜动作很迅速，她抽出一条牛仔裤，瞟了一眼后就立刻搭在了左手臂上。

"有几周我们花了900~1000美元买衣服，"她解释道，"有时候我们只花20美元，有时候也会花400美元。"

她的妹妹伸手拉过旁边的手推车，放在安娜旁边。"你的收入要比支出高两三倍才行。"她把一件亮片T恤放到推车里，继续说道。

本周她热衷于寻找儿童服饰。墨西哥的开学季已经到了，她母亲说需要采购一些儿童服装。但是她也在搜寻一些冬装，因为冬季也不远了，而且现在是时候为圣诞节准备东西了。

"我们的仓库就是那套在图森的四居室，"她接着说，"存放货物的空间倒还有，可问题就出在时间上。"

"时间？"

"衣服的质量越来越差。过去我们只需要花两三天时间就可以买到足够的货物带回去。如今找到同样数量的货物需要6天的时间。"

"我听其他人也这样说过。"

"大家都知道。"

店铺里面，两名员工刚推出来四辆装满耐用品的手推车。床单一揭开，采购者们就开始哄抢，安娜抬头看了看。

"我母亲在埃莫西约的店和这里的情况很像。她一开门，人们就涌了进去。"安娜和妹妹还有几十位拉美裔采购者都是这些店铺的代理人。

没人真的清楚墨西哥究竟有多少二手店，有多少旧货交易市场，以及二手生意到底能赚多少钱；或者说，最重要的一点，墨西哥家庭里二手货平均数量的占比是多少。当然，这也是情有可原的。如同大部分的墨西哥交易，小型二手交易大部分是用现金结算，无法追踪。最近的数据显示，墨西哥几乎一半的国内生产总值都没有书面记录，无迹可寻。二手交易虽然不起眼，却很重要，它让每个人都有机会找到自己遗失的东西。你只需要打听打听即可。

后来，我回到直销中心的仓库时想，如果顾客涌进安娜母亲的店里，看见手推车里都是些不想要的东西，他们会怎么做。当然，这些顾客买的数量肯定比中间商购买的 12% 要多。就算把中间商排除在外，这些商品还是会被一扫而空。

但这不是二手市场的现实情况。古德维尔开一家店，运营扩展的社会服务网络需要很多钱。安娜和妹妹在直销中心待一天，把货运回家，再运到墨西哥也要花很多钱。可能在很多地方，有人这么做只是为了做慈善。现实情况是几乎没有人会免费在旧衣服和破玩具堆里翻来翻去。

附近，一个年轻人正在用雪铲把手推车里那些没有卖出去的耐用品铲出来，这辆手推车待在清仓区的时间已经到了。铲出来的货物都被扔进一个巨大的洗衣机箱子里。我看到雪铲里倒出来一个相框，里面裱着北亚利桑那大学在 1981 年授予罗纳德·亨利·德威特的一张理学硕士学位证书。接着它就被另一铲子货物盖住了。

在清空完那辆手推车后，会把新到的笼子里的东西倒进推车里，重新装满。然后洗衣机箱子会被搁置在一边，直到它被装运上一辆卡车，送到古德维尔南亚利桑那区中心仓库去。对几乎所有的东西来说，最后的归宿大抵如此。卖不出去的衣服会再次打包出口到世界各地，但是耐用品比如玩具、搅拌器、保龄球、花盆等和其他一些东西，也就是美国人口中所谓的广义的东西，都已经被处理了。其中一些东西可能会分类回收，但大多数东西会被扔进垃圾填埋场。比如，一架玩腻了的塑料玩具飞机，一个破旧的颗粒板电视柜，或是一个不能产生真空的真空吸尘器软管，这类东西实在没法再倒卖。如果有其他好的处理方式，古德维尔早就去尝试了。

情况可能变得更糟。如果墨西哥或是美国采取某些措施阻止二手商贩做生意，比如封锁边境或强令禁止进口二手货，古德维尔南亚利桑那区的顾客就会少很多，这样的话，图森会有更多的东西被扔进垃圾填埋场。同时，由古德维尔资助的大型社会服务网络也会缩小。这样一来，图森许多贫穷的居民就无法接受教育，也无法获取其他资源来帮助自己就业。

周六傍晚，我在图森机场附近的一个酒店里，"鞋匠"给我发来了消息。他刚过境，准备去采购。

"我们 5：45 在巴伦西亚碰面，可以吗？"他发消息称。

巴伦西亚是图森南部西巴伦西亚路古德维尔的简称。我回复说我会按时到，然后便开车去了那家店所在的商业街。

我到的时候他还没来。他在 WhatsApp 上给我发了消息，说墨西哥边境有点堵车，他得晚点到。最后他迟到了 10 分钟，我看到他的皮卡后面还放着一台冰箱，便明白了他迟到的另一个原因。

他解释说，他当时正开车从诺加利斯向北行驶，途中突然决定去绿河的古德维尔看看，那儿距离图森南部大概 20 英里。没人能抵抗得住那台冰箱的吸引力。

"价格挺合适的。"他难为情地说，和我握了手，然后带我进了店。

"我 3 个小时可以逛 10 家古德维尔。"他骄傲地说道，如此高效的秘诀就在于去得太频繁了。南亚利桑那州的 16 家古德维尔，他每周要去好几次，有时候一天要去两次。所以如果销售区上了什么新玩意儿，他一眼就能注意到。

我们最先逛鞋区。经过货架时，我们走得很慢，但没有停下来。"鞋匠"拿起一双黑色亚瑟士。

"这些都是复古风格的鞋子，人们都很喜欢，但是你看，这鞋底都坏了。"他给我看了看鞋子里一寸长的小裂缝，然后把鞋子放回货架。接下来，他拿了一双 K-Swiss，看都没看鞋子里面的标签或鞋底的标码就说:"这双是7码。"

然后他给我看了看鞋子里面的7码标签,便笑着放了回去。他又拿了两双乔丹、一双黑色锐步,还递给我一双芭蕾舞鞋,让我帮忙拿着。

我们逛完鞋区,就来到了电器区。"我想要一台洗衣机。"他看着一片放着几台洗衣机和工业真空吸尘器的区域说道。

"可这里没我要的东西。"他继续逛着,看见一张实木餐桌时,突然停下了脚步。

"哎!只配了三把椅子,要是有四把,我就买了。"

"三把椅子不行吗?"

"没人想要只带三把椅子的餐桌。这张桌子放在这三天了。相信我,绝对卖不出去。"

"真的吗?"

"只有三把椅子,没人会买。"

之后,我们去了收银台。收银员朝他微笑着说:"嗨,'鞋匠'先生。"

他也朝她害羞地笑了笑,递过去一张古德维尔的礼品券,比起现金他更喜欢用礼品券结账。

"现金支付太慢了。"他向我解释说。这些鞋子一共花了34.96美元。

我跟着他出了店铺,上了他的皮卡。在车里,他把装鞋子的袋子扔到后座上。很快,我们的车就开上了10号州际公路。

"你以前在直销中心买过东西吗？"我问。

"我不喜欢直销中心的环境。大家都知道对方做什么生意。"

远方是图森平坦的天际线，一幅鲜活的沙漠落日图景映入我们的眼帘。

"而且我不喜欢浪费时间。一般来说，我看到什么想要的就买了。我不会像他们那样浪费时间。"

他拿着手机，在手里把玩，假装要检查手机屏幕的裂缝（当时时速为 75 英里）。这时候，一条 WhatsApp 消息显示在手机屏幕上。他看了一眼，然后把手机放在了大腿上。

"还是得买点新的。"他说。

"你要买吗？"

"如果你不花钱买新东西，世界就没办法运转了。去餐馆点餐、买东西，我们都得花钱，不然的话一切都乱套了，我们的社会制度就是这样的。"

我比较同意他的看法，但是我很好奇按照他的思路，这个世界会发生什么。

"环境会受到什么影响呢？"

"我很环保的，也支持动物——这个词儿你们怎么说的来着？——动物权益。前几天，我在公路上开车撞死了一头野猪，当时心里非常难过。但感谢上帝，我现在感觉好多了——之前在公路加油站的洗手间里，我看见一个人快要晕倒了，便抢在他倒地之前扶住了他。感谢上帝。但再怎么环保，人还是得买东西啊，总得活下去不是。"

"鞋匠"在西艾那路与北香农路交叉口那家古德维尔的门口停下车。和在巴伦西亚做的一样,他冲进店里,四处逛着。他拿起另一双黑色中帮乔丹鞋子,在鞋架附近边逛边看,寻找更多的鞋子。这儿还有一双 13 码的耐克篮球鞋。

"这双不错,"他感叹道,"索诺拉州的印第安人穿得下这么大的鞋子。但是他们想要凉鞋,因为他们的脚掌很宽。"

我们经过一个放满万圣节装饰品的货架,"如果这是圣诞节装饰品,我会立马买下"。

"新的你也要吗?"

"当然,你在哪能弄到二手万圣节装饰品?"

我们在电器区逛时,"鞋匠"看到一台制作甜甜圈的机器。

"如果我认识做甜甜圈的人——"他停下来想了想,"但是如果你自己会做甜甜圈,可能就不会买这个了。"

在玩具区,他看见一个塑料袋里放着三个《指环王》哈比人的小塑像、一个《星球大战》的战斗机和一个哈利·波特活动人偶。价格是 2.99 美元。

"这些转手卖掉很赚钱,"他还拿了一个形状像棕色 M&M 巧克力豆的储藏盒,"没人不喜欢 M&M。"

在我们逛女装时,他在一个放着短裤的桌子前停了下来。然后拿了一条超短裤。

"Hollister 3 码。这是给瘦削的白人女孩穿的,墨西哥女孩要更壮一些。"

我扬了扬眉毛。

"说真的，"他说，"你得了解你的目标市场。"

不到 5 分钟我们就已经排队准备结账了。我们走到收银员面前时，她抬头笑了。

"你好呀，'鞋匠'先生！"

他看着自己手上的一双耐克鞋、一个 M&M 巧克力豆形状的储藏盒和一袋子玩具，回答说："我还需要更多的货。"

接下来的 90 分钟里，我们开车从一家古德维尔到另一家古德维尔，在图森的街道上穿梭，这条路线他已经走过数千遍。在这些店里的采购路线也已经重复了很多次：先看鞋子，再看家具，然后看电器，最后看玩具。买的多还是少，要取决于货架上的东西怎么样。

按这条路线采购，通常都收获颇丰。但是，今天晚上没什么可买的。

"太糟了，"他开车带我回巴伦西亚的停车场取我租的车时，边耸肩边说，"可能周末情况会好点。今天晚上不行，太糟了，真的太糟了。这周末应该会好点。"

"你要回去吗？"

"是的。"

"要不要做点别的？看场电影如何？"

"不了，太忙了。"

"鞋匠"不怎么和我分享私事。我所了解到的是，他的家人也在这里，他经常和家人待在一起。他很喜欢狗（家里养了只搜救犬），也喜欢李小龙，还喜欢被古德维尔的收银员认出来打招呼。但是他讲这些的时候都是一带而过。我们聊得最多的话题不是二手货，而是他独处的时间里都在做些什么。

"像我这样生活，很难找到伴侣。我一直在开车采购，来来回回，差不多住在了公路上。不过我很自由。"

CHAPTER

07
针脚下的磨损

　　埃里希·施密特的无窗办公室就在古德维尔南亚利桑那区电子商务部楼下，那些最有价值的捐赠品——都是些好东西——会送到电子商务部，在网上出售（最近，似乎有一幅匿名画作拍出了 2.4 万美元的高价）。电子商务部位于一间仓库的拐角处，这间仓库是古德维尔最繁忙的中转站，每年几十万录入和离开古德维尔系统的捐赠物都要在此中转。正是这位 40 岁上下、金发碧眼的明尼苏达州侨民，精心安排了一队卡车，来回运输货物，往返于商店、垃圾填埋场、回收工厂和全球的闲置物品交易市场之间。

　　施密特是古德维尔南亚利桑那区的运营副总裁，他正握着鼠标，拖动着电子表格。一张表格显示的是所有捐赠点一日收取的物品总额。另一张表格显示的是古德维尔的卡车当天运载和提货的详细记录，以及运输线路。例如，一辆卡车会把"产品"送到米德瓦尔一家没得到足够捐赠物的店铺，然后在富裕街区的另一家古德维尔取走多余的捐赠物品。

"人们在店里给我打电话说'我需要货物',"他笑着说,"哦,好的,我让捐赠者多捐点!"

他这样说不全是在开玩笑。古德维尔会精心挑选商店和捐赠点的地理位置,部分原因是期望那些获得足够捐赠物的商店,能够补给那些捐赠物数量不够的商店。施密特派出卡车,是为了缩小社会阶层和收入方面的差距。

我们朝仓库走去。右边是成堆的电脑和显示器,这些都是古德维尔店铺或直销店没有卖出去的货,古德维尔会把这些货送去戴尔电脑公司回收。电脑旁边是三张看起来很新的咖啡桌。

"这些来自我们的青年修复计划,"他解释道,"参与这项计划的人会修理那些无法出售的捐赠物,要不然这些东西就只能扔进垃圾场了。"

这项计划始于 2014 年,主要针对那些进过少管所的 18~24 岁青年,或是那些没什么工作经验的青年,又或者是没有机会锻炼"软技能"的青年(比如和同事相处)。施密特和古德维尔南亚利桑那区的其他人一样,很喜欢这项计划,而且他热切地带我认识计划协调人和其中一个参与桌子修复的年轻人。

"这个桌子修好以后会送去参加家具展。"施密特说,"主办方很欢迎我们去那里。人们会问我们是否也能修复他们的东西,"他若有所思地笑了,"但我们得集中注意力修复送来这里的捐赠物。"

青年修复计划让人想起古德维尔成立之初的日子，当时波士顿传教团雇用城市里的穷人收集、修补衣服。但正如那项计划没有杜绝衣物浪费一样，古德维尔南亚利桑那区的青年修复计划也没能改变那些家具的命运，最终它们都要被运往美国各地，包括图森的垃圾填埋场。

这项计划每个月可以修复 4000 磅重的家具。美国人仅在 2015 年就扔掉了 250 亿磅家具。施密特指了指装卸处旁的一堆家具。和古德维尔的其他人一样，他也讨厌浪费，尤其是还得花钱进行垃圾填埋。

"这些东西其实还不错，"他难为情地说，"只是我们没有空间堆放了。"

"你们能修复更多的东西吗？"

他摇摇头说："我们重点关注青年人和我们的使命。修复更多的东西意味着需要更多的人力、空间，还有更多的资金。这不是一桩生意，而是一项青年计划，我们希望帮助青年就业。像这样的计划很耗费财力。"

施密特并没有逃避这个问题，也没有逃避社会责任。我在二手行业遇见的人中，他是受物品浪潮折磨最明显的一个。站在供需的交叉口，他也表现得最现实。就算美国所有的古德维尔和救世军，都以古德维尔南亚利桑那区的青年修复计划为蓝本，以 3 倍于它的规模开展青年修复计划，能修复的家具数量依然不到美国每年扔掉的 1%。这样做还会浪费大量的金钱，危及两个组织的社会服务使命。

当我们看着其中一个年轻人在刨（木工的一种工作）一张桌子的桌面时，我告诉施密特，宜家的首席可持续发展官最近在一场会议中称，很可能对于西部的消费者而言，全新的家具就能完全满足他们的需求。他将这一现象称为"峰帘"（peak curtains）[1]。

施密特嗤笑一声，说："如果世上的新家具真的已经足够了，你以为这些二手家具是卖给谁的？"

我们走到装卸处，那里有一辆卡车刚从欧文顿路的古德维尔卸货回来。还有几大箱子没有卖出去的衣服、器具、可以回收的金属、硬纸板和其他需要回收的纸张，以及要送去垃圾场的塑料。一些箱子里的东西被倒进了大垃圾箱里。塑料垃圾和卖不出去的器具会丢到垃圾填埋场。我俯身，盯着卸货处看了看。那有许多卷起来的毯子、保龄球、游戏棋盘和碎盘子。钢铁制品都装在一个大垃圾箱里，里面还有一些金属床架，这些东西都要送去废金属回收站。

施密特在一个装着废金属的箱子旁停了下来，拿出一个新的煎锅。

"如果有空闲人手把这些东西分类，很多都能在店里卖掉。总有人问我这个问题——我们不能给东西分类吗？当然可以，但这是一个成本效益问题，像这样投入劳动力根本没有经济回报。"

我们站在卸货处边上，朝栅栏里面看，那里堆放着一箱箱等着运到"野蛮市场"（旧货行业术语，意思是出口市场）的货物，还有几箱子鞋、几箱子毛绒玩具和几箱子书。数量最多的是二手衣物，栅栏里还有每捆重 500 磅（约 227 千克）的几大捆二手衣物。在那里，可以看到人们善意捐赠的衣物被摞成了彩色的立方体。

但是，仅靠善意也没办法卖掉衣服。古德维尔接收的服装中，超过一半都卖不出去。所以施密特的通讯录里都是一些来自巴基斯坦、印度和尼日利亚的商贩，这些商贩经常给他打电话要货。

"衣物售卖情况取决于当地的纺织业生产状况，"施密特告诉我，"情况比较好的月份，我们可以出口 40 万磅衣服。"

这样收益可以增加一倍。首先，这些衣服都得到了再次利用，而不是当成垃圾填埋掉。其次，将衣服卖给那些愿意花钱收购衣服的商贩要比送去垃圾填埋场更划算。最近几年，"野蛮市场"就是古德维尔的"利润中心"。但是随着越来越多的二手衣物涌入全球市场，这一情况也在迅速发生变化，二手衣物的价格不断下跌。

"现在，我们出口到海外的花费还是比送去垃圾填埋场更便宜。"

这产生了新的问题："你们会把衣服送去填埋场吗？"

他使劲摇了摇头。

"垃圾填埋得花钱，而把衣服出口到国外是件好事，国外的人还能继续用。对于我们来说，最大的问题在于这些货物都能运去哪儿，因为数量实在是太多了。"

并且货物数量还在继续增长。

二手服装出口公司设在一栋普通的单层办公楼里，占据了建筑一端的几个房间。该办公楼位于安大略省密西沙加的汤姆肯路。这里距离多伦多只有几英里远，却与新兴市场国家的数十亿二手服装消费者相隔十万八千里。

正是在密西沙加，加拿大和美国所生产的二手服装中，可能有1/3会送到这里，由所谓的分拣商分类、定价和发货。密西沙加是世界上最大的买卖二手衣物的枢纽之一。然而，组成这一枢纽的仅仅不到20家公司，出了二手行业这个圈子，它们便鲜有人知。

办公室里，穆罕默德·费萨尔·默里迪纳在桌子上为我准备了奶茶和咖喱饺。他现年40多岁，长得很帅，头上包了头巾，头发梳得很整齐，双眸看起来疲惫无神。他穿着一套闪亮的灰色西装。他的岳母从迪拜过来了，稍后就到。他告诉我，准备工作很有压力。他的父亲阿卜杜尔·马吉德·默里迪纳坐在他的右边，用着同样的办公桌椅。他父亲留了胡子，一副贵族气派，正是他创建了这家公司。如今，父亲和儿子的名片上都是同样的头衔：董事。

穆罕默德接了个电话，所以阿卜杜尔招呼我，让我去他旁边坐，看看他的电脑屏幕。他正在浏览一个网站，上面有一些工人正在分拣二手服装的图片，这些工人看起来像是南亚人。

"你应该去帕尼帕特看看。"他说。

帕尼帕特是印度北部的一个小镇，也是全球最大的服装回收商集中地。

"您去过那儿吗？"我问。

"我们是巴基斯坦人。"

"明白，我懂了。"我不好意思地说。

默里迪纳家族几十年前从巴基斯坦移民到加拿大，但是巴基斯坦和印度之间的紧张关系阻碍了两国公民的正常交往。尽管两国之间局势尴尬，但默里迪纳家族生意做得还不错。每年二手服装出口公司要从美国北部的慈善机构和公司购买6000万磅至7000万磅二手服装（古德维尔南亚利桑那区也是其客户之一），然后出售给"分拣商"，这些"分拣商"对二手服装进行分类、定价和包装，再销往世界各地。

穆罕默德还在打电话，于是阿卜杜尔决定让我看点令人惊讶的东西。他从架子上拿了一条牛仔裤放到桌子上。标签上写着"501经典款。好质量永远不过时"。然而，这条牛仔裤的牌子乍看起来像是"Levi's"，其实却是"Live's"。

"你看见了吗？"阿卜杜尔问。

"看见了。"

"在巴基斯坦，他们会翻新这些牛仔裤。"

"翻新？"

他拿起一条裤腿，指了指下摆处。

"看见没？这个地方针脚凌乱，衣服上还有磨损，这都是在工厂里生产的。他们从某些地方进口二手服装，洗干净后上色，再修补瑕疵。"

他拿了一件透明塑料袋包好的男士衬衫和一条卡其绿的男士休闲裤。

"和这些一样，"他说，"它们会被出口到一元店。"他告诉我密西沙加一家卖这种衣服的店铺名字和地址。

"真的吗？"

他的笑声深沉而自信。他跟我这个天真烂漫的发达国家消费者代表开了个玩笑。我觉得我太容易上当受骗了。巴基斯坦是世界上最大的二手服装进口国之一，拥有数千名二手货商贩和几千万个二手货消费者。当然其中还有一些眼尖的企业家，他们可以从几十亿件衣物中识别出哪些能够"翻新"，哪些不能。事实上，这种企业家大部分生活在像巴基斯坦这样的发展中国家，而不是富裕国家或地区。发展中国家用二手货已经成为一种生活方式，而富裕国家或地区的消费者自诩为环保主义人士，在法律上把"翻新"认定为"欺诈"。

穆罕默德接完电话，表示我们可以去看一个服装分拣厂。他领着我出了办公室，上了一辆奔驰车。车里弥漫着一股烟味，东西堆得乱糟糟的，必须清理下后座我才有位置坐下。

"希望您别介意，我们马上要去一个小厂，厂里大概有 50 名员工。"

"那大厂是什么样的？"

"大厂有 300 名员工，每月营业额达 2000 万美元。每日产量达 20 万磅。"

据官方统计，每年大约有 400 万吨二手服装出口到世界各地。实际上，真实交易数额更大。印度禁止进口二手服装的时间长达 10

多年，但其进口的二手服装却遍布全国各地，还拥有连德里和孟买的政府都会重视的二手市场。在阿克拉、洛美和科托努等西非城市，卖进口二手服装的店铺和摊子比卖新衣服的店铺还要常见。

穆罕默德注意到燃油表显示油量不多了，于是把车开进了加油站。加油的时候，他点燃一支烟，打了个电话；我看见他把烟灰抖进了加油泵旁边的垃圾桶里。之后我们继续上路，沿途他将密西沙加不同的纺织品分拣厂指给我看。

"瞧那儿，"他说着，用手指了指蒂姆霍顿斯咖啡店后面的一家仓库，"这是最大的仓库之一。"

"为什么这种衣物分拣厂都在密西沙加？"我问道。

"密西沙加是一座移民友好型城市。"

几十年来，加拿大一直都是一个移民友好型国家。多伦多作为加拿大最大的城市，吸引了很多移民人士。但是当移民多伦多的费用越来越高时，附近的密西沙加就成了更具吸引力的移居地点。无论是穆罕默德还是其他同我交谈过的人，都不认为自己是定居在该城市，从事二手服装生意的第一位移民，但都认为第一位移民不是巴基斯坦人就是印度人，他们的家族与这个行业有几十年的渊源。20 世纪 70 年代某一时期或 20 世纪 80 年代早期，那位从南亚移民过来的商贩遇见了一位专门将二手服装出口到祖国的非洲移民。

密西沙加漫长的寒冬也有助于二手服装生意的发展，该地区夏季短，因此夏装穿着时间少，衣服成色较新。因此，在一些对二手服装需求量大的热带国家，加拿大（以及北欧国家）的二手夏装可以卖出高价。相比其他地区的服装从业者，这样的价格溢价让加拿大的服装分拣商和商贩更有竞争优势。这一优势加之大量寻找低技能工作的移民，使密西沙加成为全球回收中心的理想地点（尽管不可能完全理想）。

穆罕默德曾经在巴基斯坦和迪拜居住过，他说他更喜欢加拿大。

"这儿的生活很真实，"他称，在巴基斯坦和迪拜，人们都太在乎自己的身份地位了，"在这里，如果我戴劳力士手表或是穿一套精致的西装，仅仅是因为我喜欢而已。"

这让我有些疑惑。我问道："你穿二手服装吗？"

"不穿。不是觉得二手服装不好，只是我不穿。"

过去几年，批评全球二手服装贸易的人宣称，二手服装贸易损害了发展中国家或地区纺织业的利益，尤其是非洲地区。这一控诉铿锵有力，人们的愤怒是理所当然的：非洲是全球最大的二手服装市场，这种情况已经持续了几十年。而且，自 20 世纪 80 年代以来，非洲的纺织业急剧衰落。例如，刚果民主共和国的纺织业产能在 1990~1996 年下跌了 83%。尼日利亚是非洲人口最多的国家，这里的纺织业在 20 世纪 70 年代雇用了 20 万名劳动力，如今却已经渐渐消失殆尽。肯尼亚拥有世界上最大的二手服装卖场，其纺织业曾在 20 世纪 80 年代雇用了 50 万名劳动力，如今雇用的劳动力人数却不足 5 万。

地理学家和其他一些学者开展了一项小型专题研究来证明他们

的直觉。这些人中最著名的是加拿大学者加思·弗雷泽。2008年，他分析了联合国整理的二手服装数据，总结称二手服装的出口造成"非洲服装产量下降大约40%，服装行业雇用的劳动力人数下降大约50%"[2]。加思·弗雷泽上述观点的影响范围远远超出了学术界，如今也常被主流媒体以及反全球化人士引用。最显著的是，那些善意的倡导服装可持续利用的人也在引用这种观点，他们通常会为广泛使用二手货摇旗呐喊，而不鼓励使用一手货。

人们不假思索地认为，二手货通常都是一手货的替代品（我认为这一观点值得商榷）。但即便是在税收和贸易数据可供分析的发达国家，对这些替代品进行量化也极其困难。在撒哈拉沙漠以南的非洲等地的发展中国家，政府想努力收集可靠的数据[3]几乎不可能实现。众所周知，贝宁、多哥、加纳、坦桑尼亚和莫桑比克等国家是二手服装的主要进口国。这些国家拥有各种商品的少量贸易数据，其中大部分是关于能吸引更多海外投资和援助的商品（新产品）。很显然，它们也没有关于非洲国家之间（特别是全球二手货走私中心贝宁与尼日利亚之间）走私二手服装的数据。

存在这样一种简单化的判断——二手货一定损害了一手货的存在价值！这样的判断看似逻辑自洽，其实并不公正，因为个体消费者的具体选择受到诸多复杂因素的影响，而且因人而异。确实，自20世纪70年代中期起，非洲纺织服装业经历了显著衰退。但在这期间，由于土地改革、政治冲突、战争，以及近来备受关注的气候变化问题，非洲的棉产量同纺织业产量一样急剧下降。

这期间经济自由化使得非洲国家实施对外开放，面临着来自亚洲地区的竞争（亚洲同样削弱了北美以及欧洲纺织业的竞争力）。截至 2005 年，快速发展的亚洲纺织服装制造商出口到非洲的产品数量，甚至比其出口到欧美地区的产品数量增长更为迅速。由此造成的竞争给非洲纺织服装业制造商带来重创，进而减少了整个非洲大陆的经济收入。[4]

然而，仅凭不完整的贸易数据，并不能客观地解释这些现象。实际上，要想了解非洲纺织业究竟发生了什么，还需要去当地实地考察，采访那些依靠纺织业生存的人。

自 21 世纪头 10 年中期以来，加纳的工会领导认为，本国曾经一度繁盛的纺织业目前的衰落应归咎于两个负面因素：一是低成本的外国企业抄袭加纳本土服装品牌和服装款式，二是东亚出口商大规模逃避加纳海关关税。[5] 他们的说法确有道理。例如，在 20 世纪 80 年代，为了生产肯特布，相关企业雇用了 30000 名劳动力。肯特布是加纳的一种彩色布料，这种布料曾经出口到非洲和世界各地。自那以后，外国生产的仿制品大量涌入市场，击倒了肯特布制造商（如今加纳的肯特布制造商雇用的劳动力人数不足 3000）[6]。在加纳市场，顾客知道购买当地生产的商品需要花更多的钱，自然更倾向于购买廉价的外国进口商品。加纳肯特布的制造商陷入困境，以至于当政府鼓励人们在周五穿传统的加纳服饰时，这一倡议被普遍称为对外国企业有利的工作计划而备受奚落。[7]

如果将二手服装出口视作西方殖民主义的一种延伸，那么关于加纳的纺织业在过去几十年间缩减 80% 的原因，东亚的企业家精神则远远不能对此做出合理解释——但起码比殖民主义要好。

当然，如果可以选择，和发达国家的人们一样，大多数非洲人也更喜欢一手货，但是所有消费者都会根据价值以及他们能支付的费用做出理性判断。这样一来，二手货往往会成为最终选择。

穆罕默德·费萨尔·默里迪纳在达斯提路向右急转弯，把车开进了梅普尔纺织厂黄色大仓库里的停车场，这个停车场空荡荡的。梅普尔纺织厂有一间黄色的大仓库。穆罕默德称，旁边是一家南亚人的服装分拣厂。但我们是为梅普尔纺织厂而来，穆罕默德是梅普尔纺织厂的重要客户，他自信地朝门口走去。尤瑟夫在门口等着我们，他又高又瘦，是梅普尔家族企业的成员之一。

走进去我们看到，这里的办公室都很空，最大的一间光线昏暗，只放了一张办公桌、几把椅子和两张工作台。我们快速地从办公室外经过，尤瑟夫回忆起他在乌干达、安哥拉和刚果生活的那 20 年，他在那里做二手服装生意。据他和穆罕默德的讲述，这些经历让他们现在更具有竞争优势。

"我知道非洲人想要什么样的衣服。"

尤瑟夫打开一扇门，我们走进一间三层仓库，里面有几十名工人，他们正在整理各种颜色的衣物，并把整理好的衣服塞进纸桶和纸箱里。几百捆衣服整齐地堆放在远处一堵灰色煤渣砌成的墙中间，一条黑色传送带从中穿过，这些衣服 55 公斤一捆，堆放在一起直逼

梅普尔纺织厂的分拣大厅。梅普尔是多伦多一家中型二手服装分拣商，该地区是全球二手服装贸易中心之一

天花板。55 公斤一捆是全球公认的行业标准，用机器将松散的衣物压缩成立方体（偶尔会有一只袖子松散地露在外面）。幸亏全是纺织品，整理时发出的声音比较小，也听不见说话声。

当然，梅普尔纺织厂有大量的衣服。不过这里还有很多不同类型的人：南亚人、锡克人、两个说西班牙语的妇人、非洲人和一些穆斯林妇女。他们警惕地盯着我，在与我目光对视的一刹那又迅速避开。

我们从纸桶和纸箱之间朝传送带走去，这时传送带正缓慢地运送着一捆捆 500 磅的衣服，这些包裹又大又松散。工人会按照更精细的方式给这些衣服分类。

"首先，我们会整理好放进箱子里，"尤瑟夫说，"之后更有经验的员工会分类放进纸桶里。"

他从一个箱子里拉出一件阿贝克隆比＆费奇细条纹西服衬衫。

"这件是 B 等品，因为衬衫领子黄了，需要清洗。所以这要放进 B 等品的一捆衣服里，卖价也低一些。"

我们盯着尤瑟夫称为"3 号"的一桶衣服，里面的衣服大部分很破，摸起来也很薄、很廉价。

"这些都是破布，"尤瑟夫说，"用来当抹布。"

穆罕默德从一个箱子里拉出一件绿色天鹅绒晚礼服。这件晚礼服看起来就像没穿过一样。"这件呢？"

"不太好卖，"尤瑟夫说，"这件晚礼服看起来很好，但是太厚重了，非洲太热穿不了，也只能算 B 等。"

我突然想起之前曾见过这样的景象。这里的分拣工作基本上是我在南霍顿路的古德维尔后面看见的商品分类和定价的另一种形式，但这里做得更加精细，而且不像古德维尔那般，直接分好类就让图森当地的二手货消费者选购。密西沙加进行精细分级和定价是为了卖给非洲和其他地区的发展中国家的消费者，毕竟，非洲的二手货消费者眼光更加敏锐，也更挑剔。

我们走到一堆整齐的衣服包裹旁，这些衣服已经分类打包好了，正等待运送。每捆包裹都已经用塑料薄膜包好，上面还贴了一个印有条形码和物品类别的黄色标签：女士潮流 T 恤。

"这一捆能卖多少钱？"我问道。

"大概卖 60 美元，"尤瑟夫回答道，"之后买家会以每件 T 恤

15~20 美分的价格转卖出去。如果他们运气好的话，一捆包裹里面可能会有更值钱的衣服，这样，这一整捆衣服就算买得挺值。"

接下来的 5 分钟，尤瑟夫指着一捆捆包裹，向我介绍它们的市场价格。相较于其他衣物，婴儿服装的卖价每磅要高出 1 美元，因为婴儿服装需求量大，但是一般来说，很少有人捐婴儿服装给慈善机构。

"人们通常会把婴儿的衣服转送给其他人，再不然就是衣服太脏穿不了了。"

一捆"医院制服"中的大部分是反复清洗过的工作服，每磅卖0.5~0.6 美元。

"这样的低端生意因为中国的加入变得越来越难做，"他说，"中国企业也开始向非洲国家出口旧衣服，和中国企业竞争太难了，中国的一手衣服也是这样，抢占了市场。"

"中国在向非洲出口二手服装吗？"

"可不是嘛。"

我早该猜到这一点。中国是全球最大的一手服装消费国。如果中国人开始像美国人一样，以同样的速度扔掉衣服的话，那二手服装的价格就不稳定了。这场旧衣服的洪流已经开始了：联合国不完整的数据显示，中国是世界上第五大二手服装出口国，仅次于美国、英国、德国和韩国，超过了加拿大、荷兰和瑞典等富裕国家。因为中国的出口数据通常不太完整，还会受到走私的干扰，实际排名可能更靠前。总之，世界各地的商贩都在抱怨，日益增多的供应方和不断缩减的需求使得二手服装的价格越来越低。

但中国的日益富强并不是"威胁"密西沙加二手物品交易的唯一因素。回到车上，穆罕默德告诉我，因为受到提高最低工资标准的影响，加拿大的劳动力价格不断上涨，这正在推动分拣行业向巴基斯坦转移。

"区别就在于，一个分拣工每个月的工资是 300 加元还是 1500 加元。如果服装价格也在上涨，那无所谓。但是服装价格一直在跌。"

我突然想到，总有人要为运费买单，而对于那些价值较低的商品，根本没有出口的必要。这也让我想起了图森和埃里希·施密特的废品回收厂。

"那意味着重复利用更少了，对吗？"

"可能吧。"穆罕默德慢悠悠地回答。

科托努是西非小国贝宁的政治经济中心。科托努纵横交错的宽阔大街上有一些单层店面，在轮胎、汽车排气管、消声器、汽车专用蜡和其他汽车配件的遮挡下若隐若现，这些汽车配件都服务于该城市繁荣的二手车交易。这里有很多带户外座位的酒吧，供应皮尔森啤酒和烤肉串，皮尔森是附近的多哥生产的一种啤酒。此外，这儿到处是卖新床单、新窗帘等家居用品的商店。

汽车在一条林荫大道上转弯，这里没有光滑的水泥路，映入眼帘的是一条泥泞的小路，路边的店铺和摊位都在售卖或者整理最近进口的二手货。

在梅普尔纺织厂，这些成捆的二手服装包裹很快就被装进货运集装箱里，运去非洲市场

　　臭气熏天的科托努运河将城市一分为二，在科托努运河的西岸，二手服装生意尤其集中，这一带叫作密斯博。衬衫、连衣裙和其他衣物都挂在摊子周围或店铺门口的栅栏上，鞋子松散地挂在栅栏上，就像咬钩的鱼儿。街上到处都是带拖车的自行车、带拖车的卡车以及背着55公斤衣服包裹的男人。

　　奥邦纳·迈克尔也在这里，他是一位40岁左右的尼日利亚人，在城镇东边的科托努大型二手车市场做生意。据估计，这个尘土飞扬的港口城镇每年要从世界各地进口30多万辆二手车。有些二手车是当地人采购的，但大多数二手车是尼日利亚人采购的。直接进口二手车（和其他二手商品）到尼日利亚需要支付高额关税。为了逃避关税，精打细算的尼日利亚人前往科托努，付钱给迈克尔这样的人帮他们采购二手车，然后通过城镇东部的贝宁—尼日利亚边境运回尼日利亚。众所周知，贝宁—尼日利亚边境腐败不堪（正常情况下，穿过边境可能要花费数小时，还得打点五六个人——即便如此，这些二手车商贩仍然有得赚）。

没人确切地知道，贝宁和尼日利亚的边境上进行了多少桩交易。世界银行估计，这一交易额可能超过每年 50 亿美元。几乎可以肯定的是，二手商品交易占据了最大比例，因为尼日利亚对包括汽车、计算机、电视和服装在内的进口二手商品进行严格限制。仅次于此的是中国的服装交易，年交易额高达 22 亿美元。[8] 从很多方面来说，科托努只是名义上属于贝宁，事实上是尼日利亚的一部分。每个人——甚至是政府官员——都承认，无论什么时候，科托努一半以上的人口都是尼日利亚人，而且都在从事各个方面的非法过境交易。一些尼日利亚人在科托努定居多年，他们在 20 世纪 60 年代尼日利亚内战时逃亡到科托努，此后再也没有回去过。还有一些人，和迈克尔一样，在两国之间进进出出；迈克尔的妻子和孩子都住在尼日利亚。

得益于边境两边的这些尼日利亚人，科托努的出口贸易昼夜不停（贝宁政府知道边境贸易是件好事，几乎不会进行监管）。但是尼日利亚政府偶尔会进行干预，这样二手货交易的速度在长达数周甚至数月里将会放缓。正因如此，两周前迈克尔才能受雇成为我的随行翻译，为我安排好一切。

尼日利亚对二手车的流通实行了新的限制，这几乎使科托努汽车市场的交易陷入停滞（几个月后，这里的交易会再次恢复正常）。迈克尔个子很高，脑袋圆圆的，还有些秃顶，他总是眯着眼睛，仿佛时刻都在观察一桩交易。他对时事很了解，还会发表自己的看法。他认为奥巴马很失败，而特朗普才是"真汉子"。而且他坚持认为二手货比一手货更好。

我们走在路上时，他扯了扯自己的衬衫说："这件就是二手的。"

他又拽了拽自己的裤子说："这也是二手货。"

他拿出一部威瑞森的三星手机。"这也是二手手机。"他气愤地说，"美国人都已经习以为常了。他们早就习惯了，出了新款，就不要旧的。眼睛都不眨一下就把旧的送去回收或捐出去。或许慈善机构从中挣了点钱吧。"

我朝下瞥了一眼他的脚：他穿着一双新的灰色绒面皮鞋。昨天，他还穿着一双旧的耐克跑鞋。这期间，我给他付过工资。

"为什么尼日利亚人想要二手货？"他自问自答道，"因为二手货耐用，而我们进口的不少一手货，很容易坏，不经用。"

他停下来在手机上来回翻看一些照片。"你看。"他说着给我看了古德维尔货架上放着二手服装和鞋子的照片（我从照片中看到了古德维尔的标志）。"他们的集装箱里都是这种二手货，"他兴奋地说，"在尼日利亚卖这种二手货，可以挣一大笔钱。"

我想告诉他没这么简单，那些货架上的东西的价格远远超过科托努的物价（货架上卖不出去的东西另当别论）。但是在他环顾密斯博时，仿佛看见了一家类似古德维尔的店，那里的东西便宜得跟不要钱似的。

"嗨！这儿！"

一个瘦削结实的男人在向我们挥手，他正坐在三大包衣服旁边的红色塑料椅子上。他身后的仓库门是开着的，里面还存放着几十包衣服。

"今天是周四，"奥邦纳·迈克尔提醒我，并没有理会那个男人，"人们会在周二和周四把那些成捆的二手服装运到市场上去卖。"

但是仓库门口的那个男人下决心要和我们见一面，他跑了过来。他是A先生（他让我别用他的真名，以免税务局找他麻烦），从事二手货进口、分拣和批发生意。他露齿而笑，在一撮山羊胡的映衬下，笑容格外显眼。

他以为我是西方二手服装出口商，便用英语和我说话。迈克尔用伊博语和他说了些话，伊博语是尼日利亚东部民族的语言，整个西非二手市场几乎都用该语言交流。A先生笑着邀请我们去他的店门口坐一坐（后来，我问迈克尔，A先生刚才说了什么，但是他不肯告诉我）。

我们坐在塑料椅上时，A先生递给我一瓶冰水。

"我经营这家店5年了。"他介绍说。我瞥了一眼仓库，里面有两个女人正在仔细检查两捆衣服，仓库里至少还存放着200捆衣服。A先生告诉我，尼日利亚货币走势强劲时，他每周要采购5个货运集装箱的二手服装。

"但是现在经济不太景气，买的少了。"

"是些什么类型的衣服呢？"

"我们愿意进口那些耐穿的衣服，而不是便宜的衣服。如果有西方人穿过的衣服运到这里来，那大概都很耐穿。"

"即使是中国制造的也要吗？"

"中国制造的很多东西质量也很好，只是他们把大部分好东西留给了富裕国家。"

这是非洲二手货商贩的普遍看法，并非没有道理。投入不同的成本，生产出相似的产品，并以不同的价格出售获利，很多制造商都掌握了这种技巧。一件时尚衬衫按照美国的质量标准制造，在美国售价为 29.99 美元。同样，企业也可以生产出质量较低的版本（例如，衣服面料的纺线更稀疏）在科托努卖 2.99 美元，还能赚取利润。这样的衣服质量和走线都没有高质量版本的好，但衣服很新，也很时尚。对于许多顾客来说，这比衣服经久耐穿更重要。

他伸手拿了一个写字夹板，上面夹着两张纸。最上面的一张纸上标注着"形式发票"，里面详细记载着他刚进口的 480 捆货物的信息，涵盖 64 种商品。

"家居用品"下面是 10 捆床单和 10 捆窗帘；"儿童用品"下面记载着 18 捆儿童 T 恤和两捆男童运动服；"女士物件"下面记载着 3 捆女士涤纶 T 恤和 10 捆女士棉 T 恤。有些分类还要更加精细。

"加拿大的衣服很好，"他对我说，"但是我不想要大码服装，也不想要冬季服装。我想要的东西在古德维尔和救世军才能找到。我在加拿大认识一个家伙，他是贝宁人，这样就很容易弄到我想要的货。"

1974 年 12 月 10 日，《纽约时报》发表了一篇奇特的文章，标题为《服装质量下降：制造商和销售商是这样解释的》。作者伊妮德·内米开篇就提到了 20 世纪 70 年代中期人们的不满，如今人们都忘记这回事了：

> 越来越多的消费者在抱怨产品质量越来越差——食物味道不一样了，汽车使用年限缩短了，电器很快就用坏了，这样的例子数不胜数。
>
> 时装行业也不例外。

当时，美国人消费的大多数商品产自美国。

伊妮德·内米没有将矛头指向其他方面，比如她提过的，如今的衣服普遍"不合身，面料劣质，工艺粗糙"。实际上，这也是她为美国四家老牌服装制造和零售商所预留的解释空间。正如伊妮德·内米所总结的，这些老牌服装制造和零售商给出的解释是："自从'二战'以来，服装质量普遍都下降了，而且当时的权宜之计如今已经成为人们的一种生活方式。"

根据她的报道，导致这几十年来产品质量不断下降的原因如下：产品缺少监管，熟练工人的数量日益减少，服装厂分工细化（例如，出现了专门负责生产衣领和袖口的工厂），而不是从事整衣制造。而其中最为显著的变化是，厂商们坚持不懈地追求时尚。卡尔采购办事处代表美国境内数百家商店和百货商场，在外采购商品，其总裁保罗·海勒提到了后者，当代批评快时尚的人对这种评述应该比较熟悉：

保罗·海勒：毫无疑问，质量最差的服装源自火爆一时的快时尚服装制造商。绝对是这样。而且，即便如此，消费者对这种快时尚服饰的需求也越来越大，在年轻人聚集的地区，情况更是如此。

"你是说质量下跌很大程度上要归咎于消费者对于劣质产品的接受度吗？"

保罗·海勒：正是如此。消费者才是做出最终决定的人。只要有一件衣服被退货，那么就意味着本来可能会有10件需要退货，但是消费者决定凑合穿算了，因为她想穿上这件衣服，她喜欢这件衣服。

中国纺织业的全球主导地位在未来15年内都不会发生变化。可以说，再过20年，人们对快时尚的偏爱也不会发生变化。但是站在1974年的角度来看，很难评判中国服装。实际上，自工业革命伊始，消费者的忍耐度就在演变。得益于技术、发达的物流和企业家的知识经验，中国以及整个东亚的制造业，在提高消费者忍耐度方面比其他任何国家做得都要好。

非洲消费者会率先抵制质量越来越差的劣质服装吗？很可能不会。中国出口到非洲的服装数量几十年来一直不断上涨，包括卢旺达和埃塞俄比亚在内的一些非洲国家都很欢迎中国的服装制造商。由于二手商贩能够准确地使商品与非洲人的喜好及价格期望值相匹配，目前二手服装在非洲仍占据主导地位。但是，如果量产服装的发展史可供参考的话，二手货的这种优势就只是暂时的。

A先生带着我和迈克尔走在一条泥泞的小路上，道路两边有几家鞋店和几间存放服装的仓库。一路上，有两个人推着堆满垃圾的手推车从我们身边经过，我们还看见一辆垃圾车把车上的东西都倒在了路中间。

"人们付钱给这些司机，这样他们就可以在这些垃圾里寻宝了，"迈克尔告诉我，"完事后他们还得重新把这些东西装上车。"这条街的尽头通向大海，那里堆着很多垃圾，还有很多垃圾车。

A先生告诉我，他最大的挑战是整理进口的那些衣服。北美和欧洲的衣物分拣厂做得很好。但是他需要亲自为尼日利亚顾客分拣整理衣服。

"满满一集装箱，我一个人得一天半到两天才能整理完。"

当时，他带我们去了一间两层仓库，仓库有着5辆卡车大小的门。可以看到其中两个门是开着的，但也被单独上锁的闸门挡住了入口。仓库前面有一个小标牌"莱希克分拣厂"，A先生和闸门另一边的人轻声说着话，那个人点了点头，打开了闸门。

仓库里面又暗又闷。只有我们头顶上方高高的窗户透进一丝光亮，光束穿过衣服纤维，照射在这些二手服装上，这些二手服装来自世界各地，都是 500 公斤一捆。这儿大概有 50 个男人，大多数打着赤膊。为了过滤空气中大量的服装纤维，他们鼻子上都包着尼龙连裤袜，所以我看不清他们的脸。这些男人的肌肉都很发达，浑身大汗淋漓。

在沉重的大捆衣服包裹里翻找让人筋疲力尽，反复做这样的动作让他们的肩膀和手臂都变得很结实。我的眼睛逐渐适应了仓库里的光线，因为牛仔衣的数量很多，整个屋子里似乎都是黑色和蓝色的衣服。

牛仔裤靠墙堆放在一起，齐平于高高的窗户，工人们正在把这些牛仔裤整理成一小堆。我看见一个男人在整理一个大号洗衣机箱子，里面堆满了 Levi's 牛仔裤。他身边还有两堆牛仔裤，但是我不知道这些牛仔裤有什么区别。

整理的时候，他把手伸进牛仔裤口袋里，拿出他想找的东西。我正准备往仓库深处走时，看见他从口袋里掏出一盒牙线。他把这盒牙线放在手里转了一圈，看了看，然后放进装着其他小玩意儿的盒子里。

我突然想起一件事：密斯博的这间仓库和密西加沙那些分拣厂，以及古德维尔店铺后面的分拣区所做的工作一模一样。当然，这里的工作条件要差得多，但是工人需要掌握更多的分拣知识。这里的墙上也没有任何指示，告诉工人们什么品牌值多少钱，应该放到哪一堆货物里。在"莱希克分拣厂"辛勤工作的尼日利亚男人必须大概了解什么样的衣服能在西非的城市、城镇和村庄里畅销，并且能靠直觉做出判断。

A先生示意我该离开了。仓库经理对于我的出现，显然有些不太高兴。我们走出仓库时，强烈的日光和清新的空气让我有些头晕目眩。

"这间仓库很有代表性吗？"我问A先生。

他点头说道："科托努有100多间这样的分拣仓库。"

"人们不反对吗？"

"为什么要反对呢？大多数仓库需要雇用150~200名工人。每当有集装箱到达科托努时，我们的社交网络上就会发布消息称，人

贝宁科托努一间典型的分拣仓库，工作人员都是熟悉国内二手服装市场的尼日利亚短工

们就要开始工作了。"

他提到的社交网络不是 Facebook，而是一个实体社交网络。在科托努，几乎人手一个有着基础功能的手机，人们用手机相互发送信息，构建了一个实体社交网络，消息传播速度日益加快。在这里，工人的工作时间也相当标准：从上午 7 点或 8 点到中午，再从下午 1 点半到 5 点或 6 点。日工资大概是 10000 中非法郎，也就是 16 美元，收入还不错。

"我就是很多年前，从分拣工开始做起的。"他说。

我上下打量着他。他矮小精壮的身躯与我在仓库里面看到的那些高大、强壮的身躯完全不同。但可以肯定的是，如果你要做二手服装生意，每天就得花费数小时整理到达贝宁海岸的那些衣服，这种工作强度也会让你强壮起来。

"我们非洲人很挑剔的，"他说，"我们才不要垃圾，我们要时尚、质量好的衣服，而不是你们的垃圾货。"

"会有人送垃圾货过来吗？"

他张大嘴巴，露齿而笑，显得有些刻薄。

"不会，除非有人不想要钱，他们知道我们需要什么样的货。我们这儿又不是垃圾场。"

这种想法与西方对二手服装贸易较为流行的看法和评论不太一样。西方批评人士并不认为这是由非洲需求推动的一项商品交易，而是精明的人与无知的人进行的一种交换。例如，纪录片导演惠特尼·马利特在 2015 年写了一本讲述二手服装贸易的书《新共和》[9]，她在书中提到了和迈克尔·茨威格一起参观新泽西州一家分拣厂的经历，迈克尔·茨威格是该分拣厂的经理：

> 目前为止，我在这见过最多的品牌就是 Forever 21 和 H&M，这些衣服都是便宜货。
>
> "没人傻到去买二手的 Forever 21 服装，"迈克尔·茨威格称，"反正，发达国家肯定没人会买。"

惠特尼·马利特所说的"发达国家肯定没人会买"并不是妄言。当穷人有机会分拣、回收富人浪费的东西时，这桩生意所创造的价值可能超出了人们的想象。科托努之所以存在分拣仓库，是因为新泽西州（或者说密西沙加）的分拣商不够了解尼日利亚，以及当地消费者的喜好，没办法为他们分拣服装。但这不意味着新泽西州的衣物分拣商很蠢，只能说明他们与发展中国家的那些同行相比，了解的信息太少了。

在科托努，服装买家不需要看见 Forever 21 的吊牌就能知道衣服很廉价；他们只需要捏一下面料，就知道应该放进大减价出售的衣服堆里。事实上，有人会为这些衣服买单，但没人会花高价钱。

这一点只需要问一问 A 先生便知。他正站在斯坦梅茨大街街角附近另一间分拣仓库的后院里。这间仓库也是他的，看起来和我们之前参观的那间大小差不多，但更敞亮，也更空旷。远处的墙边堆着一些 55 公斤一捆的衣服，墙上方有一个标牌，写着"婴幼儿服饰"，再高点的地方倒挂着一面美国国旗。对面墙上的标牌写着"裤子"，有十几捆待整理的衣服；旁边的标牌上写着"黑色／白色"，两名分拣工正在整理女士衬衫，这些都是最近进口的衣服。

"他们得把轻便的和重的衣服分开，因为价格不一样。"A 先生解释道。

"如何区分呢？"

"靠感觉！"

他示意我和迈克尔跟着他，6 英尺高的打包机后面有个房间，我们走了进去。这里堆满了结实的服装塑料袋，直逼天花板。他拿了一个装满胸罩的透明袋子给我们看。

"这才 48 公斤，"他说，"我们在等更多的货送来，要装到 55 公斤。"

他掏出一个很普通的（至少在我看来是这样）中号红色蕾丝文胸。

"这根本卖不出去，在非洲，我们讲究时尚，"A 先生说，"非洲女人不会穿这个。"

他拿出一件粉色丝质长睡衣，讥笑着说·"在欧洲可能有人穿这种衣服，但是在我们这儿，根本没人看得上。"

密西沙加的多伦多皮尔逊国际机场的一条航线下面有一栋棕色砖墙建筑，五星抹布厂就位于这栋建筑内。这里是一个工业区，整个城市街区都布满了建筑，这里的停车场足够容纳附近街区的车辆，而且街角处至少有一家脱衣舞俱乐部。我租了一辆车开过来，下车时，一架喷气式飞机在上空发出轰鸣声。飞机的轰鸣声让我感觉好像在经历一场低强度地震。

我拉开玻璃门，走进简约的接待区，来这见密西沙加低调的衣物分拣商。房间里很空荡，光线昏暗，突然我眼前一亮，一位穿着亮蓝色纱丽服的接待员出现了。

"您好，打扰了，阿什夫还有 1 分钟就到。"她说完接了个电话。

"五星抹布厂，"她停顿了一会接着说，"您是哪个国家的？赞比亚吗？您是哪位？"

和大多数密西沙加的南亚衣物分拣商一样，五星抹布厂一直保持着家族经营的模式，长达数十年的时间里一直在向全球扩张。这家工厂成立于 20 世纪 90 年代，由古吉拉特邦一家五星抹布厂老板的兄弟经营。其他的家族成员则都在东非工作，东非与印度和加拿大一样，也是这家公司最大的目标市场之一。

其中一个老板是个发福的男人，40 多岁。他从接待员办公桌后面的办公室走了出来，步履缓慢，用力和我握手，看起来十分友好。他见识过的麻烦比五星抹布厂带给他的还要多。

"我是阿什夫·达尔瓦尼。"他说。我们没有过多地寒暄，他便带我从隔壁房间进入了分拣仓库。这间仓库很大，大概是梅普尔纺织厂仓库的 2.5 倍。

"我从 1998 年开始在这工作，"他说，"工作之前，我上过大学，在蒙巴萨生活。"

"您是在那里出生的吗？"

"我出生在乌干达，学做这门生意是在蒙巴萨，"我们面前散落着五颜六色的衣服，他挥了挥手说，"你之前应该见过这种景象。"

没错，但是五星抹布厂比我参观过的任何一家工厂都要大。数条传送带将衣服传送到不同位置进行分类，最后放进各类整理好的箱子里。这间大仓库里还有一些大隔间，整理好的衣服都放在里面，等待运输。阿什夫称，五星抹布厂每天要整理 12 万 ~15 万磅衣服。他伸手从箱子里拿出一件法兰绒衬衫。

"这件涤纶衬衫，因为有些地方有瑕疵，可能有个小洞，只能是 B 等级。扔了吧。"

"扔掉？"

"聚酯纤维的衣服回收不了，没人想买回去当抹布，"他耸了耸肩说，"我们只能扔掉。"这样的衣服并不会扔给非洲或其他地区的发展中国家，而是运去当地的垃圾填埋场或垃圾焚化炉，这样做更节省成本。

阿什夫给我看了两个装满儿童服饰的箱子。

"这是小号童装，"他说，然后指着另外一箱说，"这是中号童装。"

这两个箱子旁边是一桶羊毛衫。"非洲没人会穿这些衣服，"他说，"但是这些衣服也有用处，可以卖给汽车行业的人当抹布，或者卖给家具行业的人做家具填充物。"

远处的一面墙边，蓝色牛仔裤堆得有 6 英尺高。"这些旧牛仔裤也卖不出去。"

"这些不是 Levi's 的吗？"

"不是。"

"那是什么牌子？"

"沃尔玛和 Costco 的便宜货，这些裤子都磨坏了，而且一点也不时尚。面料太粗糙了，拿来当抹布或别的什么都不行。有一家公司为回收这些衣服专门制定了一套流程。这些衣服会送去这家公司抛售处理掉。"

以我的经验来看，从事二手服装行业的人都不喜欢讨论这些衣服的结局，但是衣服总有寿终正寝的那一天。唯一的问题在于：是什么时候？一些衣物可以当作抹布或者家具填充物从而延长了使用寿命，但是换油服务中心的一块沾了油的抹布最终只会被扔到垃圾桶里。至少目前看来，回收衣物的成本很高，技术上也只是勉强可行。

"我们需要更多的回收纺织品，"阿什夫对我说，"服装的长期再利用已经不可能。中国企业正在削弱我们的这种优势。"

阿什夫表示，如今即使是质量好的服装有时候也卖不出去，这让他的生意更难做了。例如，曾经在旧货市场上流行的 Levi's 如今都被运去了曼谷，那里的工人们把扣子和拉链剪下来卖给做 Levi's 仿品的制造商。

现在也没有人傻到会花很多钱买二手的 Forever 21。

"非洲再也不是垃圾场了，"他告诉我，"过去的情况是，人们会把好东西卖去南美，剩下的才会卖给非洲。但是，当时的市场主要面向村庄。如今，市场开始面向非洲城市，得益于城市化和社交媒体的发展，现在的人都知道质量好坏。"

我们走出仓库，去了阿什夫的办公室。办公桌靠着的那面墙上有一大幅世界地图，办公桌上放着一台电脑。最近几周，东非共同体的6个国家正在造势，计划发布一项针对进口二手服装的禁令。这6个国家构成了世界上最大的二手服装市场。我提到这点时，阿什夫笑了。

"非洲人不可能不买二手服装的，除非愿意光着身子上街。"

"但如果政府下令禁止呢？"

他摇了摇头说："总会有解决办法的。"

稍后我驾车离开时突然想到，即使阿什夫的客户们找到了"解决办法"，比如无孔不入的边境贸易，二手服装最终还是会成为垃圾，除非未来发明一种新的回收技术。二手货交易，这个最符合可持续发展原则的行业，终会退出大众视野。

CHAPTER

08
完好如新

　　星牌抹布厂的两层裁剪车间里发出轻微的机器嗡鸣声。大概有
20 个中年女性和少数几个男人站在工作台旁，周围都是 6 英尺高的
塑料箱子，里面装满了二手服装和二手床单。阿米蒂·邦兹站在人
群中间，她是美国最后一批专业的切布裁缝之一。她拿了一件粉色
连帽衫，这件衣服胸前印着几个亮晶晶的字母——"Justice Love
Justice"。和其他同事一样，她站在一个有着三条缝隙的防护装置
后面，距离一个茶碟大小、正在齐胸高度旋转的刀片只有 6 英寸。

　　邦兹像屠夫一样精准操作，将连帽衫塞进其中一个空隙，帽子
便裁了下来，随后又将帽子裁了两次，这样布料便平整了。接下来，
她把拉链裁掉，丢进垃圾箱里；再裁掉亮晶晶的印花部分（这部分
太粗糙了，不能用来擦拭东西），也丢掉了。这件连帽衫剩下的部分
便全在邦兹的掌控之中，她将它裁剪了一次、两次、三次，把它从
一件衣服变成了一堆破布。

"我用了一年的时间才完全了解所有的产品，知道怎样裁剪它们。"邦兹主动说道，顺手把这件连帽衫裁剪下来的破布扔进了一个桶里，里面装的都是刚裁剪好的破布。

"你在这干了多久？"我问。

"10年了。"

无论在什么地方，很少有消费者听说过抹布行业。但是这一行业跟每个人都息息相关。抹布行业、旧服装与纤维行业协会（SMART）收集的资料显示，美国回收的纺织品，将近30%都变成了抹布。实际比例可能更高。其中45%作为二手服装实现了重复利用，但最终也会穿坏。坏了之后，这些衣服还是要运去抹布制造公司。

没人计算过美国和其他地方每年所制造的抹布数量。但是了解这一行业的人都承认，这一数量应该多达百亿，而且仍在持续增长。拥有大量管道和阀门的石油和天然气行业，每年需要数亿块抹布来擦拭泄漏物、润滑剂，还要擦手。酒店、酒吧和餐馆需要数十亿块抹布擦拭玻璃杯、台面、栏杆等东西。

新车从生产线上下来时，汽车制造商需要用抹布擦拭；汽车修理厂在给汽车换油之后需要用抹布清理油尺；洗车行业需要用抹布给汽车打蜡。画家需要用抹布擦拭画笔、清理多余的和滴落的颜料。此外，医疗系统也需要数不清的抹布清洁医院和诊所。

如果不能重新利用衣服和床单，上述行业就会选择一次性纸巾、人工合成布和全新布料制成的抹布，当然也要面对这些替代品所带来的环保问题和经济成本（几年来，一次性抹布行业称，它们生产的一次性抹布已经从传统抹布升级到使用效率更高的现代化抹布 ① ）。几十年前，环保机构和政府尚未鼓励物品重复利用、物品回收和发展循环经济，那时候抹布行业就已经掌握了这种环保技术。

星牌抹布厂的副总裁托德·威尔森今年 58 岁，他身材瘦削，正站在我旁边专心地看着阿米蒂·邦兹工作。

"你注意到她高超的裁剪技巧了吗？"他兴奋地问道。

"每次她在刀片下裁剪时——"他停下来组织了一会儿语言，然后大声说，"我们的竞争对手达不到这种水平！"

托德是抹布行业最有激情的推动者之一。他经营的星牌抹布厂位于俄亥俄州的纽瓦克，距离哥伦布市东部 40 英里，据他自己估计，他们公司应该是美国最后一批用"正确的方式"裁剪抹布的公司之一。

和许多不靠裁剪抹布挣钱的人一样，我一直以为"正确的方式"就像我们在家里裁剪抹布那样。我的母亲会把旧 T 恤拿出来，剪成几块破布，然后用来擦拭家具和洗碗槽。我们家可不是个例，人类历史的大部分时间里，自制抹布是一种很普遍的节俭行为，因此很少有消费者想到这也是一种回收利用，是一种可持续的绿色生活方式。

---

① 例如，在一场主题为"你会雇用谁？"的活动中，个人护理产品制造商金佰利公司为其专业级 Wyp-All 一次性抹布进行了营销推广。在广告中，一个长相帅气、穿着得体的家伙代表 Wyp-All，一个矮小、肥胖、流着汗的油腻男人代表普通抹布，两人站在肮脏的背心上进行了一场拔河比赛。

早在工业革命时期，通过工厂和机器的介入，上述家庭节俭行为变成了一种工业化流程。保养和修理机器需要使用抹布来涂抹润滑油或擦拭油污。正处于工业化阶段的英国，二手废弃纺织物的数量不断增长，为抹布制造提供了大量破布，而这些纺织物恰好都是由机器生产的。随后，收集这些二手纺织物并运给抹布制造商的行业便诞生了。

到了19世纪晚期，英国的抹布制造厂和纺织厂一样实现了工业化，抹布的销售网络和当时服装的批发零售网络同样复杂。很快，抹布制造业便扩展到全球：截至1929年，美国成为抹布制造业的领头羊，国内26家抹布公司都实现了工业化洗涤，确保能制造出最干净的抹布。美国抹布裁剪厂雇用了数以千计的工人。

20世纪对于抹布的需求还未消失。星牌抹布厂在纽瓦克占地面积为11万平方英尺，大部分面积用于存放抹布，工人们在仓库里打包抹布并运往美国各地的分销商，这些分销商清楚地了解各类用户需要什么样的抹布。诚然，这是一个劳动密集型行业，和纺织制造业一样，过去30年里，大部分抹布制造工厂已经向亚洲转移。像星牌抹布厂这样选择继续留在美国的企业有它自身的考量。

"这是质量问题。"托德·威尔森告诉我。纽瓦克共有26位抹布裁缝在岗，还有13人在这家企业位于北卡罗来纳州的工厂，星牌抹布厂很可能是目前美国最大的抹布剪裁厂（也有一些公司分销的抹布比星牌抹布厂多，但是这些公司的抹布大部分是进口的，并非自产）。

然而，尽管全球的抹布需求量巨大，但如果问"最后一个使用你的连帽衫的人是谁"时，大多数消费者还是答不上来。衣服最终的归宿几乎就和生命的尽头一样，充满了神秘感。

我和托德·威尔森面对面坐在一张长会议桌前，这间会议室没有窗户。到了午餐时间，我们吃的是路上一家赛百味买来的三明治和炸薯条。我身后的门外面有一台大型洗衣机，这台洗衣机看起来有点像一个巨型的绿色金属毛毛虫。它一次性可以清洗大量私人衣物，而且不会串色。当然，这里的衣服不全是二手的。

"这台洗衣机可以让一件新 T 恤变得像旧的一样。"托德向我解释道。想到我自己洗衣服的情况，确实是这样。一般来说，新的棉 T 恤不如穿了很多年的旧 T 恤柔软。

因此，买抹布的人通常愿意花更多的钱买旧 T 恤，而不是新 T 恤。当没办法买到二手的时，他们会花钱清洗一些新衣服，好让这些衣服摸起来更像旧衣服。例如，每三周星牌抹布厂就会接受一批孟加拉国服装制造商丢弃的衣服，这些衣服在裁剪之前必须先用洗衣机清洗。

"这简直让人难以置信。"我承认道。

"那是因为你在抹布行业待的时间还不够长。"托德笑着说。

自 20 世纪 70 年代起，威尔森家族便开始涉足抹布制造业。那时候，托德的父亲是卡片归档机的零件制造商，收购了一家小型抹布公司，并成为最大的股东。1998年，托德和合伙人成立了自己的抹布公司，取名为星牌抹布厂。到了2005年，一家公司同时收购了星牌抹布厂和托德父亲的公司。如今，星牌抹布厂拥有160名员工，在宾夕法尼亚州和北卡罗来纳州都有分公司，其抹布供应网络从得克萨斯州的布朗斯威尔扩展到印度的坎德拉。2017年，该公司售出了大约1500万磅抹布，主要在美国境内出售。

托德认为公司的成功与两个因素密切相关。首先，他对这门生意很上心。在我们几小时的参观途中，他多次向我提到这一点："我喜欢做抹布生意！"其次，他始终坚持追求高质量。

"抹布是一种工具，"他解释道，"抹布和螺丝刀没有什么区别，不同的工具有不同的用处。咱们必须生产出好用的工具。"

保洁服务行业不愿意买带有亮片装饰的抹布，因为这样的抹布会刮伤家具；油气公司不想要聚酯纤维材料的抹布，因为这样的抹布容易起静电，引发爆炸；服务员不想要彩色的抹布，因为容易将抹布的颜色染到工作台上。近年来，托德发现保证抹布质量也越来越不容易了。

托德·威尔森拿出一本1963年1月发行的《公报》，这是美国抹布制造商协会（NAWCM）的官方刊物。杂志背面整版介绍的都是"如何购入废旧布料，制造抹布"，里面详细分了18个类别，包括分别使用白色抹布、彩色抹布、内衣抹布、混合抹布及"蓝色工作服和长裤（蓝色牛仔布）"抹布的说明：

100% 纯棉制成，但每平方米重量不超过 12 盎司。裤腿展开时最小面积应为 2 平方英尺，最小宽度为 12 英寸。不得使用连裤工作服和夹克。面料上不得沾有油脂、油污、涂料、水泥印和硬质框架。

好消息是，那些买来做抹布的衣服不再有硬质框架了。坏消息是，想回收百分百纯棉衣服来制造抹布已经不大可能——同样，抹布制造商有行业标准作为依据的日子也一去不复返。问题在于，现在的服装和纺织品都没有以前质量好了。一件衬衫洗几次后就四分五裂，再也没办法制成一块适合擦汽车或者擦餐桌的抹布。便宜的快时尚服装不仅损害了二手市场的利益，同时也加快了衣服被丢进填埋场和垃圾焚化炉的速度。

"这年头，你买件纯棉 T 恤试试吧！"托德恼怒地说。"就算商家说是纯棉的，你也没法确定。"这可不是什么无聊的阴谋论。

最近几年，制造商将越来越多的聚酯纤维面料用于服装制造，以满足消费者对于廉价服装的需求。但是制造商并不诚实，衣服标签上写着纯棉的通常都不是纯棉面料；涤棉混纺织物中聚酯纤维的含量比标签上标明的要多。

星牌抹布厂最先注意到他们从洗衣店买来的数百万磅布料发生了变化，这些洗衣店都为医疗机构服务。过去用涤棉混纺布料制成的床单和毛毯，现在都用纯聚酯纤维面料制造，这可是个大问题。

"纯聚酯纤维的抹布功效与涤棉混纺抹布不同，"托德向我解释道，"这样的抹布吸水性不太好。"这还不算什么大缺点，聚酯纤维还可能在遇到某些清洁溶剂或高温时变软，更糟糕的是，它还会释放静电。

在星牌抹布厂，先对纯聚酯纤维毯子进行分拣和分级，再进行切割，然后打包好出售给消费者。但是在1963年，那些涤棉混纺面料根本进不了工厂的门。美国抹布制造商协会的破布采购标准规定，禁止购买"丝绸、羊毛、人造丝和其他人工合成物"用来制造抹布，因为这些材质吸水性不太好。

如今，正如服装消费者都愿意以更低的价格买到质量较差的衣服，许多抹布买家也是如此。威尔森告诉我许多消费者现在已经能接受涤棉混纺织物了，但不是所有的消费者都能接受。"现在，如果回收利用服装制成的抹布不能满足人们的需要，他们便会寻找新的替代品。纸巾通常是一种备选，合成纤维纸比涤棉混纺抹布吸水性更好，因而也是一种选择。"

对于快时尚服装的兴起，最直接的受益人居然是纸巾制造商，这算得上是全球经济时代的一件怪事。

托德喜欢用再生纺织品制成的抹布，但是他不能轻易忽视二手纺织品质量下降的事实。所以，最近几年，星牌抹布厂已经开始生产一种新式纯棉抹布，这些抹布由北卡罗来纳州生产制造的纱线制成。

"我们的布料来源甚至可以追溯到棉花种植田。"他告诉我。这种新型抹布对环境的影响比回收的破布要大得多（棉花生长对水的需求量很大），但是价格更低。

众所周知，星牌抹布厂制造的纯棉抹布是整个抹布行业公认的顶级产品。

"可无论如何，这都不是我们卖得最好的产品，"托德·威尔森说，"不过，如果顾客想要这种密度大的抹布，而且愿意支付更多的钱，我们也会供应这种货。"这种抹布其实还不够好，只有当它是新的时候才好用。

在富裕的孟买南部，诺哈尔·纳斯的司机开着车在浓荫蔽日的街道上行驶，这时交通早高峰已经逐渐退去。我从近处看见了维多利亚火车站，那是一座散发着魅力的哥特式建筑，也是这座城市的地标性建筑。汽车就停在火车站前边，我们在帝国大厦门口下了车，帝国大厦是殖民时期建成的，也是一栋著名且宏伟的办公大楼。

诺哈尔今年 45 岁，高高瘦瘦的，长得很英俊。他在台阶上跳动的时候，可以看出他是有运动天赋的，正是这种天赋让他在青年时期就成了印度高尔夫球国家队的成员。

他原本可以成为职业高尔夫球运动员，他告诉我："但是我听从了自己的内心。不然若继续运动生涯，我很可能会成为那种半吊子的人，无法晋级决赛，只能拿到 15 名、20 名或 25 名，但这些并不能让我满足。"

实际上，他还获得了工商管理硕士学位，他花了两年时间成为一名国际银行家，并加入了基斯科集团，这一家族企业从事纺织品贸易生意长达 80 年，在帝国大厦租用了 4 间办公室作为集团总部。其在孟加拉国、中国和阿拉伯联合酋长国都有分公司。

我们进入一间狭小、无窗的会议室，一名员工端着一杯咖啡走了进来。诺哈尔靠在办公室的一把椅子上，他当即承认当一名银行家的日子要比做一个二手纺织品贸易商有声望得多。

"我在这一行业遇到过这样的情况——我可能会买价值高达 100 万美元的废品。而有的人可能会花 1 万美元从别人那里买新的原料。但在他们心里，花 1 万美元买原料的人比花 100 万美元买废品的人要尊贵得多。"

基斯科集团成立于 1938 年，经过几十年的发展，已经成为一家全球性的纺织品和废品商贸公司。如今，该公司从古德维尔和其他慈善机构、旧货连锁店、北美和欧洲的分拣商那里采购二手纺织品，然后销往世界各地。

诺哈尔知道密西沙加这个地方，他在莫桑比克做生意时还有些有趣的经历。他偶尔会在回收大会上发言，也确实很有发言权——平均来说，基斯科集团每年交易的纺织品大约可以装满 2000 个货运集装箱，其中大部分是别人不要的衣服。

"这越来越像大宗商品交易，"他说，"我们只是花钱采购，然后转手卖给别人赚钱。"

之后，诺哈尔邀请我在孟买体育俱乐部共进午餐，这是一家会员制运动俱乐部，可以追溯至 1875 年，当时的英属印度正值鼎盛时期。这家俱乐部很有旧时代的特点，吧台和餐厅面朝着干净整洁、精心打理的场地，这里过去是板球、橄榄球和足球的比赛场地，客人们通常会慵懒地看着场地管理员为周末锦标赛做准备。

"我的家人几十年前在这就是会员了，"诺哈尔告诉我，"我以前放学后就会来这里运动，所以身体才这么棒。"

诺哈尔将我的注意力引向了俱乐部平地和围栏之外熙熙攘攘的街道上。街对面的衣服摊子摆得至少有 1/4 英里长。一些衣服看起来是正品，很新，还有些衣服是假货（那些皇马球衣，肯定是假货）。大都是世界上的二手服装商贩收购的各种各样的衣服。

"我们把这里叫作时尚街，"诺哈尔苦笑着说，"这里的商贩们把二手货和新货混在一起卖，也没人看得出有什么区别。"

长期以来，印度国内的二手服装交易状况十分令人担忧。印度的服装制造商几十年来一直在游说，抵制进口二手服装，因为他们担心低收入的印度人会更加偏爱二手服装（在二手服装价格非常具有竞争力的情况下，的确如此）。不过，时尚街还是有很多进口的二手服装，如果这里没有合适的买家，孟买还有几十个可以收购这些二手服装的地方。这些进口二手服装都是从印度各个港口走私来的，在印度的正规经济之下藏匿着一个复杂的二手服装购销网。

不过，印度的贸易环境有点怪异，在对二手服装进口的绝对禁令中仍有一个显著的漏洞。几十年来，印度授权了 16 家公司，允许其进口二手服装到坎德拉，坎德拉是孟买西北部 500 英里处的一座港口小城，人口约 1.5 万人。得益于官方许可，坎德拉如今是世界上最大的二手服装进口地之一（"之一"两个字多半可以去掉）。

但是还有一个问题。

为了确保坎德拉进口的二手服装不会和国内生产的新服装竞争，印度政府对到达和离开坎德拉的每件服装都做了规定。因此，坎德拉已经成为分拣、处理和再出口服装的全球中心。这座城市里的酒店都住满了北美的出口商和非洲的进口商，印度代理人在二者之间周旋。

印度贸易的另一个怪异之处在于，禁止将坎德拉二手服装销往印度内地的法令存在一大漏洞。根据法律，"残缺"的衣服不能当衣服穿也不能出售，但是允许送去东部的帕尼帕特。密西沙加二手服装出口公司的阿卜杜尔·马吉德·默里迪纳此前十分希望我能参观帕尼帕特。

帕尼帕特位于德里北部 50 英里处，30 年来，全世界的富裕国家会把没人要的毛织品运到这来。那里有很多衣服。夏装会流向气候炎热的发展中国家，和夏装不同，冬装极度缺乏再利用市场。

据诺哈尔称，帕尼帕特在高峰时期，每个月可以进口近 1000 个船运集装箱，里面装满了二手毛织品。

"你会看到的，"诺哈尔在我们吃饭的时候对我说，"这桩生意正在发生变化。几年之内，我们所了解的帕尼帕特将不复存在。"

在像美国和日本这样的发达国家，回收箱已慢慢成为垃圾箱的替代品。瓶子和罐子放进一个回收箱里，塑料包装、碎盘子和湿纸巾放到另一个回收箱里。大多数美国人与大多数日本人和欧洲人一样，不会抱怨废弃物回收，认为这是在履行公民责任。极少数社区——大多数位于美国——将纺织品纳入了路边的回收箱计划，这些社区发现本地居民会轻易地捐掉衣服，就跟捐掉啤酒罐似的。

当然，情况并不总是这样。多年前，服装和其他纺织品供应不足且价格高昂，商人们做服装生意得靠讨价还价才能有赚头。但是在19世纪早期，商人们在需求方面遇到了困难：整个欧洲由工业织布机制造的羊毛服饰，在被原主人丢弃之后，很难得到回收利用。羊毛织物和棉麻织物不同，后者是很理想的造纸材料和填充物，在战时还可以用来制造弹壳；而羊毛织物的纤维短且粗糙，除了能制成衣服，别的什么都做不了。从某种意义上说，羊毛织物在19世纪早期就是一种快时尚服饰——没什么用处，而且数量越来越多。

一种解决办法是将二手羊毛织物磨碎，当作肥料（毕竟这也是一种有机产品）。但是那些想再利用羊毛织物的人还是得等到1813年，当时在英格兰的巴特利，本杰明·劳发明了一种方法，可以让羊毛织物经过再造成为廉价、粗糙的织物，这种织物就是后来众所周知的"软再生毛织物"（shoddy）。制作过程很简单，曾经撕扯过破烂编织物的人会很熟悉这种流程：扯下旧衣服上面的纤维，用在新衣服上。本杰明·劳改进了软再生毛织物的制造流程，以工业化方式进行大规模生产，很快软再生毛织物便用于制造廉价毛毯和其他类型的服装，出售给穷人。最重要的是，软再生毛织物可以满足军用物资的需求。

20世纪，尤其是在战时，新产羊毛供应紧缺的情况之下，围绕软再生毛织物出现了一门利润颇丰的生意。到了19世纪末，废弃羊毛织物交易已经在全球范围内流行，大部分羊毛织物都流向了软再生毛织物工厂，这些工厂大都位于英格兰北部和日益工业化的美国东海岸。但与软再生毛织物相关的行业不会长期留在英美国家。

"1981年，帕尼帕特刚刚起步。"诺哈尔对我说道，我们坐在汽车后座上，从德里机场乘车拜访基斯科集团在帕尼帕特的几位客户。

"当时帕尼帕特只是一个小镇，有些手工织机工厂和家具工厂。人们才刚刚尝试将回收利用这一概念运用到实践中。"

那时候，世界上大多数软再生毛织物都产自意大利的普拉托。受到廉价劳工和当地处理羊毛历史条件的吸引，"二战"以前该产业便搬迁了过去。亚洲当时刚开始成为纺织品制造业的竞争对手，而一些精明的孟买企业家预见了回收纺织品在印度这个低收入国家的未来。这桩生意在印度的发展始于孟买，而劳工压力——罢工和工资上涨——推动其向成本较低的印度北部帕尼帕特转移。

迫于劳动力压力，从事纱线制造数十年的基斯科集团，在1981年出售了公司的纱线制造业务。但是基斯科集团仍然和那些想要羊毛的客户有生意往来。基斯科集团没有让这些客户另寻新的供货商，而是利用其他工厂来满足客户的订单需要，其中大部分工厂已经转移到了帕尼帕特。

这只是一次偶然的转型。"我们会接受常客的订单，然后分别向某某工厂下单，"诺哈尔·纳斯解释道，"这样的话，我们可以避免自办工厂带来的所有麻烦。"

随着帕尼帕特的软再生毛织物工厂的增多，这些工厂对旧衣服的需求量也越来越大。印度是一个低收入国家，人们没有那么多废弃的衣服可以满足帕尼帕特工厂的生产需求。所以帕尼帕特的工厂询问基斯科集团能否在国外寻找货源，进口二手羊毛服装。诺哈尔的父亲联系了大使馆，亲自跟进，去发达国家寻找二手服装。不久，曾经运去普拉托或垃圾场的废弃纺织物都去了帕尼帕特。帕尼帕特在 21 世纪头 10 年中期到达顶峰，大概有 600 家工厂制造软再生毛织物，同时这里也是世界上最大的羊毛织物回收中心。

但是无论选址在哪，这桩生意都不可能永远做下去。问题很简单：没人真的喜欢软再生毛织物。这种织物太粗糙了，而且闻起来有霉味，颜色数量和图案也有限。几年来，帕尼帕特软再生毛织物的主要客户是像红十字会这样的救援机构，这些机构购买软再生毛毯，用于地震等其他灾害的灾后救援。这可是桩好买卖，也吸引了不少企业的注意。21 世纪第二个 10 年早期，帕尼帕特的制造商每天制造 10 万件毛毯，其中大约 80% 出口用作灾害救援。剩下的要么卖给印度军方，要么当作"穷人的毛毯"卖给消费者。但是如今情况也变了。

这得归咎于中国，以及日益增长的消费者期望值。

21 世纪初，印度人的收入有所增长，印度的低收入群体也有能力买比软再生毛织物更好的产品。大概在同一时期，专产摇粒绒的中国石油出口商进入印度市场，带来了一种新的毛毯，这种毛毯在手感、外观、气味等方面都比软再生毛织物好。摇粒绒毛毯耐用，而且比较轻，用于赈灾救援十分理想，家用也不错，价格还便宜。过去 10 年间，印度进口的中国摇粒绒毛毯的价格从每件 7.5 美元下跌至 2.5 美元。

"和 2 美元的软再生毛织物比比看就知道了。想买毛毯的顾客都会去商店里买，他们自然更喜欢原生羊毛毛毯。"诺哈尔说着耸了耸肩。

我们所见到的帕尼帕特尘土飞扬，人潮涌动。高架公路跨建在帕尼帕特上空，似乎正是为了避开这样的场面。高架公路下方，街上的车流几乎没怎么移动，红绿灯因为信号不同步，接连好几分钟都闪着红灯，造成了交通拥堵。大街两边都是小商店，至少一半的店铺在售卖移动手机，提供通信服务。这里的一切都笼罩在灰色的阴影中，只有当运载着二手服装的货车偶尔经过时，才会有一丝色彩闪过。

我们从柏油路转弯驶入了泥泞的小路，路面上有许多深坑。稍不注意，汽车就可能会出事故。这里到处都是工厂，但是大门紧闭着，只有少数几个指示牌提示我们 10 英尺高的混凝土墙围住的工厂是做什么生意的。孩子们在工厂门口玩耍，父母们就坐在凳子上聊天。一路上，偶尔还能看见妇女在分拣一堆衣物。

在一个满是灰尘的拐角附近，我们的车停在了一扇铁门前面。司机按了声喇叭，过了一会儿，铁门慢慢打开。我们看见院子里堆满了五彩缤纷的纺织物，有好几堆蓝色毛织物，还有几堆橘色、红色的羊毛织物和很多堆黑色的羊毛织物。一些妇女穿着比这些废弃物更鲜艳的纱丽站在其中，整理毛衣、毛毯和废弃的布料。院子三面都是仓库，里面运转的机器发出嗡嗡声。

诺哈尔示意我跟着他去办公室门口，一位男秘书在那等着我们，带我们走进了董事长拉梅什·戈亚尔的办公室。拉梅什·戈亚尔身材矮胖，穿着一件法兰绒运动夹克，还贴身穿了件毛衣，他双臂交叉着，生产上的一些问题让他有些不耐烦。拉梅什·戈亚尔用我听不懂的语言说了几句话，这位秘书点头回应，并迅速离开了。

"拉梅什编织厂是老客户了。"诺哈尔介绍道。但是戈亚尔并没有兴趣谈论软再生毛织物的前世今生，他对新事物更感兴趣。2016年，他开设了一条摇粒绒生产线，如今这条生产线的产量在总产量中的占比越来越大。

诺哈尔双手交叉放在大腿上。

"摇粒绒正在取代羊毛，"他对我和戈亚尔说，"这是目前我们面临的大问题。摇粒绒不能回收成为新纤维，用这种面料做出来的抹布也很差劲，根本不吸水。"

戈亚尔对此并不在乎。在开设摇粒绒生产线之前，拉梅什编织厂日产 7000 公斤纱线和毛毯。开设摇粒绒生产线两年后，其日产量增加到 1.2 万公斤。其中 8000 公斤是用石油化学产品制成的新型聚酯纤维摇粒绒，剩下的都是用废弃冬装制成的软再生毛纱线和毛毯。

"许多印度公司都意识到对新织物的需求已经到来。"戈亚尔解释道。

环保主义人士对此感到痛心，但是他们无力改变经济的运行规律。气候寒冷国家的二手服装数量越来越多，而帕尼帕特对二手服装的需求却在下降，二手毛织物生意已经发生变化。诺哈尔称10~15 年前，二手毛织品的价格大概为每公斤 0.5 美元。现在已经降到每公斤 0.15 美元，而且其需求和价格都不太可能再次上涨。不久后，这种情况便会对二手毛织品的出口商造成威胁，这些出口商收购的二手纺织品已经泛滥成灾了。

"瞧吧，未来两三年里，西方国家的回收商可能要花钱让人们拿走这些衣服，"诺哈尔称，"垃圾填埋的费用对比运来这费用就能说明一切。尤其是在欧洲，消费者一定更乐意花钱把衣服寄到我们这来，而不是送去垃圾填埋场。"

拉梅什·戈亚尔建议我们去看一看生产情况，所以我们离开办公室，去了一间仓库。仓库里面有 12 个妇女，坐在地板上，周围是一堆 6 英尺高的黑色羊毛毯子。这一幕像是回到了 19 世纪。

赫尔曼·梅尔维尔在 1855 年的短篇小说《单身汉的天堂与少女的地狱》中，描述了少女们在一家新英格兰造纸厂裁剪衣服的景象："一把闪闪发亮的长镰刀底部被固定住了，少女们拿起一件件衣服，与刀锋垂直……少女们来来回回拖动衣服，刀锋将衣服切割开来，少女们不停地拉扯这些切下来的长布条。"

印度帕尼帕特拉梅什编织厂的分拣工

帕尼帕特的工人周围都是进口二手服装制成的成堆的黑色羊毛碎布

帕尼帕特到处都是拿着镰刀工作的妇女，她们大都比梅尔维尔所描述的那些少女年龄大——我猜大部分女人都超过 40 岁了。她们工作时沉默寡言，一些人忙着处理黑色毛织品，其他人则处理橙色毛织品。我在别的仓库里还看到了成堆的蓝色毛织品。

色彩区分非常重要。戈亚尔领着我们进了一个房间，房间里一名男工人正在把橘色的毛衣破布，放进远处一个 20 英尺长、齐胸高的粗糙机器里，推动机器运行的链条和齿轮都暴露在外面。反过来，这些齿轮推动轮子，将钢筒里的羊毛织物撕成单独的纤维。房间的墙壁上有两处凹陷，一眼望去，里面装满了厚厚的橘色绒毛。这些绒毛很轻，即便是人从旁走过带起的微风，也会让其飘到空中。房间里到处都是橘色绒毛。

隔壁是一个更大的房间，里面有很多袋黑色羊毛碎布，等着放进纺纱机器里。在远处有一堆 10 英尺高、15 英尺长的黑色羊毛织物，显得旁边的工人十分矮小。他站在另一台同样粗糙但是更大的机器面前，朝里面扔黑色的羊毛碎片。

"现在，20%~25% 的货都是黑色的，"诺哈尔说，"这一比例还在不断增加。"

我们绕过拐角进入另一个房间，这个房间里正在纺纱线，机器发出嗡嗡的声音。齿轮和传送带暴露在外，地板上还沾着滴落的机油和润滑油，好几百个纺锤在旋转，上面缠绕着纱线，旋转起来好似一片橘色薄雾。诺哈尔伸手从一袋子灰色羊毛纱线中掏出一卷。

"你穿的衬衫是用 100 支纱线制成的。"他说着朝我身上这件孟加拉国制造、购于美国的法兰绒衬衫扬了扬头。然后又回头朝软再生毛织物走去。

"这大概是10~12支。适用于制造毛毯、地毯、毛巾或某些外套布料。"

但是谁会要这些劣质货呢?

过去10年,帕尼帕特2/3的软再生毛织物工厂都破产了,或者合并成为更大的企业。帕尼帕特现存的近200家工厂中,至少有50家生产摇粒绒毛毯。在诺哈尔看来,从事摇粒绒毛毯生产是这里所有工厂未来的发展趋势。

"这并不是说生产成本下降了。成本没有变,但是摇粒绒的价格还在持续下降。"

拉梅什·戈亚尔带着我们从他的软再生毛织物工厂离开,来到一间干净整洁、空气清新的仓库,仓库里数百支线轴上快速转动的涤纶线线圈发出温和的嗡嗡声,这些涤纶纺线最终织成了成片的摇粒绒。我停在一台床头柜大小的钢制操作台旁。这是一台ZY301高速整经机,由中国无锡的中印纺织科技有限公司制造。帕尼帕特的软再生毛织物制造商,长期受到中国摇粒绒制造商的压制,如今也向中国购买那些技术更加先进的设备。

帕尼帕特拥有比中国更为廉价、充足的劳动力,而且附近的石油化学产品供应充足,得益于此,帕尼帕特的羊毛生产成本比中国的更低。戈亚尔告诉我他们甚至已经开始向外出口了。

苏米特·金达尔是其家族在帕尼帕特经营金达尔纺织厂的第四代人。他个子不高，有些微胖，他手机的开机铃声用的是涅槃乐队的《少年心气》。苏米特·金达尔和诺哈尔·纳斯已经相识多年，他很乐意在下午晚些时候，带我们去参观他家族的软再生毛织物工厂。

　　"我们是来帕尼帕特开厂的第一批人，"他告诉我，"1973年我们厂就成立了。"

　　金达尔纺织厂是帕尼帕特的一家大型软再生毛织物工厂，非常具有代表性。这里的织物都按颜色分类，用长柄大镰刀裁剪，撕裂成细小的纤维，之后再纺织成软再生毛织物。在工厂大楼后面，几台纺织机器发出突突声，软再生毛织成灰褐色的毛毯，机器偶尔还会发出当啷声。蓝色的毯子颜色很浅，红色的很暗淡，而绿色的染得过分鲜艳。这台机器却很显眼，它是一台欧洲制造的老式机器，还会发出咯吱声。它上下起伏抖动着，到处都在漏羊毛。

　　"我们得买二手机器来处理回收的绒毛，"金达尔说，"二手机器都是从欧洲进口的，但是和新机器比起来，工作效率实在是太低了。"

　　我想起在这个小镇里见过的摇粒绒生产线。"为什么不买新机器呢？"

　　他遗憾地朝我笑了笑："新技术没办法处理回收的纤维。"回收纤维太粗糙了。所以，至少到现在为止，软再生毛行业甚至整个羊毛回收业都与过去一样，无法摆脱这一困境。而来自摇粒绒生产的竞争也会让这种情况继续。

金达尔纺织厂里，一名工人站在一台意大利制造、差不多快要成为古董的软再生毛纺织机旁

"你们一天可以生产多少件毛毯？"

"我们每个月可以生产 40000 件再生毛毯。"金达尔告诉我。

"这很多了，对吧？"

他带着诺哈尔和我上了楼。

"救灾机构今天想要 50000 件毛毯。他们打电话来时，我还得解释生产这些货需要多长时间，从这运到港口去有多困难。如果像我们这样的供应商不能动作快点，那我们就得有足够的库存。但是这样我们又不得不问一问，如果救灾机构的质量标准和规格要求变了怎么办？要是他们的需求从单层毛毯变成双层毛毯了怎么办？"

我们来到了一间长长的屋子，地面上覆盖着一层乙烯基地板，看起来像是硬木的。某些地方的地板已经剥落，露出了混凝土地面。在另一边，成百上千的软再生毛毯堆在墙边，一个男人坐在一台缝纫机上，正在用尼龙布给毛毯锁边。再往前走，我们看见妇女们正在打包毯子，准备运输。

"之前，德国的客户要求立马供应 60 万件毛毯，"金达尔回忆道，"但我们需要 11 个月才能完成这笔订单。"他摇了摇头。

"中国可以很快交货。过去 30 年里，所有的救灾机构，红十字会和联合国都转而使用涤纶毛毯了。"

和其他人一样，金达尔在不断巩固国内市场。去年，其在国内卖出了 50 万件软再生毛毯，但是工厂未来的发展不能指望着软再生毛织物。同样，他的工厂也开始生产摇粒绒了。

"你担心软再生毛织物贸易会走到尽头吗？"

"这桩贸易不会在帕尼帕特终结，全世界都指望着帕尼帕特呢。他们不可能把废弃衣物扔海里。"他笑了，好像在说一件家喻户晓的事。

天色越来越晚，但是我和诺哈尔还有一个地方要去。我们离开金达尔纺织厂，骑车去了附近一间两层仓库，在那里，拉梅什·戈亚尔的儿子普尼特·戈亚尔接待了我们。他带我们上楼，进入了一间灰蒙蒙的厂房，阳光从窗外斜射在地板上。

窗户下面，乳白的摇粒绒面料正被放进丝印机器里，这台设备占地好几百英尺长。我和诺哈尔看着，原生毛绒在印刷机里移动着，每两片之间间隔一张毛毯的长度。在移动的过程中，一条机械臂从原生毛绒上移过，为它们印上花朵的轮廓，另一条机械臂印上蓝色背景，第三条机械臂则将花朵印成红色。上述给原生毛绒上色的过程大约要花一分钟。一小时就可以给数百条毛毯印上图案。

"这些图案是中国的一家工厂设计的。"普尼特在带我们参观另外一些生产线时说道，这些生产线负责印制图案、裁剪、洗涤毛毯、拉伸和戳刺绒毛，从而让摇粒绒不失时尚性。"我们也有自主设计师，可以提供数百种图案，但适用于再生毛毯的很少。"

我朝诺哈尔瞥了一眼。他在参观丝网印花、毛毯洗涤和裁剪时没说什么话，但是一直抿着嘴——我也不清楚这是不是因为他在沉思，或是反感空气中弥漫着的刺鼻的化学剂味道，抑或是对二手毛织品生意的未来感到担忧。我们在生产线的末端停了下来，看见这里堆着数千件不同图案的毛毯，有花朵、虎纹、抽象几何、斑点、方格和曲线等图案。这些毛毯很柔软、保暖而且耐用。如果遇到了自然灾害，我会真心地希望红十字会不要用软再生毛毯，而是直接

中国制造的机器正大量生产一卷又一卷的摇粒绒毛毯，其生产量要比软再生毛毯的生产量大一个数量级

发放摇粒绒毯子让我取暖。

诺哈尔开始询问关于出口的情况。你们这些布料都送去哪儿呢？基斯科集团的出口市场遍布全世界，这些摇粒绒毛毯可能会吸引那些购买软再生毛织物和其他商品的顾客。

"大部分会出口到迪拜、南非和中东地区。"

诺哈尔作为一个软再生毛织物贸易商，认同地点了点头。"拿一些样品和色板给我看看，我来研究研究。"

周五下午，托德·威尔森在星牌抹布厂的轮班结束了，他在一辆推车旁停了下来，推车里堆着白色运动衫碎布。

"这就是现在我要向你们介绍的产品，"他对我说，"这些就是回收利用的白色运动衫。为了适应需求，我们还得在境外采购。国内的二手服装数量不够。"

对于那些持这种观点的人来说，问题是在印度将这些运动衫裁剪成抹布所花费的成本显然比在俄亥俄州低。

托德·威尔森正在翻捡的这些运动衫碎布并非来自印度人穿过的二手服装。事实上，这些运动衫很可能产自南业，之后出口到了美国，美国人买来穿过后捐给了古德维尔、救世军或是其他旧货出口商。当这些二手运动衫在美国卖不出去时，便很可能再次出口到坎德拉（或是先去密西沙加，再绕道去坎德拉），在坎德拉裁剪成抹布，然后出口。这一次，这些抹布便会出口到俄亥俄州纽瓦克星牌抹布厂。这一路上的每个环节都有着完美的经济学解释，即使整体上听起来颇为荒谬。

实际上，这便是未来的发展趋势。

亚洲的中产阶级数量已经超过了北美，不久后，亚洲不想要的二手货数量便会超过许多富裕国家。如果这些衣服卖不出去，还能用来制作抹布（假定衣服质量都还不错）。在发展中国家用废弃衣物裁剪而成的这些抹布，将会运去美国。曾经单向流动的二手交易（从富国到穷国），如今已呈现多方位流动趋势。

托德·威尔森几年前便接受了这种新的流动趋势。2016年他去了坎德拉，指导当地的抹布裁剪公司按照星牌抹布厂的标准裁剪抹布。要找到合作伙伴并不难，因为近年来，支撑印度经济快速发展的工厂、酒店和餐馆，对于抹布的需求越来越大。美国境内曾经大量囤积的回收纺织品，如今都流向了坎德拉。托德·威尔森只是想确保他进口的这些抹布符合他的标准。

这并不容易。纽瓦克的工人都接受过裁剪T恤和其他衣物的培训，所以每磅衣服他们可以裁剪出10块抹布。

"但是产业标准是每磅大概5块抹布。"托德·威尔森说道，指的是那种粗糙的裁剪标准，让T恤看起来像一对加大号的翅膀。

"这会让我们这行做不下去。人们会觉得他们买新抹布更划算，所以你得找人按照你要的方式裁剪抹布。"他的裁剪方式，也就是星牌抹布厂的裁剪方式，这样制成的抹布更符合大多数人的需求。

这看起来似乎微不足道，甚至在外行人看来可能还有点滑稽。但是对于那些想尽可能延长二手服装使用寿命的人来说，按照标准裁剪抹布至关重要。

托德·威尔森对回收抹布行业的未来十分看好，但是他偶尔也会拿这个行业开玩笑。在我们采访一开始，他告诉我在最近一次行业大会中，一位行业协会会员报告称，他带来了有关本行业的一个好消息和一个坏消息。

"好消息是没有新人愿意加入这行和我们竞争了。"托德·威尔森复述完那人的话后笑了起来。

CHAPTER

09
足够出售的物品

周一，天下着雨，明尼苏达州金谷市的 169 号公路正值早高峰，空巢清理公司旧货店门口的停车场却相当空旷。这时候店里面的人很少，往常店里都挤满了购买运动用品的顾客，不过这种情况大都发生在周末。每周一，店内所有商品都 6 折出售，但是许多顾客却以为最好的优惠活动已经在上周末结束了（实际上并没有），或是只来这里购买自己必需的东西，而不是心仪的东西。

店主及创始人莎伦·费齐曼正在店门口和一个男人聊天。她向我介绍这是卡车司机肖恩。肖恩戴着一顶牛仔帽，穿着牛仔外套、牛仔裤和一双带马刺的牛仔靴。他正在分享一些有趣的消息，比如街对面的珀金斯餐厅刚宣布永久关门了，并允许他把已经扔进大垃圾箱里的招牌拿走。

莎伦快速瞥了一眼店里，里面放着从几十间房子里清理出来的数千件物品。提前数周或数月安排好的房屋清理工作表明，更多的物品正在运来的路上。为了给即将到来的二手物品腾出空间，莎伦·费齐曼很快就要开始每周一次的吐血大清仓了。但首先得处理好那块招牌。

"我要去看看那个垃圾箱。"她告诉我。

肖恩和我跟着她走出去，来到街对面。果然，珀金斯餐厅的停车场里有一个大垃圾箱，里面装着一个长 10 英尺、高 5 英尺的绿色塑料招牌，上面写着"珀金斯餐厅 & 烘焙"。

"这个我要了，"莎伦说，然后转身对肖恩说，"你觉得这能卖出去吗？"

或许，在明尼阿波利斯西郊的某个地方会有一个烘焙爱好者，他渴望在地下室的墙上挂一个烘焙坊的招牌。也可能没有这样的人，肖恩怀疑地笑了笑。

"莎伦，这家伙太大了，我都不知道店里哪儿有地方放。"

她噘着嘴回头看了看那块招牌。那块招牌和珀金斯的桌子和椅子一起卡在大垃圾箱里（我在珀金斯吃过很多次饭，所以我认得出来）。仅是想办法把招牌从垃圾箱里拿出来就是件麻烦事。

"是的，大概是这样。也许我可以让员工米把这些家具捡回去。我们问问吧。"

餐馆大门是开着的，我们走了进去，里面还有一些员工——前任经理也在——正在围着一张桌子喝咖啡，看上去心情有些沮丧。莎伦友好地打了声招呼，她在这里是常客，便向经理要了垃圾箱里的桌椅。经理说冷冻间里还有些金属架子，都可以一并带走，但得

卡车司机肖恩正在检查明尼苏达州金谷市珀金斯餐厅丢掉的家具，这些家具成色很好

赶在"明天上级领导来之前"。我们还拿了一些剩下的巧克力果仁蛋糕，莎伦让我拿点儿放口袋里，回到店里之后分给员工。

我们正要离开时，她犹豫了一下，回头看着经理说："珀金斯的这些东西都不要了吗？"

这样问也合乎情理：总部位于明尼苏达州的珀金斯，在美国和加拿大总共有近 400 家门店，这些家具难道不能给其他门店使用吗？

经理摇了摇头说："今年珀金斯已经有 5 家店关门了，仓库里没地方放这些东西。所以我们都扔进了垃圾箱。"

回到空巢清理公司，莎伦忙着卖掉店铺里现有的家具。空巢清理公司要想办法卖掉店铺里 80% 从房屋清理中得来的东西（少部分放在网上卖）。这对于旧货行业来说是个惊人的数额，能卖出去 50% 的库存就不错了。然而，卖不出去的那 20% 麻烦也不小，这些东西太占空间，而且有好几吨重。

下午晚些时候，天色越来越暗，莎伦把一个贴纸枪别在裤耳里，开始有条不紊地在店里干活，给那些卖不出去的东西贴标签。这是每周的惯例，这次清洁整理工作持续到周二。她把一张绿色的贴纸贴到一个白色皮革组合沙发上；之后，一个员工会把沙发挂到在线跳蚤市场 OfferUp 上卖。她把一张粉色的贴纸贴在一张笨重的橡木桌子上，其中一个桌角上有个深凹槽；员工很快会把桌子装上卡车，运去布雷金。布雷金是一家"家具银行"，专门将家庭用品分发给那些贫穷、无家可归的人。

"你是怎样决定的？"我问。

"部分是出于直觉，知道什么东西卖得出去。还有一部分是根据东西在店里待的时间的长短。另外，我还会根据要进的新货做决定。"

她指的是清理出来的东西。

"我已经见过运来的这些东西（通过照片）。"事实上，刚好到了一卡车清理出来的物品，车就停在空巢清理公司装卸处，准备卸货、定价再上架。

莎伦抬头看着那个高高的实木电视柜。

"这柜子放这两个月了。"在她考虑贴什么颜色的标签时，一位顾客向我们走来，说她想买那个贴着 OfferUp 标签的白色组合沙发。

莎伦笑容满面：积压的货物很少能这样在最后一分钟卖出去。她跟我说了声抱歉，便去安排沙发的送货时间了，我则慢悠悠地逛进店里，停下脚步，翻了翻柳条筐里的黑白照片。这些照片以前都是某户人家的"家庭照"，如今却是不知名的"复古照片"。我在想他们的家人有没有在这些柳条筐里见过自己亲人的照片。

美国婴儿潮一代正陆续退休，这代人的东西正逐渐流入二手市场，莎伦承认，她有点担心自己无法适应这样的人口结构变化。几个月前的一个傍晚，我们在现已倒闭的这家珀金斯店里吃迟来的早餐。快吃完的时候，她和我详细聊了聊最近和员工的一次谈话。员工想知道的是，房屋清理中发现的那些又脏又旧的女士服装应该怎样处理：应该把这些衣服放进箱子里，运去空巢清理公司卖吗？很显然这样的衣服在旧货店卖不出去，那应该捐给救世军还是直接扔掉呢？

"嗯……我内心觉得还是不能扔掉，"莎伦·费齐曼解释道，"但现实情况是空巢清理公司这样做也需要成本。我们得花钱买箱子，还得花时间运输和捐掉这些东西。况且慈善机构一定会接收这些东西吗？"

如果她希望在扣除雇用员工、提供清理服务和转售服务所需的成本外，这门生意还能营利，那问题的答案就显而易见——直接扔掉就好，但扔掉这些东西还是有些痛心。

并非只有莎伦为此苦苦挣扎。在古德维尔、救世军、教堂、犹太跳蚤市场以及每次车库旧货出售成果不佳时，人们都在考虑莎伦的员工提到的类似问题。

人人都想得到这样一种解决方案——创新的、可持续的方案能够带走你弃之不用的东西，而不用支付费用，你的东西还能得到无限循环利用，但这基本上是异想天开。与此同时，东西越来越多也意味着，要制定一种创新且可持续的解决方案，从经济角度看越来越难以实现。一些消费者想得到安慰，想知道他们用过的物品仍然具有价值和用途；但总有一天，他们不得不接受事实：所有物品都终将消亡。

"我有个推测，"我对她说，"随着时间的推移以及空巢清理公司的发展壮大，你们扔掉的东西会更多。"

"扔东西是一种煎熬，真的很煎熬。"她回答道。

"人们非常希望他们的东西最终得到了回收利用。"

"没错！"

"这是本能。"

"是的，我也想按照自己的方式来做。"

但是到底该做什么呢？

重要的一点便是，什么也不做。莎伦·费齐曼和现存的二手行业，无论是古德维尔还是抹布制造商，如今都已经实现了可持续发展，且利润可观。他们的再利用模式早于环保运动、整理风潮，也早于婴儿潮一代退休之后二手物品大量进入市场的浪潮。这些从业者不需要改变或调整自己的行为方式。如果说要有改变，那也是鼓励他们继续前行，成为他人的榜样。

然而，人类废弃物过多带来了情感、经济和环保三方面的挑战，这些挑战仅靠空巢清理公司及其同行是无法解决的。因此，还需要寻找其他解决办法。

回收利用——该过程将旧物变成新材料，用于制作更多新产品——是一个不错的选择。但是正如我在《废物星球》中写的那样，尤其是作为一种环境问题的解决办法，回收利用并不完美。无论制造商怎么说，没有东西能实现百分百回收利用（比如，每台智能手机大约有 15 种金属根本无法回收）。大多数更复杂的物件，小到手机、大到沙发都由可回收和不可回收的部分组成，从中提取出可回收部分的经济和环境成本很高，所以垃圾填埋和焚烧通常是更明智的选择。

这并不是唯一的问题。使用回收纸造书，比使用原纸浆所耗费的能量和原材料更少，但总还是要耗费一些能量和原材料。事实上，物品回收利用减轻了消费者对于消费给环境带来负面影响的负罪感，而且降低了原材料的总成本（回收原材料的成本比使用原纸浆的成本低），这实际上可以促进更多的消费。[1] "物品回收"在我们所熟知的 3R 原则（减少原料、重复利用、物品回收）[①] 中排第三位。也

---

① 减少原料、重复利用、物品回收的英文单词分别是 Reduce、Reuse、Recycle，首字母都是 R，因此合称"3R 原则"。——译者注

就是说，它是在最佳方案（也许是最差方案）中排名第三的办法。像可口可乐这样的知名品牌宣称其产品能够回收利用，其实不是在推动可持续发展，而是在帮助关心可持续发展的消费者减轻负罪感。

另一种日趋流行的解决办法（至少在富裕国家是这样）在于进一步践行"减少原料、重复利用、物品回收"的原则。这种办法就是极简主义。极简主义提倡改变以购物为中心、让家里堆满东西的生活方式，将自己的物品精简到必需品的范畴，远离亚马逊等购物网站和商场。

我在写这本书时见过许多清理行业的专业人士，在频繁接触过大量物品之后，他们也会采取一些极简主义的做法。吉尔·弗里曼是一位职业整理师，她在明尼阿波利斯的和顺搬家公司工作。当我问她，她家里是什么状况时，她回答得很直接："我们不买东西，不把东西带回家。我们已经拥有需要的所有东西了。"

她试图用这种方式过不一样的生活。她向我解释道，相比在婚礼或其他情况下送给别人礼物，她更喜欢直接包红包或是送餐厅礼券。

我对此感同身受。为了写这本书，我四处走访，尽管我不是什么购物狂，但是参观旧货店和房屋清理的那些经历，让我开始重新审视自己的消费行为和物品围积情况。我很快意识到，我所珍视的那些东西，通常对除我以外的其他人来说没有任何价值。一旦有了这种想法，我便释怀了，并开始克制自己的购买欲望。

特别是想到有那么多美国人可能和我有同样的顿悟时（或许正

是在读过本书之后），我就觉得很有意义。某些发展趋势还是积极向上的。例如，智能手机的出现，让全球几十亿人口不必去买相机、电视机、家庭音响、手提电脑、DVD、CD、磁带、录像带或是相册（可能在未来某一代的观念里，纸质照片会和肖像画同样有意义）。

是的，这种现象就是所谓的"去物质化"。去物质化也会带来大量过时的、难以回收的智能手机，但看看古德维尔店里那些成堆的VHS录像带、CD、DVD、黑胶唱片、固定电话、VCR和其他一些智能手机可以取代的东西，看看它们大部分都堆在那里没人要的样子就会发现，智能手机的出现不失为一种进步。

然而，无论是智能手机还是受追捧的极简主义生活方式，抑或是其他个人的消费选择，都不能改变两个既定事实。首先，尽管极简主义（以及日本的整理艺术）已经成为全球范围内畅销工具书的主题，却未能对全球堆积的物品产生太大的影响。可以说，这些书越来越多，反倒激励了人们（为腾空的房子）添置更多东西。其次，即便是在环保意识较强的发达国家，消费型经济以及消费型生活方式也并未消失。

例如，在21世纪第二个10年初期，社会学家、经济学家和市场营销师都注意到，出生于1982~2014年的千禧一代 [①]，比上一辈人买的汽车和房子都要少得多。一种广受欢迎的说法称，千禧一代更愿意接纳共享经济和服务，比如优步和爱彼迎提供的共享乘车和

[①] 千禧一代一般指1981~2000年出生的人，而2000年之后出生的人则被称为Z世代。——译者注

共享房屋服务。比起买东西，他们更愿意购买体验，比如为旅游付费。主流媒体中流行一种乐观的解释，称人们愿意分享而不是独占，认为这在某种程度上是因为受到气候变化以及环保意识增强的影响。

然而，最近的研究显示，千禧一代相比独享更乐于共享，其实只是因为口袋里的钱不够花。高额的房租、不堪重负的学生贷款，以及2008年金融危机造成的长期经济低迷，都削弱了千禧一代像他们的父辈那样进行大宗消费的能力。在他们的父母看来，大宗消费是成功人生的标志。如果有足够的经济实力，他们也会买很多东西。

实际上，2018年美国银行一项有2000名成人参加的调查[2]显示，千禧一代中，有72%的人认为买房是重中之重，比旅行、结婚、生孩子都重要。另一项消费者调查发现，尽管千禧一代能接受拼车，但在自己名下没有车的千禧一代中，有75%的人想买车。[3]同时，大西洋彼岸，欧盟正在进行的一项有关共享经济的调查项目[4]发现，千禧一代"只有当共享平台提供了比传统服务更具成本效益的替代品时，才会对共享平台感兴趣"。这至少可以说明，与资源贫乏的发展中国家同龄人相比，欧美国家的千禧一代并无多少不同。大家都想消费。

这不意味着人类在数量日益增多的废弃二手货面前束手无策，但也的确表明我们需要更具有创造力的解决方式，来应对废弃二手货数量增多所带来的问题。

例如，当看见一个房子里堆满了要丢进垃圾箱的东西时，我们所应该思考的不仅是"这些东西要怎么处理"，还应该是"怎样做才能确保家里堆满的那些东西，最后可以在二手店里出售"。

吉尔·弗里曼和我喝咖啡时重构了这个问题："如果你想进行资产拍卖，问题不在于你有没有足够的物品，而在于你有没有足够多可以拍卖的物品。"换个说法即是，古德维尔肯定没办法卖掉一件洗两次就坏掉的二手衬衫；空巢清理公司根本搬不动那些用颗粒板拼装、用胶水粘起来的宜家书架，更不用说拿去卖了。

从这个角度来看，并不是物品危机导致奶奶的房子里堆满了要扔进垃圾箱的东西。相反，这是一场酝酿已久的质量危机。

本书剩下的章节将会审视那些可以应对这种质量危机的方式，让更多的东西流入二手市场，把这当作一项可以让二手店、抹布制造商和其他二手货的忠实用户都能受益的计划。

只有前两个步骤——旨在延长产品使用寿命和增强可维修性的这两个举措——需要政府直接进行干预。政府的干预措施相对较少，目的是鼓励消费者和制造商，继续按照最符合自己利益的方式行事，无论这种行为方式是有意识的还是下意识的。其中一种便是降低从空调到毛衣这些东西的成本。要做到这一点，方法之一是鼓励消费者购买使用寿命长、更耐用且可维修的产品。这样一来，可以让二手市场流通的货物更多，人们家里的东西数量减少。

第三步也就是最后一步可能最难实现。这一步要求消费者、新闻记者、企业和政府监管部门都要认同这样一个观点：他们所认为的废弃物，在别人眼里还有利用价值。正如我在本书的最后一章所详述的，那些顽固愚昧的偏见——包括种族偏见和经济偏见——蒙蔽了原本理性的人们，让他们忽视了在不同于自身的环境中，二手货面临的可能性。应对质量危机需要接受一点：每个人对品质的要求是不一样的。

显然，没有任何一种解决办法或哪几种解决办法可以阻止人们家里堆满不想要的东西。二手店还是会继续抛售旧物，清理行业也将继续努力，为那些不再具有收藏价值的收藏品寻找归宿。受时尚思维的影响，那些最耐穿的衣物和最结实的餐桌都会变成没人要的废弃物。尽管大量堆积的物品让人变得悲观，但企业家们正在想办法通过这些过剩的物品养活一帮人。他们正在制订商业计划，雇用朋友和家人，将自己和资本都投入当下的二手经济，以及即将到来的新型二手经济。我认为他们已经有了想法，而且可以在全人类的帮助下实现。

CHAPTER

10
它能用上一辈子

北莫利大街南端的步行边境通道，是亚利桑那州诺加利斯市中心最热闹的地方。我看见一位母亲和她年轻的女儿正背着两个行李袋，穿过"入境墨西哥"的大门。30分钟后，一位穿着牛仔裤和牛仔衬衫的驼背老人从墨西哥那边返回，身上什么也没带。

莫利大街上的建筑大都是两层，而且看起来老旧不堪。这里有一家免税店、一家香水店、几部自动取款机，还有小部分为了迎合边境客人的喜好，由旧百货商店改造而成的一元店。我在一家店门口停了下来，橱窗里摆着高仿 Levi's。过道里还有很多价格便宜但质量不好的小玩意儿、衣服甚至还有零食。

古德维尔位于城北几个街区，几乎从这里开始，繁华的商业街就消失了。这家古德维尔是单层建筑，位于停车场一端，旁边是一个半边空置的单排商业区、一家 Pep Boys 汽车零部件店和一个服务中心。这家古德维尔相当于欧文顿路北部 65 英里处那家直销中心的翻版，只不过要小一些，而且人们看起来没那么匆忙。早上9点40分，6位顾客正在32辆堆满衣服的推车里慢悠悠地翻找着，似乎没人抢购，如果说真的存在竞争的话，那也不是今天。

我在店里闲逛，并在一个角落停了下来，这里有两辆手推车，里面装满了古德维尔卖不出去的捐赠物，这些东西很快会被送去垃圾场填埋。这堆东西中，我看到三个保龄球，一个空的Miracle-Gro喷壶，一个裂了的儿童座椅，一台不知道牌子的真空吸尘器，一个2005版的TurboTax盒，一个破行李箱，一卷破布，以及许多印着各家健身俱乐部标志的运动水瓶。

同时，在店铺的另一端，周四拍卖会就要开始了。三名员工拿着写字板站在旁边，和三位西班牙裔女性一起聊天。店长路皮塔·拉莫斯称，这三位都是拍卖会的常客，她们会为墨西哥的顾客采购一大批货物。她们的男性伙伴站在边上，手放在牛仔裤兜里，戴着牛仔帽或棒球帽，难为情地互相看着对方。

第一批拍卖的物件是12个洗衣机大小的箱子，里面装着玩具、塑料壶、老式电器和活页夹等卖不出去的耐用品。每个箱子的起拍价是20美元，加价幅度为1美元。大多数箱子最终的成交价为25~30美元。有两箱子货压根没人要。我瞧了瞧其中一个没卖出去的箱子：表层放着一台百得面包机和三个保龄球。

接下来，开始拍卖堆在手推车上的二手儿童汽车安全座椅。这些安全座椅引起了我的注意。和大多数父母一样，我熟知二手及过期的儿童安全座椅可能带来的危害；在线育儿论坛上，人们也对此愤怒不已。汽车座椅制造商直言不讳地宣称，老旧的汽车座椅具有安全隐患，不应该进入二手市场。例如，全球最大的儿童安全座椅制造商葛莱在其网站上解释说："二手或是过期的汽车座椅存在较大安全隐患，尤其是您对汽车的使用年限不知情时，安全隐患更大。"所以，葛莱的官网上有如下建议：

> 确保汽车座椅到期后不再继续使用，取下坐垫套子，剪掉或者拿走安全绑带，用记号笔在上面做记号，然后放进黑色大垃圾袋里，再送去回收或处理。

这种建议的实际作用在于向父母提出警告，即使二手汽车座椅没有过期，也要及时销毁，以免这些座椅成为那些粗心父母的杀人工具。致力于销售更多汽车座椅的零售商在持续传递这样的信息。例如，在 2018 年 10 月，Target 在实体店铺和在线商场都发布了以下警示："二手汽车座椅不得再次出售或捐赠，因为汽车座椅的使用寿命仅有 6 年，且相关规定经常发生变动。"二手货店铺也接收了这些信息。当我问古德维尔捐赠接收处的员工，古德维尔是否接收二手汽车座椅时，他回答称："不接受，因为人们会觉得我们这样做是在害他们的孩子。"

这是一个堂而皇之的回答，但不完全符合事实。古德维尔南亚利桑那区就接收捐赠二手汽车座椅，只是他们不会在图森的任何店铺里出售。实际上，这些汽车座椅要么会运去诺加利斯拍卖，要么在网上销售，前提是它们都还在使用期限内。墨西哥二手商贩会在诺加利斯买下这些汽车座椅，运去墨西哥。买不起新汽车座椅的墨西哥家庭可以用这些折价的二手货保护他们的孩子。

这种情况似乎对边境两边的人都有利。二手和过期的汽车座椅具有安全隐患，作为父亲，我接受过无数次这样的警告。我必须承认，看到这些即将拍卖的二手汽车座椅时，我心里很是不安。使用二手汽车座椅真的安全吗？合法吗？

为了找到答案，我联系了美国国家公路交通安全管理局（NHTSA，儿童安全座椅的相关规范属于其权责范围），想要获取有关儿童安全座椅使用期限的各种规章。一位发言人回信称："美国就汽车安全座椅的使用期限尚无明文规定。"

随着时间的流逝，儿童安全座椅会产生安全隐患——当然了，美国政府对此并非一无所知。美国制定了有关规范和检测儿童约束系统[1] 的大量条例，其中包括各类协议，用于测试儿童安全座椅随附的安全带是否能够承受长期的阳光照射、磨损和微生物侵蚀（根据规定，儿童安全座椅的安全带必须进行耐久性测试）。如果安全带不合格，则不能用于儿童安全座椅。但没有安全座椅使用期限方面的规定。

值得注意的是，美国政府所要求的耐久性测试，与对年龄较大的儿童和成年人使用的汽车安全带的要求相同[2] 。这些汽车安全带也需

[1] 49 CFR 517.213 儿童约束系统（Child Restraint Systems）。
[2] 49 CFR 571.209 安全带装配标准。

要经过合格或不合格测试。这样做很有必要，谁想要一辆配有过期安全带的汽车呢？但这也带来一个难以解决的问题。是什么原因导致儿童安全座椅过期？是什么让人们如此恐惧二手安全座椅？

为了找到答案，我向全球十大儿童汽车座椅制造商，发送了一份带有四个问题的调查问卷。在调查问卷中，我询问了他们确定安全座椅使用年限的流程，是否咨询了材料制造商（如塑料制造商），制造商们是不是在相关数据和研究的支撑下确定了安全座椅的使用年限，以及安全座椅具有使用年限这一点最初于何时提出。

只有两家制造商回复了我。葛莱回复的电子邮件称，建议顾客在"使用年限"过后，立即更换汽车安全座椅。还发给我一条链接，点开是其公司网站上关于汽车安全座椅使用年限的公开信息。然而这对于问题的解决没有任何帮助。宝得适的回复要么答非所问，比如"自 20 世纪 90 年代以来，汽车座椅的使用寿命有所延长……由于如今的车窗更加先进，汽车座椅受到的紫外线辐射变少了"，要么避而不答，比如调查问卷中的第三个问题：

> 宝得适是否对旧汽车座椅进行过研究，用于确定汽车座椅的使用年限？能否公开这些研究？
> ·宝得适拒绝回答该问题。

总部位于明尼阿波利斯的大众零售商 Target，也是儿童安全座椅的主要供应商之一。近年来，Target 一直在开展一项活动，即通过给消费者发放折价消费抵用券，回收二手和过期座椅（之后 Target 会销毁这些座椅，以免流入二手市场）。某种程度上，Target 这项以旧换新的活动保护了儿童的人身安全。该活动于 2016 年开启以来，Target 称其已经回收了超过 50 万部二手安全座椅。

正如我提过的，2018 年 10 月，Target 在其以旧换新网站上称："二手汽车座椅不得再次出售或捐赠，因为汽车座椅的使用寿命仅有 6 年，且相关规定经常发生变动。"当我联系 Target，询问他们是否可以提供这一声明的来源（因为制造商们无法提供）时，一位公司发言人回复了我，称上述声明来自业界赞助的网站：汽车安全网 [①]。收到邮件后的数小时内，Target 便调整了其网站上的声明措辞："据汽车安全网称，汽车座椅的使用年限仅为 6 年……"

我猜想，像 Target 这样的大型上市公司不会在一些容易证实的事情上对记者撒谎。我还以为汽车安全网可能会提供一些链接，显示一些研究结果，比如研究数据表明二手汽车座椅的危险系数要比新座椅高。但是我竟然想错了，Target 新更改的声明在汽车安全网上根本找不到。实际上，连相近的说法都没有。所以我回信给 Target，告诉他们这个情况。

---

① 除了其他显著的特征外，汽车安全网（Car-Safety.org）还是一个论坛，论坛用户讲述自己阻止过期汽车座椅进入二手市场的方式。我最喜欢一位名叫 southpawboston 的用户的方法："最好用大锤子砸烂，或用锯子将汽车座椅切成碎片，然后在碎片上写明'已到期，请勿使用，不安全'，最后丢弃在垃圾袋中，以免引人注目。"该建议听起来很古怪，实际上只是葛莱在其网站上所提供的建议的最终版本。

几小时后，他们再次更改了网站声明，这一次写的是："据汽车安全网称，诸多制造商建议汽车座椅的使用年限应在 6 年左右。"这句话虽然语法含混，所要传达的意思却非常明确："普遍建议使用年限为 6 年。"然而目前并无数据支持这一所谓的建议使用年限。汽车安全网和支持这一观点的制造商一样，也只是发布了未经证实的声明。

Target 是故意向家长们传达这样一种错误的且未经证实的信息吗？我确信 Target 在关于安全座椅的措辞上如此大意是因为这家公司和家长们一样，都只是假设存在这样的数据来支撑制造商们印在汽车座椅上的使用年限。当然，这种假设让各方都有利可图，借助这个假设，Target 卖了更多的汽车座椅。企业管理层颇具传统智慧，不大可能承认自己的错误。

但我认为质疑本身是有益的。

所以我再次联系 Target，问他们是否可以提供其他信息，证明二手安全座椅和过期安全座椅的危险性。这一次 Target 的发言人显然有些生气，她建议我去读读《消费者报告》上的一篇文章。[1]我照做了，但是仍没有找到答案。我没有再进一步和 Target 沟通，Target 似乎也没有兴趣和我认真讨论他们那些具有误导性的营销手段。我咨询了《消费者报告》，看其是否有数据可以支撑汽车座椅的使用年限。但他们没有回复。

后来，我偶然发现瑞典也许可以给我答案。

自 2008 年以来，瑞典这个北欧国家便想方设法将高速公路事故死亡率减半，甚至还制订了一项计划，争取在 2050 年实现道路交通"零死亡愿景"。为了实现这一目标，瑞典制定了全世界最佳且最严格的儿童安全座椅法规。这些措施也确有成效：儿童交通事故死亡率几乎已经降为零。毫不夸张地说，甚至这样说还有所低估——瑞典乃是全球汽车和道路安全的标杆。

我认为，就二手和过期的儿童安全座椅是否具有安全隐患这一问题，若是有人可以给我一个有数据支撑的真实答案，那一定是瑞典监管机构的负责人。于是我联系了瑞典交通局交通安全与可持续发展部的部长玛丽亚·克拉夫特（几年前，她在博客上呼吁使用二手汽车座椅，还推荐了斯德哥尔摩购买二手座椅的好去处）。[2] 克拉夫特把我引荐给查尔姆斯理工大学卡罗林斯卡学院的安德斯·卡尔伯格教授。长期以来，卡尔伯格教授也是 Folksam 公司交通安全研究部的主管。Folksam 是瑞典最大的保险公司之一。与其他的汽车保险公司一样，该公司哪怕出于维护自身的经济利益，也会尝试确保乘客的安全（如乘客发生危险，保险公司需要承担经济赔偿）。事实上，早在 20 世纪 90 年代初，Folksam 便拥有了一条自己的儿童安全座椅生产线。如果使用二手汽车座椅存在危险性，安德斯·卡尔伯格教授肯定有所了解。他通过电子邮件分享了自己的观点：

> 瑞典也有类似的情况。儿童安全座椅（以及自行车和摩托车头盔等其他安全防护设备）制造商告知顾客，使用期限到期后，需要更换新产品，使用期限通常相对较短。

我们无法从现实的交通事故中找到任何证据来证明这一点。

接下来，这封电子邮件提到了 Folksam 的前身是一家汽车安全座椅制造商：

现在 Folksam 还保留着一些用过的汽车安全座椅。过去二三十年里，我们尚未发现这些座椅使用的塑料材料发生了变化，或是出现了问题。

这并不是有关安全座椅的确切数据，但已经比全球最大的汽车座椅制造商，以及 Target 愿意或是能够提供的信息都要多。

安德斯·卡尔伯格教授在结尾处称，Folksam 的建议是，只要汽车座椅没有遭受过交通事故，或是没有明显的损坏，便仍可以继续使用。他还指出，安全座椅的设计一直在不断改进，如果旧的座椅已经使用了 10 年以上，顾客就可以买更安全的新座椅。但是继续使用旧座椅既不违法，也没有安全隐患。

安德斯·卡尔伯格教授的邮件并不会让参加古德维尔汽车座椅拍卖的人感到震惊。参加拍卖的安全座椅大概有 55 部，几分钟后，就只剩下 3 部没有卖出去了，成交价格为 5~30 美元。安全座椅卖光之后，一位竞拍者询问古德维尔的员工，下一批货什么时候会到。回想起拍卖的状况，我感觉非常糟糕，因为 Target 这些年里回收处理掉了 30.6 万部安全座椅，而这些座椅本来可以拿去卖掉，再由边境南边的父母从二手市场买回家，让他们的孩子更加安全。

　　大众市场出现以来，产品制造商和零售商就对产品的使用寿命十分敏感。有些担忧可以让消费者和制造商共同获利，举个例子，在浓汤罐头上标明保质期，既可以使消费者免于吃到腐坏的食物，也可以防止制造商因为顾客吃了腐坏食物生病而受到处罚。但有些担忧只对制造商有利。1924年，为了提升产品销量，世界上最大的灯具制造商联合起来，就缩短灯泡使用寿命达成共识。[3]

　　在大多数情况下，商家会利用产品使用寿命不长这一负面因素，鼓励人们购买更多的东西。包装饼干坏了，或是阿司匹林到期了，那就去买新的好了。缩短产品使用寿命也可以用来提升销售额。例如，一部智能手机或平板电脑的使用寿命通常受限于其电池的使用寿命。苹果公司很擅长利用这一点。

　　2017年，全球市值最高的苹果公司承认，其私自降低了老款iPhone的运行速度（通过软件更新），理由是老款iPhone的电池已经老化了，即将衰减殆尽。公众的愤怒迫使苹果公司出面道歉，其解释称只是想尝试维持iPhone的电池性能。但法国的执法机关质疑这种理由的合理性，并对苹果公司启动调查，进一步确认其是否违反了该国的"计划性报废"法条——这一法律条文规定，企业故意缩短产品的使用寿命属于违法行为。

　　法国相关部门（到目前为止）尚未起诉苹果公司或任何触犯了"计划性报废"法条的公司。这是明智的做法。计划性报废是消费文化中不可或缺的一部分，执法机构无法根除。实际上，这是个古老的传统。1955年，通用汽车公司的第一位设计部主管哈利·厄尔（堪称20世纪最有影响力的艺术家之一）称，他无意追求永不过时的设计：

> 我们的主要工作就在于加速淘汰产品。1934年，一辆车的平均拥有时间为5年，如今（1955年）为2年。当平均拥有时间缩短为1年时，我们的工作便做到完美了。[4]

哈利·厄尔做得相当成功。20世纪中期，废弃汽车给美国带来了最普遍同时也是最棘手的环境问题，连林登·约翰逊和理查德·尼克松这两位总统都提过这一问题，并采取了应对措施。[5]然而，哈利·厄尔似乎低估了自己艺术设计的魅力，同时也低估了大众消费者的意愿——大众消费者固然想要新产品和一次性产品，但也想拥有永不过时的产品。由哈利·厄尔设计的雪佛兰科尔维特车型，如今仍是世界上最具收藏价值的汽车之一。2013年，哈利·厄尔名下的一辆雪佛兰科尔维特拍出了92.5万美元的高价。想必在竞拍者心中，这辆车并没有过时。

并非只有富裕的汽车收藏家会追求永不过时的产品，普通消费者也有同样的渴望。2016年，欧洲研究人员让2917名欧洲消费者从标有不同使用寿命的产品中做选择。[6]在一个充斥着快时尚、宜家家具和一次性荧光棒的时代，调查结果令人惊讶：在价格相同的前提下，标有更长使用寿命产品的平均销售额比同类产品要高出13.8%。

使用寿命对特定类别的产品销量影响更为显著。实际上，更长的产品使用寿命并不会影响电视机的选购决定，但可以推动行李箱销售额增长23.7%、打印机销售额增长20.1%、运动鞋销售额增长15%。不过，其中最具有启发性的发现与支付金额有关，消费者称他们愿意为使用寿命更长的产品支付更高的价格。例如，在选择洗碗机时，90%接受调查的人称，如果产品的使用寿命比同类产品长两年，他们愿意为价格为300~500欧元（340~567美元）的洗碗机平均多支付102欧元（115美元）。

这些发现令人震惊，因为大多数消费者、市场分析师、经济学家和商业记者几乎只关注新产品的生产、营销和销售。但是在二手店或是科托努的服装市场待上几分钟，你就能很明显地感受到，消费者还是会本能地喜欢耐用的产品。

此外，商贩们销售耐用的产品，比销售宜家家具和其他使用寿命不长的快时尚产品更加赚钱。因为消费者们心里很清楚，使用寿命短的产品没办法满足他们对产品的长期需求。如果可以的话，他们也想多花点钱买一件使用寿命更长的产品，这样就不用经常花钱换新的了。

2017年9月，我去芝加哥参加Poshmark举办的为期两天的年度交易展。Poshmark是一家发展迅速的在线交易平台，大约有 300 万人在该平台上做服装交易。参会者有好几百人，大多数人靠在 Poshmark 网站上卖东西谋生（有几个人告诉我，他们每年可以挣 10 多万美元）。我问这些卖家，顾客最喜欢什么牌子，他们的回答都是些产品质量很好（价格也很贵）的服装品牌，比如 Lululemon Athletica、加拿大的 Santana、the North Face 等。

Poshmark 的系统数据显示，2017 年 9 月，Lululemon Athletica 是 Poshmark 卖得最好的女装品牌（也是该平台最畅销的品牌），之后该品牌一直趋于或居于榜单首位。普利西拉·罗梅欧是科罗拉多州的卖家之一，她在 Poshmark 上卖了数百件商品。我问她为什么二手的 Lululemon 服装卖得这么好，她难以置信地看着我说："因为质量好，穿得久啊！"廉价的运动服又不能拿来收藏。

我联系了 Lululemon 公司，询问其二手服装的市场表现是否对新品的零售定价有所影响，对此他们拒绝回复。幸运的是，其他公司愿意公开讨论这个问题。

2011 年，高端户外服饰制造商兼零售商巴塔哥尼亚发起一项行动，收集并出售二手的巴塔哥尼亚服装（最初是在 eBay 上出售，后来在巴塔哥尼亚的店铺和网站上出售），希望公司在 2023 年实现总销售额增长 10% 的目标。

我打电话联系了巴塔哥尼亚的企业发展总监菲尔·格雷夫斯，询问二手巴塔哥尼亚服装对其一手服装销售额的影响——他们公司还专门把二手巴塔哥尼亚服装做成了一个品牌，叫作 Worn Wear——他告诉我，到目前为止，巴塔哥尼亚的新旧服装市场是相对独立的，但是从长远来看，二手市场可能有助于拓展价格昂贵的新产品的潜在市场。

"很多二手服装消费者都是巴塔哥尼亚的新顾客，"他解释道，"他们喜欢我们的品牌概念——服装都由有机材料制成，但是他们可能不够富裕，所以低廉的二手服装让他们也能穿上巴塔哥尼亚。"

现在，巴塔哥尼亚的一手产品销售额要比二手产品销售额高得多。但如果巴塔哥尼亚的衣服确实像格雷夫斯所说的那样有价值和耐用，这个比例就应该开始变化了（就像翻新智能手机现在已经是全球智能手机市场中增长最快的板块）。如果情况当真如此，巴塔哥尼亚的二手市场将成为世界上最大、最有价值的二手市场的小型翻版——世界上最大的二手市场乃是二手车市场。

具有可持续发展意识的消费者，通常认为使用机动车不符合可持续发展模式。但他们也许可以改变观念了：2018 年，美国人购买了 173 万辆新车、410 万辆二手车。这样的数据并非特例。在美国和欧盟这样的发达经济体，二手车销售额通常都是新车的 2~2.5 倍。同时，随着短期汽车租赁服务越来越流行（约有 1/3 的新车是用来出租的），有越来越多的汽车从租赁线上淘汰下来，二手汽车市场也随之扩大。这反过来让更多的人买得起高质量的新款车。这一切都发生在汽车需求迅速增长时期，上述增长在新兴的亚洲和非洲市场表现尤为显著。

你仔细想一想就会发现这有点像巴塔哥尼亚的经营模式。潜在的汽车买家不仅能花更少的钱买到喜欢的品牌（巴塔哥尼亚通过发放店铺购物券的方式以旧换新，回收旧衣服。这和汽车经销商的做法类似），还可以在出售新产品的同一家商店购买。不过，在汽车行业，这种店叫特许经销店。同时，要宣传一种新产品的耐用程度，最好的方法就是让同款旧产品在二手市场上表现强劲。

几乎只要有新的车型上市，消费者便会努力通过各种方式评估汽车的可靠性。1926 年，一位洛杉矶企业家出版了第一本《凯利蓝皮书》，为新车或二手车提供报价，从此汽车评估开始系统化。如今，凯利蓝皮书已经成长为一家全球性机构。从一开始，凯利蓝皮书便看见了提高新车保值率的潜在意义，并在公司网站上说明了原因：

> 为什么新车保值率如此重要？因为你多半不会一直开一辆车，开到它报废。这辆车无论你打算开 3 年还是 10 年，在二次出售时所能得到的补偿金额都会影响你的总拥有成本。

总拥有成本对于凯利蓝皮书来说至关重要，因此其每年都会颁发"最保值汽车奖"，相关公司可以借助该奖项为新车做宣传。何乐而不为呢？在将 2018 年"最佳汽车品牌奖"颁给丰田时，凯利蓝皮书的颁奖理由如下：

> 汽车耐用性和可靠性对于二手车买家来说至关重要，丰田

品牌的多款轿车、卡车和SUV（以及一款小型货车）都获得了良好的口碑。如果你想花更少的钱买一辆新车，就应该买一辆在转售时能卖出高价的车。任何类型的丰田车都符合上述标准。

换句话说，先花更多的钱，就是为了日后少花钱。与产品保质期不同，这是有关产品寿命的利好消息，可以让消费者将自己的购买行为视作一种投资而不是短期的消费行为。就许多方面而言，正是这种心照不宣的缘由，促使欧洲消费者愿意花更多的钱买一台洗碗机。

当然，并不是人人都能参与这项投资。打算购买一辆价值1.3万美元雪佛兰斯帕可超小型汽车的顾客，在做购买决定时所依据的标准，肯定不同于想买一辆价值5万美元的沃尔沃S90旅行车的潜在顾客。但是在《凯利蓝皮书》的指导下，一些预算只够买1.2万美元尼桑骐达的顾客，根据总拥有成本可以选择更多车型。例如，截至2019年，一辆使用了6年的插电式混合动力雪佛兰沃兰达的价格要比一辆新的便宜60%（事实上，这差不多是一辆新雪佛兰斯帕可的价格），而且高质量的电动汽车很可能比类似的老式燃油汽车的使用寿命更长。

二手汽车的经验可以适用于其他产品吗？实事求是地说，现代家庭中堆积的大多数物品都太廉价了，无法刺激二手市场。古德维尔不会售卖一次性荧光棒，eBay也不会再设立廉价的塑料相框或坏了的杂牌手机专区。但正如 2016 年近 3000 名欧洲消费者所表明的那样，人们希望购物是一种投资而不仅是一种消费，这种观念与过去 10 年间大量涌现的廉价劣质产品并行不悖。

人们总是在说："他们造的新货不如从前了。"只要制造产品的人发生了变化，人们便会这样说，除非新制造者和老制造者之间具有直系亲属或邻居之类的传承关系。

人们说的也没错。全球服装利用率是衡量一件衣服穿着总次数（包括转售后的穿着次数）的指标。2002~2016 年，这一指标下降了 36%。[7] 值得注意的是，发达国家的人们更局限于穿从商店买来的服装，但该指标下降最严重的地区还不是发达国家，而是亚洲的新兴经济体。在中国，服装的平均穿着次数已从 200 次下降到 62 次（比欧洲发达国家的数据还低）。

全球服装利用率下降的原因，部分可归咎于时尚潮流的快速发展及全球化，但这不是全部原因。不够时尚或者完全与时尚无关的衣物，人们通常也不会穿太多次。例如，全球袜子利用率大约下降了 40%，睡衣利用率下降了一半还多。换句话说，这年头你多半不会像我这样，袜子破了这么多洞还不换。

同样无法容忍的是，你的洗衣机比你爷爷那辈人当年用过的洗衣机更容易出故障。2015 年德国联邦环境署进行的一项研究发现，2004~2012 年，因为机器损坏而更换电器的比例从 3.5% 增至 8.3%。[8] 与此类似，5 年内需要更换大家电（比如冰箱和洗衣机）的比例从 7% 增至 13%。如果你觉得这些数据看起来不高,那就试着假设这是一家制造商的故障数据。假如一家洗衣机制造商生产产品的 5 年故障率在 8 年内从个位数增至两位数,大众消费者会怎么想?更不用说网络上会出现怎样的言论了。

消费者知道正在发生什么。2014 年,一家与商界、政府和社区合作的英国非政府组织披露了一些数据,数据显示,家用电器制造商在满足消费者预期方面做得太糟糕了。[9] 例如,英国消费者预计洗衣机最少可以使用 6 年。但是,调查数据显示,多达 41% 购于 2012 年的洗衣机不到 6 年就需要更换。82% 的受访者表示,更换原因多是产品出现故障或质量不合格。冰箱和吸尘器的情况则更糟。

并不是所有的,或者绝大多数的质量问题都应归咎于制造商。对于大多数消费者来说,价格才是王道,制造商为了满足顾客的需求,只能想方设法降低生产成本。有时候,满足消费者的价格需求意味着偷工减料,快时尚消费者在从洗衣机中掏出褪色的衣物时就明白了这一点。但情况也不总是如此。20 世纪 80 年代第一部摩托罗拉手机的售价高达 9000 美元,而且不带摄像头、GPS、声音识别,或者是今天的消费者认为一部售价 200 美元的智能手机应该具备的功能。有时候,对所有的制造商来说,创新的压力是削减成本的最佳动力。

想要见识世界上最大的商用洗衣机制造商的测试实验室,你得前往威斯康星州中部,并且下楼走进一个充满肥皂味的地下室。地下室角落里有一个房间，看起来像是化学家腾出来的自助洗衣室。这里的机器没有上百台也有好几十台，都在运行中，但是在这些机器后面观察的人都穿着白色外套。

我在这里见到了美国联合洗衣设备公司的全球公关经理兰迪·拉特克，以及快速响应工程主管汤姆·弗雷德里克。每年，这家有着上百年历史的公司要向多样化的客户群体销售数百万台洗衣机和烘干机，客户群体覆盖酒店、自助洗衣店、医院、军队、大学宿舍、工业洗衣店，以及越来越多的家庭用户。大多数设备都是由里彭的1600名生产员工制造的，该公司的员工总数为7500人。

我们停在了一台速比坤顶装式洗衣机面前，这是联合洗衣设备公司旗下的品牌，面向家庭用户和投币式洗衣机用户。这种洗衣机价格不菲。据该公司估算，这款洗衣机要比同类竞争产品大约贵300美元，比入门级的洗衣机要贵1000美元。尽管价格如此昂贵，但看起来实在没有什么特别之处。比如我正在打量的一台洗衣机，机身是漆白的钢箱，上面有三个按钮，用来控制水温、洗衣量和循环类型；硬要说有什么特别之处的话，那就是它让我想起了祖父母家地下室里那台用了几十年，但怎么都用不坏的老式洗衣脱水一体机。

"这些机器常年运转不停。"弗雷德里克说完，打开洗衣机盖子让我看里面嗖嗖流动的水。

"这里不全是样机。有时我们会审查一台机器，确保产品符合标准。有时候我们制作单个零部件的样品，各有不同。"

这台入门级的速比坤TR3洗衣机看起来不像是
一台引领潮流的机器，但是它的销量确实火爆
（由联合洗衣设备公司提供）

旁边一台运转机器的控制板上贴着绿色的胶带。有人在上面留
下了潦草的字迹："嘈杂／地式。旋转。"

"这写的是什么意思？"

"可能是台配有原型零件的旧机器。"

在测试实验室里，这些机器会经受最严格的测试。

"我们把冰球放入烘干机，"弗雷德里克告诉我，"取出来的时
候，这些冰球会黑得跟木炭似的。"

果然，我在烘干机测试区听到了此起彼伏的砰砰声。我们转过

弯，看见了动静更大的机器：每4秒钟，一只机械臂就会打开洗衣脱水一体机的门，再砰的一声把它关上。

我看见，计数器上显示关闭了54472次。我在别处见到一台运转了9861小时的洗衣机，另一台机器显示循环了3180次。在房间的尽头有一个箱子，上面有控制洗衣机内部搅动的阀门，显示已经循环了206261次。

"我们还会测试自助洗衣店的投币箱，"弗雷德里克说，"狠狠地击打投币箱，模拟有人试图破坏投币箱进行盗窃的行为。"

"我能看看吗？"

他笑了起来。

但是关于投币式洗衣机，还有一个更有趣的地方。隔壁是占据几个城市街区的生产操作间。我获准进去参观，发现里面有灯火通明的生产线，几百名工人每天要装配大约1400台小型烘干机（大型烘干机会在别的地方装配，包括像我租的车那么大的烘干机）。生产线上的设备大部分看起来一样，但是最后在检验区时，我注意到一个明显的区别，一些设备配有自助洗衣店的投币箱，另外一些则没有。

"这些产品的生产方式没什么不同，"车间里很嘈杂，兰迪·拉特克提高音量向我解释道，"面向个体消费者和企业用户的机器都在同一条生产线上生产。"

这不仅是为了节省场地租金和生产成本，还映射出背后的设计理念。这种理念很简单：前期的开支不如长期拥有的成本重要。一台经受住各种残酷测试的自助洗衣机可以用很长时间，而一台未经受测试的洗衣机则会不可避免地坏掉，导致业务无法运营。

联合洗衣设备公司的 CEO 是迈克·舍伯。当他坐在公司位于迈阿密的办公室里，同我进行远程视频时，也曾提出这样的观点。

"这关乎总的使用成本，"他解释道，"售后服务真的很贵，所以我们采用的设计标准并不是'初始成本'。"

他提到的初始成本即产品的标价。"那个也很重要，但是根据不同的调查年份，针对我们企业用户的标准分别更新到了第 3 版或是第 5 版。"

消费市场的表现则有所不同。在 Best Buy 和 Lowe's 电器区逛来逛去的顾客，似乎最看重的因素就是初始成本。因此，大多数消费电器制造商会想方设法确保产品的标价具有吸引力，而不是根据企业看重的耐用性来设计产品。

联合洗衣设备公司在里彭新建的豪华办公楼（就在工厂旁边）里有一间通风不错的会议室。参观结束后，我坐在会议室的长桌旁，杰伊·麦克唐纳和苏珊·米勒坐在我身边。杰伊·麦克唐纳是公司副总裁，负责家用洗衣机在美国地区的销售。苏珊·米勒是速比坤北美地区的品牌经理。他们都是负责销售的，于是话题立马转到了销售上。我们随之提到了速比坤主打的品牌卖点："使用期限长达 25 年。"

其把这句口号贴到了生产的洗衣机上，还放到了官网上，以及宣传册上。这一口号也越来越频繁地出现在评论和社交媒体论坛上，速比坤的粉丝在这些论坛上大肆吹嘘他们购买的洗衣机。

"这不是你能在外面随口说说的话，"麦克唐纳告诉我，"既然说了可以使用 25 年，你就得向顾客证明。"

悲伤的是，要是在几十年前，你根本不用特意证明这一点。拿美泰克举例，这是一个美国的家电老品牌（现在已被惠而浦收购）。1967 年，这家公司在其第一条电视广告中让它们的维修师奥尔兰尼出镜。在那条广告中，奥尔兰尼总结了他代言的品牌特质："美泰克洗衣机和烘干机是为了品质而生。这也让美泰克的维修师成为城市里最寂寞的人。"那时电器价格昂贵，人们都期望电器可以使用很多年。消费者想要得到保证，而奥尔兰尼以令人信服的方式给出了保证。他也成为美国广告史上最具有标志性的人物之一。

后来，在 20 世纪 90 年代中期，消费者和制造商的期望开始发生转变。东亚出现了低成本的工厂，这些工厂生产电器的成本要比北美的美泰克工厂低。为了保持竞争力，驻扎在美国这种高薪国家的制造商降低了价格。降价并不是无条件的，通常都以牺牲产品质量为代价：金属部件换成了不经用的塑料部件，金属片变薄了，耐用性下降，噪声也更大。不过，消费者还是在某种意义上成了赢家。自 20 世纪 90 年代中期起，所有家用电器的价格都下降了，全世界的人们在家用电器方面的支出也随之变少。

但是质量下降最终会殃及制造商和顾客本身。21 世纪早期，美泰克收到了大量关于质量问题的投诉和集体诉讼。然而，它并没有努力解决这些问题。事实上，该公司还在继续推出低成本的劣质新机型。奥尔兰尼所代言的"产品可靠性"这一品牌的核心特质，如今再也无法成为人们选择美泰克的原因。

突然间，在美泰克的广告中，奥尔兰尼不再有用武之地。为了帮忙度过危机，美泰克雇用了一位市场咨询师，这位咨询师建议他们接受"最新技术并不完全可靠"这个观点。[10] 美泰克听从了这条建议。下一条电视广告中，奥尔兰尼和一位更年轻、更有活力的学徒一同出镜。这位学徒花费了很长时间，试图找出如何比美泰克洗衣机的诸多创新之处更胜一筹的方法，结果惹怒了自己的老板，没能在这行待上很久。

就在美泰克重新起用奥尔兰尼的那段时间，联合洗衣设备公司正在考虑如何重新进入家用洗衣机市场。这家公司自 20 世纪 70 年代末起已经两次易主，并由于一项非竞争性协议而被禁止生产家用设备。不过这一限制已于 2004 年末解除。杰伊·麦克唐纳参与了进入家用洗衣机市场的决策，他告诉我，公司仔细研究过，如何生产用于低价出售的洗衣机——同类低价已经成为美泰克等型号的行货价格。据公司计算，"这种洗衣机的使用寿命大概只有 5~7 年"。

当联合洗衣设备公司再次进入该市场时，他们没有选择质量不佳、耐用性不好的产品来与更大的公司生产的类似产品竞争，而是选择打破常规。

"我们带着最昂贵的产品重回市场。我们的卖点是：20 年来一切都没有改变，我们的产品还是 20 世纪 80 年代的样子。"

他轻声笑了起来，接着说："哦，老实说，我们根本没有营销预算。"

他们是在赌，赌消费者对于过去产品的生产方式仍有怀旧之情，赌消费者不介意花更多的钱买到和过去一样且具有可靠性的产品。他们也是在赌，仍然有一些消费者和老企业一样，坚守着旧时代的标准，来判断什么样的东西值得购买。

他们赌对了。联合洗衣设备公司并未公开速比坤品牌的销售数据，但他们告诉我，自2013年起，其业务规模扩大了两倍。

"我们正在抢占市场份额。"麦克唐纳说道。

速比坤也越来越受关注。2019年，《消费者报告》调查了其成员对于71038台不同品牌的洗衣机的使用感受。速比坤是唯一在用户满意度和产品可靠性上获得高分的掀盖搅拌式洗衣机（美国人家中常见的洗衣机类型）品牌。

坐在我对面的苏珊·米勒解释称，其他洗衣机使用寿命较短——比如美泰克声称其洗衣机的设计寿命为10年[11]——恰好为速比坤洗衣机创造了机会。

"我们的顾客都不是20多岁的年轻人。速比坤是他们购买的第三台洗衣机。之前的洗衣机都坏了，他们现在想要一台可以用很多年的机器。"她轻叩桌面停顿了一下。

"我已经找到了这个品牌，"她稍加修改地引用了社交媒体上广为流传的一句话，正是速比坤的成功秘诀，"它能用上一辈子。"

速比坤不是唯一意识到可以通过重新建立产品的可靠性来营利的公司，家电行业也不是唯一想在产品寿命上做文章，从而实现自我差异化的消费行业。服装行业也有类似的情况（至少高端服装行业如此）。例如，二手市场上十分火爆的运动休闲服制造商Lululemon有一类衣服涵盖了长袖、短袖和 V 领 T 恤的"5 年收藏版"。这个类别的衣服价格高得惊人——一件 T 恤 58 美元，而且不清楚所谓"5 年"是指这类衣服可以穿上 5 年不坏，还是说可以在 5 年之内一直"保持新鲜感"。无论如何，衣服的材质无可挑剔，该品牌的狂热粉丝也在大量购入二手 Lululemon 服装——这足以证明，无论是品牌定价，还是"5 年版"声明，都合情合理。

联合洗衣设备公司的迈克·舍伯原话是这么说的，"消费者不想多花钱，但是只要看到产品价值所在，还是会愿意掏钱"。当产品从第一位所有者传递给第二位、第三位时，产品的价值也在延续。

从历史角度来看，这是一个漫长的过程。但是得益于互联网的出现，这一进程加快了。像 Poshmark 这样的应用程序可以让消费者在穿过一两次后，将衣服转卖给他人。类似的，随着"服装共享"行业的出现，消费者可以通过短期租赁的方式获得当下最潮流的服饰。因为只会短期拥有这些衣物，许多消费者不在乎质量好不好，只关心衣服是不是最新款。

尽管如此，必须提的一点是，共享服装公司非常在乎服装质量。实际上，一件在几次"共享"后就坏掉的衣服，不如一件能共享几十次的衣服赚钱。

虽然这种商业模式受到许多赞誉，但不足以对服装行业的质量危机产生较大的或立竿见影的影响。至于其他产品（如洗衣机），又大又笨重，不方便在发达国家（二手电器在发展中国家十分重要）转卖或是共享。

那我们还能做些什么呢？

一种做法是政府更直接地参与产品耐久性的监管。从某种程度来说，政府已经在这样做了。汽车、儿童安全座椅、电器以及其他产品的最低安全标准越来越常见，也十分必要。

但是越过安全性标准，比如说，要求美泰克生产出和联合洗衣设备公司同等质量的洗衣机的做法就过于激进，也会带来更多的问题。

首先，联合洗衣设备公司很可能不愿意这样做。毕竟，该公司飞速发展的消费业务（及其定价决策）都是基于这样一种观念——消费者可能会在诸多劣质产品中选择一台品质更好的机器。

其次，更重要的是，如果政府做出产品耐用性规定，势必会抬高物价，那些买不起速比坤的消费者可能受影响最大。这不仅不公平，还可能导致民众强烈反对鼓励耐用性规定的社会和环境目标。

最后，强制设定最低耐用标准，将不可避免地挫伤新产品和现有产品的创新积极性。迫使企业一开始就符合上述标准，会让许多企业放弃创新和发展，只能保持现状。为了增强产品可靠性而牺牲创新进步，并不能为大多数人所接受。

更有效的方式其实很简单：企业必须公开标明产品的使用寿

命（无论实体店还是线上商店都应如此）。标签上要明确告知消费者，基于可靠性的测试，他们购买的产品到底能够使用多久。这不一定需要政府规定才能生效。全行业就耐用性标准以及标记耐用性的方式达成一致，并自愿遵守约定，是同样可行的（效果或许更好）。

当然，有很多方式可以预估产品的使用寿命。对于洗衣机和其他家用电器类产品来说，产品使用寿命可以按年计算。对于服装来说，应当根据服装的着色度、抗磨损性能以及机洗耐用性等多种要素（这些大都是现有标准），设立分级制度来确定服装的使用寿命。

就手提电脑这种更加复杂的产品而言，不论是对于制造商还是消费者来说较为公正的做法是，制造商应该说明可替换零部件的预期使用寿命，比如电池使用寿命。对于智能手机和其他寿命较短的消费电子产品来说，其使用寿命应该包含制造商承诺的保修期和为相关软件提供更新的服务期限。

标记产品寿命并不是什么新鲜的或激进的主意。过去几年里，欧洲政府以及欧盟都在探索，要求特定类别的产品增加使用寿命标签。在美国，家具制造商长期以来依靠"织物耐磨性"准则为家具耐用性设立了透明、通用的标准。近年来，大多数合格的家具制造商还附加了指示长期耐磨性的标签（即使很多消费者可能注意不到这个新加的标签，也不知道这个标签意味着什么）。同样的，制定自愿性技术标准的国际组织美国材料和试验协会（ASTM），也设置了几十条与纺织物有关的标准。例如，泳装零售商从一家制造商订购泳装时，可能会参考"泳装织物标准性能规范"。

产品寿命标签会起作用吗？迄今为止，两项最具有说服力的研究（都是在欧洲进行的）表明，寿命标签对消费者的购买决定具有较显著的影响。[12] 尽管这些研究有很多值得借鉴之处，但都只关注了产品寿命标签最直接的影响。当制造商重新思考该如何设计、生产以及营销产品时，产品寿命标签会带来更有意义的影响。

儿童安全座椅就是一个很好的例子，说明了这种重新思考会带来怎样的变革。这时，座椅制造商没有动力（或规定）要求他们指示产品的耐用性或者就这一方面展开竞争。只要家长不将耐用性作为评估安全座椅的标准，制造商便可以不用醒目地提示，这些安全座椅到期后具有危险性。产品寿命标签迫使制造商在产品寿命方面展开竞争，这样可以抑制制造商不负责任的做法，并且敦促制造商生产合格的产品。从逻辑上来看，宣称可以使用 10 年的安全座椅会比可以使用 6 年的卖得更好。

当然，并不是每种产品都能从寿命标签中获益。假如——只是假如——服装行业采用产品寿命标签或耐用性分级制度的影响相对而言要小得多，购买快时尚品牌的消费者就不太可能购买耐用性更好的巴塔哥尼亚。即便如此，仍不要低估这种标签对社会产生的广泛影响。

鼓励消费者在消费时更多地考虑经济、环境和个人成本可能是重要一环，有助于解决质量危机，消除大量物品囤积带来的环境和社会影响。不仅如此，这还会激励企业为寻求经济效益，而设计并营销更好的产品。如今陷于质量危机中停滞不前的二手经济，本应该做出更大的贡献。

CHAPTER

11
富人用坏的东西

　　加纳北部地区首府塔马利以北 15 英里处，电视机维修师易卜拉欣·阿尔哈桑正蹲在一根用了 25 年的电视机显像管后面。他一只手拿着烙铁，另一只手拿着一块电路板。他解释道，这台电视机的手动音量调节和频道切换控制都坏了。所以，他正在换一块简单加工的电路板，以修复这个故障，这样电视机主人便可以遥控音量和画质。总修理费是 5 美元，不包括零部件的费用，这些零部件在北部地区很少见，价格可能是 7~8 美元，所以算是挺实惠的。在这里，一台类似的老式二手显像管电视机大概要 15 美元起。

　　阿尔哈桑的店开在一条满是尘土的赤土路上，这条路贯穿萨韦卢古整个居民区。萨韦卢古是一个拥有 4 万人口的农业小镇，这里的大多数房子是土墙建筑，有些呈圆筒形，盖着茅草屋顶；有些呈方形，盖着波纹钢板屋顶。除了小镇里盖着金色圆顶的清真寺，几乎每所房子的房顶都伸出一根电视天线。许多居民都有手机，但大多数是功能机，只能用来发短信交流；有些手机可以使用基础的手机银行服务。在这里，屏幕娱乐的主要方式还是看电视和 DVD，阿尔哈桑维修电视机，确保人们能够收看到电视节目。

"DVD 机很流行，我这里就有很多。"他边忙活边说。

阿尔哈桑今年 50 岁，留了些胡子，长相英俊。他的眼睛有些发红，我猜是长时间盯着电路板所致。但是工作的疲惫并没有消磨掉他的好心情，他脸上时常挂着微笑。

"你还会修 DVD 机？"我问道。

他转身朝向二手电子产品贩子瓦哈卜·奥迪·穆罕默德，用当地的达格巴尼语说了些话，然后转过身来说："电子产品我都能修，我了解主板和电压表，所以能修好。"

"你每天要修多少台电视机？"

"每天 5 台吧，主要看问题严不严重。"

官方数据显示，拥有 35 万人口的塔马利有 100 多家电视机维修店，许多店每天远不止修理 5 台电视机。保守估计，在这个人口稀少的西非地区，每周需要修理几百台二手电视机。在加纳和尼日利亚这样相对富裕的西非国家，电子产品维修店比曼哈顿的星巴克还要常见。保守估计，在这些地方，每周需要维修几千台二手电视机。在整个西非地区，二手货比一手货更常见，每周需要修理的二手电视机数量成倍增长，多达好几万台。这些二手电视机大部分是从欧洲、美国和东亚地区进口来的。[1]任何注重资源节约的人都不难看出，西非地区的物品重复利用率远超旧金山、阿姆斯特丹、东京，

易卜拉欣·阿尔哈桑站在自己的电视机维修店门口，这家店位于
萨韦卢古。这里是附近居民的聚集点，经常挤满了他的朋友、
亲戚和粉丝

以及其他发达城市。这些发达城市的消费者自诩注重可持续性，实
际上只要东西旧了，就会毫不犹豫地重新购置。产品的耐用性不仅
指新产品要耐用，还包括产品在维修后仍能继续使用。

　　阿尔哈桑是一位典型的西非 DIY 维修师（在西非，修理师都是
男人）。他的家庭没有钱供他继续读高中，所以他给库马西的电子产
品维修师当了学徒。库马西大概位于萨韦卢古以南 300 英里，是非
洲二手贸易中心。后来，在师父的帮助下，他开始经营自己的维修
店。如今在萨韦卢古，他深受当地居民的信赖。

　　我们聊天的时候，一个人跳进来说："我们都相信他，他很会修
东西。"

　　但是在一个方面，阿尔哈桑有点守旧：当世界上大部分地区，

包括加纳稍微大点的城镇，都在使用（和修理）平板电视机时，他还在修老式的显像管电视机。

"你修理的这些电视机都用多少年了？"我问他。

阿尔哈桑靠近电路板，认真地进行焊接。他在一张厚厚的实木桌上工作，桌子上放着电线、一些工具、一个长长的插线板和一些圆凿。桌面上还有一些烧伤的痕迹。

"大概有 40 年了吧。"他说着，用头指了指地上那台等着维修的小巧的索尼特丽珑电视。在他身后，两扇厚重的木门后边是一间黑漆漆的屋子，里面有好几十台电视机，一个接一个堆得高高的，还有一些电路板箱子和各种各样的显像管。阿尔哈桑早在 1992 年便开始从事电视机修理。从店里的陈设来看，他收集的东西确实至少可以追溯到那个年代。

"电视机维修工最大的困难在于缺少零部件，"他说，"我们这没有零部件店，所以如果需要老式电视机的部件，我这里有很多，我的朋友们和一些老学徒也有很多。如果我这里找不到零部件，我会去看看他们那有没有。他们和我一样，都有老式电视机，叫以看看那些电视机的主板还能不能用。然后我们相互交易，再来修理。"

"如果你找不到需要的零部件呢？"

"那就不修了。"

我在加纳也听到了这样的回答：长期缺乏零部件导致很多设备没办法得到维修，自然也不能用很长时间。正是因为如此，居民家的储物棚里、前院里甚至屋顶上都堆着大量老式电子设备（阿尔哈桑的波纹钢板屋顶上放着一台老式电视机和一个磁带卡座）。

罗宾·英根特龙坐在瓦哈卜旁，听得很认真。他是佛蒙特州明德镇金点回收公司的 CEO。英根特龙今年 57 岁，带着一个相机，很擅长交际，但他不是来这旅游的。实际上，他正在调查西非不断扩张的维修经济。几年来，他通过合法程序，向包括加纳在内的发展中国家出口二手电子产品。瓦哈卜便是他的客户之一，这两个人都热衷于将电视机之类的整机贸易，扩大到延长机器使用寿命所必需的零部件贸易。

"你也能修平板电视吗？"罗宾问道。

阿尔哈桑正在检查焊接点。

"我以前的学徒学了这个技术，正在教我和我的朋友。我们一周碰一次面，在一起愉快地学习新技术，"他抬头看了看说，"我见过人们用的平板电视，我觉得那玩意儿用不了多久。"

像加纳这样的发展中国家，情况确实如此。在这些地方，供电设施不够发达，带来了电压不足等问题，会损坏平板电视里脆弱的电子元件。对于罗宾和瓦哈卜来说，从目前和长远来看，这都是个好机会。如果电视机制造商不把零部件卖到加纳来，他们就来做这桩生意。

我从阿尔哈桑盖着铁皮雨棚的工作间里出来，拍了一张他家和隔壁之间空地上堆着的电视机和零部件的照片。

罗宾走了过来。"这里像 20 世纪 80 年代的欧扎克斯。"他说，欧扎克斯是一个美国乡村，是他成长的地方。

"当年那儿有一大堆报废的旧车，除了拆开卖零件，什么用都没有。"其实罗宾和其他人一样清楚，说什么用都没有，但还是有点用的。他们也都清楚，旧车上能修好的设备更有价值。

1829 年，《节俭的美国家庭主妇》的作者莉迪亚·玛丽亚·查理德向读者提供了这条常识性建议：

> 用一个袋子收纳一些胶带和绳子，它们之后会派上用场。再用一个袋子把一些旧纽扣收起来，这样你需要的时候就知道去哪儿找了。[2]

19~20 世纪，像莉迪亚·玛丽亚·查理德所写的这类家庭使用手册，给许多家庭妇女在勤俭节约方面提供了小窍门。那一时期，节俭无关个人选择或是美德，而是生活中必不可少的行为。衣服、厨房用具和家具之类的日常生活必需品价格高昂，人们都希望这些东西能用上一辈子，或者起码用上很多年。修理便是延长物品使用寿命的一种方式。缝上纽扣比制作一件新 T 恤所需的人力和物力要少得多。收集一堆绳子可以节省去镇上买绳子（或订购）所花费的时间和金钱。1829 年，家中常备一袋绳子和一袋纽扣是人们的常识。

两个世纪过后，这种情况基本上没有了。作为 X 世代的一员，我可能是最后一批记得自己的母亲有许多袋纽扣的美国人。这通常与母女之间传承的家庭习惯有关，而不是因为 20 世纪中期仍需要节俭度日。另外，我的外祖母也崇尚节俭，她将这些纽扣从艾奥瓦州和南达科他州乡村带到了明尼阿波利斯。有天夜里，我姨妈丽塔·桑德斯罗姆在 Facebook Messenger 上谈起了她记忆中的外祖母：

> 她有一个针线包，里面什么都有：织补箍（用来补袜子洞，尤其是缝补我父亲的袜子），各种类型的缝纫针、大头针、安全别针，各种颜色、不同粗细的木线轴（近年来都成了塑料制品），金属顶针，针垫，卷尺，拆线刀，裁缝用的划粉，当然还有各式各样的纽扣。

除了针线活爱好者和重度编织爱好者，这种生活方式在美国寻常人家几乎完全消失了。在我的青少年时期，美国的服装价格和利用率都迅速下降，人们再也不用在家里争论修补衣服的问题。成年之后，我的衣橱里也挂着很多掉了扣子的衬衫，这些衬衫在我买了新衣服后，就被遗忘在了角落里。

当然，那种必要的家庭节俭行为并没有完全消逝。在汽车时代初期，周末才有空的车主们通过在家修理和改装汽车来省钱。对于那些有钱（而且讨厌沾上机油）的车主，也可以选择去独立的汽修店和维修中心。而对于那些更有钱的车主和仍在保修期内的汽车来说，昂贵的特约维修中心成为更好的选择。从汽车制造商的角度来看，多样化的维修选择和价格层级符合他们的利益，尤其是在汽车超过保修期的条件下。毕竟，如果只能在专卖店更换轮胎和滤油器，就没人会去买一辆福特车。

若是需要证据的话，在 3 月末某个寒冷的星期六早晨，前往南布朗克斯就可以找到。罗宾·英根特龙将他的绿色斯巴鲁汽车停在了一间自助储物室后面的街道上。我和瓦哈卜跟着他下了车。几辆车之外，一辆青铜色的现代旅行车从平板拖车上滑下，驶入一个 40 英尺长的货运集装箱，这个集装箱即将被运去西非港口。在中午之前，这个集装箱至少还要装两辆汽车，全都用链条挂住固定好。

在储物间后面那条尘土飞扬的窄巷子里，瓦哈卜一边昂首阔步地朝前走，一边说："就在这儿。"这里通向一个满是尘土的停车区域，里面有几十辆汽车，几十个货运集装箱，一辆呈 Z 字形的叉车，还有几个裹得严严实实的非洲人。

"这里 90% 的人是加纳人，"他接着说，"他们会把这些车运去西非各地。"

我们在一辆 2017 款黑色本田索塔纳旁边停了下来，这辆车的车头撞瘪了，发动机盖微微向上弯曲，车漆也有些裂纹。

"没多大问题，发动机是好的。"瓦哈卜说着掀起了发动机盖。这辆车的箱子里面放着一些需要修理的零部件，可以让车焕然一新。在美国修这辆车价格太高了，但是在加纳就不成问题。加纳大部分汽车维修店都擅长修理配有零部件的进口故障车。

"像这样的车在拍卖会上能卖多少钱？"罗宾问道。

"看情况吧，"瓦哈卜说，"这辆车可能不到5000美元。运费要1500美元，也许还要交6000美元关税。一套下来修理好可能要花1.4万美元。这比直接买新车或二手车都要便宜。"

瓦哈卜理应对此非常了解。他一有充足的时间和资金，就会逛遍所有的拍卖网站，搜寻美国所有的交通事故车辆。保险公司拍卖故障汽车，希望最后能补偿些损失。最有热情的买家都是西非商贩。2017年，美国向尼日利亚出口了48899辆二手汽车，向加纳出口了12434辆二手汽车，向贝宁出口了12130辆二手汽车。

一个名叫苏莱曼·贾乌拉的加纳裔美国人正四处游荡着，全身上下散发着魅力。他是一名公立中学教师，还有着效益不错的副业——将汽车出口到非洲和中东地区。

他说："我们那的人也想开车回家探亲，所以我要帮助他们。"

他和他的员工一天可以打包并运输8个货运集装箱，总计约30辆车，这并不是个容易的工作。我们打开一个集装箱，看见箱顶的锁链上挂着一辆车，离下面那辆用锁链固定好的车只有几英寸。在后面，还有两辆汽车。几年来，都是通过这种特殊方式将汽车毫发无损地运送到大洋彼岸（不算汽车此前的损害）。在过去的几年中，行情好的时候，工作人员每天可以打包40个集装箱，总计达160辆汽车。

瓦哈卜是常客。每当在拍卖会上拍得一辆车时，他或者苏莱曼就会安排人将车运至南布朗克斯，再打包好运去加纳（运输费通常为 500~1000 美元，具体数额取决于这辆车位于美国的具体地点）。汽车运抵加纳后，瓦哈卜会安排人对车进行修理，修理好后他要么立即卖掉，要么开着它四处逛逛，直到他对这辆车失去兴致，等待从美国运来的下一辆车。

汽车的成交量不错。罗宾眉飞色舞地讲述着那天下午的经历，他不得不在瓦哈卜的家乡——塔马利中途下车，因为瓦哈卜居然将他们乘坐的汽车迅速卖给了在街上碰到的一个人（交易情况是瓦哈卜用一辆 2015 年的福特福星换了一辆 2011 年的雪佛兰科鲁兹，还得到 7000 美元以及部分土地所有权）。

苏莱曼说："瓦哈卜，过来看看这辆皮卡。"我们四人走到一辆凹痕深陷的 2007 年的丰田坦途面前。

"这辆车跑了多少英里？"瓦哈卜看着车里，问道。

"4 万英里。"苏莱曼回答道。

瓦哈卜看着我说："他想花大概 5000 美元买下这辆车。"

苏莱曼笑了笑。

其他人交谈的时候，我独自一人四处逛了逛。随后，在一辆撞坏的宝马 mini、一辆凯美瑞和一辆破旧的福特 F-150 皮卡旁边停了下来，这里的大部分车都配好了备用零部件，准备运往西非。我还看见一辆雪佛兰探界者 SUV，里面的驾驶座一侧已经在事故中彻底撞坏了，车身前端也已经损毁得不成样子。

我成长在做废金属生意的家庭里，我们家回收过很多二手汽车。效益好的话，我们一天就要粉碎 60 辆汽车，其中许多车的状态都比这辆探界者好。据我所知，这辆车应该是从废金属场淘来的。我从车窗往里看，车里没有放零部件，对此我一点也不意外。我对一旁的罗宾说："我很好奇这辆车怎么卖。"

"这辆车也许是要送去拆解零部件的。"

"这车的零部件可比车本身值钱多了，"苏莱曼说着向瓦哈卜走去，"已经有客户定了。"

1994 年，美国政府要求制造商给所有的汽车和卡车配上能够控制和监测排放情况的车载电脑系统。制造商开发相关软件，以维护车载系统及其关联的发动机组件。立法者预见了这可能带来的麻烦：理论上说，制造商及其经销商会利用该软件打压独立经营的维修店。因此，国会要求制造商向所有提出要求的维修店提供上述工具软件。这一措施在当时考虑到了未来可能出现的状况，具有前瞻性。

在接下来的 25 年里，车载电脑系统对于汽车的运行越来越重要。今天甚至连价格最便宜的汽车也包含发动机电子控制、自动变速箱、防抱死制动和巡航控制系统。不出所料，汽车制造商倾向于将必要的软件诊断和工具仅提供给自己授权的经销商和服务中心，这对消费者十分不利。例如，一些安全气囊传感器失效后只能在制造商的软件中重新设置。如果独立的汽车维修商不具备该软件，车主就必须前往得到授权的经销商处获取该服务，或者不顾坏掉的安全气囊继续驾驶。

并非只有汽车制造这一行业给维修设限，消费电子和电器行业也存在对维修不利的类似条例。

苹果公司便是如此。

近年来，作为世界上最大的消费电子产品制造商，苹果公司通过系统设置，让那些在独立维修店里换过 home 键的 iPhone 全部失灵（想象一下，如果你在当地的一家汽修店而不是经销店修过汽车电动门锁，福特公司就会远程控制，让你的汽车发动机无法使用）[3]。苹果公司还起诉了挪威的一家维修店，因为该店使用了二手 iPhone 零部件[4]；此外，苹果公司使用特殊的螺丝给手机和电脑封机。鉴于这种特殊的封机方式，至少在相当长的一段时间内，大部分独立维修店都没有可用于拆开苹果设备的螺丝刀。[5]

这些只是偶发性事件。一般来说，苹果公司拒绝向独立维修店或消费者提供使用手册或零部件（甚至连相对简单的更换电池的步骤都不公开）。为什么苹果公司要采取这些措施呢？2019 年 1 月 2 日，苹果公司 CEO 蒂姆·库克在致股东的公开信中表示，苹果公司 15 年来首次下调了季度营收预期，因为 iPhone 销量正在急剧下滑。近 1100 万机主都愿意花费 29 美元去买电池替换装，而不愿意花更多的钱换新一代手机。[6]公司随后提高了苹果电池替换装的价格，这样的价格可能会让 iPhone 用户产生疑问："买一部新手机不更好吗？"

苹果公司的反维修（和电池更换）手段导致消费者的拥有成本上升，有多少苹果设备因此没能得到维修？在全球那些没有 Genius

Bars 天才吧 ① 或苹果授权维修中心的城镇里，又有多少坏掉的 iPhone 躺在抽屉里？苹果公司停止向其授权的维修中心提供修复老款设备的工具，在此之后，那些坏掉的老款设备会怎样（这个问题对于发展中国家来说特别棘手，因为许多人都购买了老款的二手苹果设备）？

如果今天的消费者只是将手机、手提电脑和其他设备当作奢侈品，可能不过是所谓"第一世界国家的难题"而已。但是 21 世纪是一个互联互通的时代，电子设备是人们日常生活中的必需品。通过维修，确保这些设备可以用得更久，不仅是环保势在必行的要求，也是一种迫切需要普及的常识。而这种家庭节俭方式，对于 19 世纪那些攒下好几包纽扣和绳子的人来说并不陌生。

罗宾·英根特龙出生于阿肯色州的一个乡村，生来就是当学者的料。父亲这边出过许多报社记者，母亲这边都是——他用自豪的口吻说——"真正的乡下人"。他告诉我，在他小时候，他的外祖父就教他"怎样修东西"，最开始是修车。

"我祖父教我最重要的事情是——"他提高了音调，用一种故作老成的语气说道，"年轻人，知道怎样修理东西，对你来说至关重要啊！"

我们坐在罗宾的家庭办公室里，从窗户望去外面就是一幅美丽

的风景画，半英亩绿草地衔接着绵延不绝的森林。罗宾的妻子是明德学院的法语教授，刚动身去上班。罗宾家的黑咖啡特别棒，我们已经开始喝第二杯了。

我认为他外祖父那些关于维修的建议只适用于过去的年代。他纠正我说："我觉得这些建议适合任何年代的穷人。穷人要会修补东西。我从小接受的观念便是，你能做到的最聪明的事就是买富人坏掉的东西。"他继续说："当富人不知道某件东西很容易修好时，你就可以拿到最好的价格。"

回收生意就是要不断从别人觉得没有价值的东西中寻找价值，这一行很适合罗宾。大学毕业后，他先是在美国和平队服役，后来在一家小型回收公司就职，最后成为马萨诸塞州环境保护部回收科的主任。在他任职期间，上级给他安排了一项并不让人羡慕的任务：建设与回收相关的基础设施，支持国家推出关于丢弃老式显像管电视机的禁令。想要完成这项任务，部分得依靠那些对收购电视机感兴趣的回收商，这些回收商主要回收整机或是电视机零部件。

在我们开车穿过明德镇去金点回收公司时，罗宾对我说道："你看看支付的价格就知道这些电视机是有价值的，它们不是垃圾。"回收对各方都有益。马萨诸塞州可以节省财政开支，维修行业可以获得零部件和电视机，而消费者知道他们不要的设备以最环保的方式被回收了，即实现了重复利用，心里也会感到十分舒坦。

几年后，罗宾辞去了州政府的工作，跟着妻子一起来到明德镇，在这里成立了金点回收公司。这家公司的主要业务是收集二手电脑显示屏，然后将其送到可以重新利用的地方。[7]当时最大的市场之一就是中国，在考察中国市场时，他了解到中国有大量的工厂正在参与蓬勃发展的全球个人电脑业务，将那些老旧的电脑显示屏改装为显像管电视机，再销往新兴市场。他回想起洛杉矶的一位独立经纪人为中国的再制造业"每天购入5万台二手美国电视机"的事情。最后，许多翻新的显示器会被当作新机器出口到美国，让富人以高价买回他们之前扔掉的东西。

枝繁叶茂的工业园区里有一栋野兽派风格的建筑，我们在这停了车。除了金点回收公司外，美国最大的苹果酒酿造厂也在此处。罗宾带我走进金点回收公司。前前后后的叉车来来回回穿梭着，将装着金属、电视机和其他电子产品的箱子与桶放进拖车里。这里的空间很紧凑，有很多装着老式显示器的洗衣机箱子和放着旧电脑的托盘。

我们闲逛的时候，有两个硕大的摄影反光伞正在闪光。在这工作多年的员工伊莱亚斯·钦奇利亚正对着零部件拍照，他刚从一台2017年产的48英寸三星电视机上拆下这些零部件。

"看起来，没用的垃圾已经剔除掉了。"罗宾说的是分开放在一旁的破碎显示屏。很可能是有人意识到维修这台电视机可能比买一台新的还要贵，所以就丢在了当地政府设立的收集站，让别人来回收。在佛蒙特州，根据合同，金点回收公司需要回收这些设备，当然它也一定会回收，但要先取出价值250美元的三星零部件（仓库里几乎都是这种东西）并且上架到eBay。罗宾的大多数客户都是北美的维修商，公司的业务范围则遍及全球。

罗宾做回收生意已经很多年了，这一行正变得越来越兴盛。

"正是线上零部件贸易的不断发展，推动着我们不断壮大，而其他电子回收商则慢慢退出了这一行。"

罗宾的大多数竞争者仍将废旧电视机视作原材料，罗宾眼中看到的则是一套能够维持电视机正常运行的零件。他并不是孤身一人。北美最大的电视机零部件企业每天要拆解 1000~1500 台电视机，他们可以从拆卸下来的零部件中获得数千万美元的收益。

机器零部件拆用并不是全球维修行业的新概念。正像罗宾在萨韦卢古提醒我的那样，这是所有汽车垃圾场的副业（有时候，甚至是主业）。在全球范围内，要坚持把汽车维修这门生意做下去，机器零部件拆用通常是最佳方式，有时也是唯一的选择。

至少对那些希望维修行业兴旺的人来说是这样的。最令人沮丧的是，一些制造商会竭尽全力威吓顾客，让顾客不敢尝试自行修理。例如，大部分顾客会注意到标签上的警告标识：不要自行拆卸设备，否则不予保修。

凯尔·韦恩斯从他位于加利福尼亚州阿塔斯卡德罗的家中驱车，经由 101 号公路加速下坡（实际是从高山上飞驰而下）。他痛恨这些警告标签，利用标签警告顾客并不合法。近年来，越来越多的民众也开始意识到商家的这种行为并不合法，对此凯尔·韦恩斯功不可没。[8] 在凯尔看来，同样糟糕的是，这样做完全侵犯了基本财产权。

"如果你买了某件东西，那你就可以对这件东西为所欲为，"当他注视着前方拥挤的路况时，几乎是喊着说了这句话，"你想修就修，因为这本来就是你自己的东西！"

凯尔今年35岁，是爱维修公司（iFixit）[①]的CEO兼联合创始人，他有些孩子气。爱维修于16年前成立，现如今公司员工已超过170名，这家公司位于加利福尼亚州的圣路易斯奥比斯波。用凯尔的话说，这家公司立志于"为所有产品提供维修手册"。

这种商业模式很特别。爱维修（在大量志愿者的帮助下）为那些缺少维修手册的设备创建了维修手册，并发布到官方网站上，让所有人都可以免费获取。截至我写稿时，爱维修总共发布了38000多份维修手册，涵盖的产品从最新款三星Galaxy Note智能手机到欧乐B活力款电动牙刷，各类手册应有尽有。为了使这种大量赠予信息的模式营利化，爱维修开始出售维修零部件、工具以及软件，还提供付费咨询服务。2016年该公司销售额高达2100万美元。

就某些方面而言，爱维修就是21世纪版本的莉迪亚·玛丽亚·查理德和《节俭的美国家庭主妇》。正如19世纪前期，美国妇女缺乏整理以及修理物品的相关知识，当代美国人也不知该如何掌握这些技术。

"一户人家里有多少件物品？"凯尔·韦恩斯在进入圣路易斯奥比斯波时问道，"是1000件还是10000件？这肯定比50年前要多一个数量级。然而，由于经济原因，当地没有咖啡机维修人员。

---

① 爱维修是美国著名的拆解网站，以拆解时尚IT产品和提供苹果维修手册而闻名。

所以，消费者要么得自己搞清楚怎么修理东西，要么……"他耸了耸肩。

凯尔对爱维修抱有很大的野心。

"去年超过 1 亿人访问了我们的网站，获取与维修有关的信息，"他说，"我们估计，每售出一次维修零部件，就有 1000~10000 人次使用我们的维修手册。而我们每年售出的零部件数以 10 万计。"

他的目标是每年售出 10 亿次维修零部件。他认为，到那个时候，爱维修可以像家得宝一样，对美国经济产生重大影响。

"人们知道自己可以去家得宝买到想要的东西，也可以咨询那些专业人士，如何修好马桶。家得宝改变了美国社会的基本结构，这也是我们想做的。我们想改变美国社会的基本结构，让维修成为人们可行的选择。"

为了实现这一目标，公司所做的努力远不止提供免费的维修指南，还在媒体中为自己赢得了一批拥趸。例如，每年，爱维修会将公司的一些最佳技术带去澳大利亚，这样他们便可以成为全球第一批买到并拆解新款 iPhone 的公司。美国是苹果公司最大的市场，当美国的消费者在 iPhone 的发售日醒来时，爱维修已经将精心制作的拆解指南发到了网站上，并且给该设备的"可维修性等级"打了分。到了发售日，全球各大科技出版物以及许多主流媒体或机构，都会发布有关拆解和可维修性得分的报道。

铺天盖地的报道不仅使爱维修的知名度大大超出了仅拥有 170名员工的维修零件和工具公司的正常水平，而且让"可修复性"这一概念广为人知。

从室内环境来看，爱维修总部不像由汽车经销店改造而成。这里有办公桌、装满零部件库存的箱子和几根未刷漆的木柱，柱子上面是天花板以及通向二楼的旋转楼梯。办公桌、箱子和木柱将光滑的水泥地面分隔成几个区域。

凯尔带着我四处闲逛，我们停在了一张办公桌前，桌子上有数百台整齐堆放的 iPhone 大小的盒子。每个盒子里都有一块 iPhone6 屏幕。一家对 iPhone 零部件进行逆向工程的中国制造商刚送来这批货。这不是正品零部件，只有苹果公司才有全新的正品零部件，但是这和正品一样，而且价格更便宜（尤其适合想自己维修手机的用户），这也是爱维修卖得最好的产品之一。

不过，在上架售卖之前，这些屏幕都需要经过测试环节：一个留着胡须、戴着黑色棒球帽的年轻人会一个一个拆盒，把它们塞进一部部被拆卸的 iPhone 里，之后再进行一系列测试，确保产品没问题。大部分产品都会进行测试。

"我们觉得自己就是中国产品的质量筛检器，"凯尔解释道，"我们拿到货就会进行测试。"

角落里有一间小仓库，里面装着些单独的零部件、爱维修品牌的工具套装，以及用于电池更换等简易维修工作的一体式工具和整套维修零件。

"做这行的关键在于零部件的获取，而且是优质的零部件。"凯尔说着停了下来，打开一个装着 iPhone6s 手机电池更换工具的盒子。

"有时候我们在一段时间内可以获得很多零部件，之后就弄不到了。以前 Beats 头戴式耳机很不错，我们可以弄到它的零部件。后来苹果公司收购了 Beats 公司，我们就弄不到了。"

和许多销售产品的公司一样，爱维修也花费了大量精力思考顾客究竟想要什么。有时候答案很简单，也很明显。人人都想要包装精致的产品（即使是爱维修公司翻修的零部件也有着精美的包装）。但是另一个推动爱维修发展的问题要难回答得多：顾客愿意花时间、金钱和精力延长自己拥有产品的使用寿命吗？如果愿意的话，是哪些产品呢？

答案绝不是一成不变的，还需要爱维修认真分析从消费者那里收集到的最畅销设备排行榜等数据。有时候，调查结果对于一家致力于维修选择多样化的公司来说十分不利。例如，制造商贴标签警告消费者不要拆开电视机，这样做的目的很明显（而且很可能是非法的），就是要从心理上迫使消费者做出厂家所希望的维修选择，即放弃维修，或到官方指定网点维修。

为了达到这一目的，类似情况还有：智能手机缺少简易更换电池的端口；汽车只能依靠经销商的软件才能进行故障诊断；一台售价 39.99 美元的平板电脑的制造商连官网都没有，更不用说故障提示了。从某种意义上说，爱维修存在的意义便是拨乱反正，让消费者感觉拥有自主权，可以控制自己的东西。

凯尔在爱维修一楼的一间小办公室里给我举了个例子。工作台上有一套爱维修牌工具套件，旁边还散落着另外几个工具。凯尔抓起一个椭圆形的螺丝头。

"2015 年，我受邀在巴塞罗那设计周做现场拆解。"他解释道。由于爱维修在苹果设备的拆解方面广受欢迎，总会有人找他做这样的展示。我去过回收大会，主办方把凯尔和他的拆解作为特色主题内容，进行了推荐展示。

在巴塞罗那也是这样，主办方给他提供了工具，还有许多观众现场观摩，大家都期望他能快速完成拆解工作。

"最后拆解的是一台咖啡机。"他回忆道。一开始进行得很顺利，大家都认真看着，但是在中间部分，他碰见一个看起来像是铆钉的东西。

"我找维修工要了个钻头，想把它弄出来，"他回忆称，然后他笑了，声音有些颤抖，"后来我意识到那是个螺丝钉，是一种新型螺丝钉。"

谁会用一个看起来像铆钉的螺丝钉？当然是不想让你把螺丝钉拧下来的人。或者，按凯尔的说法，设计并使用这种椭圆的螺丝钉本身就是"想要打击用户的信心，不让他们自己维修，是一种反用户设计"。这对任何地方、任何想修理咖啡机的人来说都是个问题。"所以我们专门设计了螺丝刀，用来拧开这种螺丝钉。"他说完把它放回了工具套装里。

这种方式可以帮助用户免受制造商的误导（或者，更恰当地说，这也推动了咖啡机维修业的发展）。但是，从凯尔的角度来看，想要成为家得宝那样的大公司，还需要更多的螺丝刀和免费的维修手册。那些售卖不可维修产品的企业必须为此负责，和政府共同推动这一社会性变革。

这有可能吗？

有理由相信确实有可能。

2012 年 7 月 31 日，马萨诸塞州立法机构通过了一项法律，要求汽车制造商向独立的维修中心，提供与其向授权的经销商及服务中心提供的同等的信息和培训。3 个月后，86% 的居民在公投中支持这项决议。汽车制造商花了几年时间游说，抵抗顾客的公投结果和独立维修店，随后才意识到他们站在了这项全国性辩论的劣势方。汽车产业并没有直面 50 条不同的"维修权"法律，而是与代表独立维修店和零部件制造商的协会谈判。结果是在 2014 年达成了一项全国性协议：要求 23 家大型汽车制造商向所有维修店或车载电脑用户，提供其诊断和维修信息系统（针对 2002 年开始制造的汽车）。

适用于消费类电子产品和电器制造商的类似法律或协议早就应该制定，这样会对人们家中越来越混乱的情况产生深远的影响。存放着坏掉的真空吸尘器的地下室以及放着坏手机的抽屉不一定会消失，但是人们堆积旧物的理由会越来越站不住脚，因为从本质上来说，这些产品是可以得到维修，进行升级并重新出售的。这将会成为二手市场的间接助推力。

例如，我有一部 iPad mini 2，购于 2014 年。我每天都用它浏览新闻应用程序，偶尔查看体育赛事。5 年过去了，它的使用情况还是很好。但是出现了一个问题：几年后，电池每充一次电便不能像以前一样用足 24 小时。而 iPad 显然是没有电池盖的，外壳完全被密封了。

我在网上搜索维修选项时，惊讶地发现苹果可能已经给出了我正在寻找的答案。早在 2010 年，苹果公司便向电池损坏的 iPad 用户提供了以下解决办法。

如果您的 ipad 因电池蓄电能力降低而需要维修，苹果将为您更换电池，仅收取服务费。

换句话说：苹果公司让更换 iPad 电池变得更困难而且更昂贵了，苹果公司自认为直接换一台新机更省钱。我去了明尼苏达州明尼通卡的一家苹果商店，Genius Bar 的一名服务员向我证实了苹果公司确实在沿用这一做法。他告诉我。实际上苹果公司并不会对 iPad 电池进行更换，而是以 99 美元的优惠价，让顾客用旧的 iPad 换一台新的或者官方翻新的 iPad。苹果公司似乎计算过，实际上很少有消费者会大费周章地更换 iPad 电池，因为以旧换新很划算。

但是，如果消费者不能像我一样，轻易接触到苹果商店或是为数不多的授权服务中心，又该怎么办呢？如果消费者住在北达科他州第七大城镇曼丹呢？那里根本没有苹果商店。苹果公司为美国消费者提供了寄送服务，但是 iPad 寄到服务中心后，再返给消费者又需要好几天时间。对于其他国家的消费者来说情况就更糟了。比如，加纳萨韦卢古的居民购买的便宜二手 iPad mini 要换电池了该怎么办？

网上并没有官方的 iPad mini 维修手册。但是爱维修提供了一份，并且出售工具套装，帮助消费者进行维修。即使爱维修给出的维修手册毫无差错，自行维修也是一项艰巨的任务。首要问题便是苹果公司用于 iPad 封机的黏合剂只能通过反复加热才会松动（就好比在微波炉里反复加热一包大米），而且爱维修提供的维修手册称，巧妙地放置 6 个吉他拨片有助于掀起机身后盖，整个修理过程都要小心翼翼。

我和凯尔聊起 iPad mini 的维修时，他叹气道："这就是最大的难点之一，一不小心可能机器就毁了。"

我在寻找愿意更换电池的独立维修店时，维修店的人似乎都这么认为：没人愿意更换电池。我还在马来西亚（我现在住的地方）四处打听，最后终于找到一家愿意尝试的维修店，但光修理费就要 150 美元。其间，二手的 iPad mini 2 电池可以在马来西亚买到，价格也更便宜。

未来的消费者维修权法应包含两项关键规定。首先，制造商必须在网络上公布其售卖产品的拆解和维修信息。其次，制造商必须将其提供给授权服务中心的零部件和工具（包括软件在内），以公平、合理的条件出售给消费者和独立维修店。

首要的是，维修权法应该确保更多的消费者在社区就能获取维修服务。这会降低维修成本，尤其是技术成本，还会鼓励消费者寻找延长物品使用寿命的更多方法。

但是更深远的影响在于产品的设计。除非强制要求制造商说明产品能否维修，以及怎样维修，否则他们是不会主动这样做的。但是，一旦法律强制要求苹果公司或其他消费电子产品公司向商店和公众提供维修零部件和使用手册，便会潜在地刺激零部件在市场上的销售。他们也将制造出更易于维修的设备来实现这一点。

维修权还会对低成本的产品产生更为深远的影响（如711连锁超市出售的单价为39.99美元的平板电脑）。目前，没有什么能阻止它们倾销那些无法修复、质量很差的产品——尤其是在非洲这种需要低成本技术的地方。但是如果国家制定了维修权法，制造商就不能这样做了，而是要提前制订售后服务计划，包括分销零部件和提供维修手册。法律的约束将在短期内促使企业生产出更高质量的产品。

事实上，这已经在进行之中。

田纳西州黎巴嫩市的80号州际公路旁，矗立着联邦快递供应链的一栋大楼，联邦快递供应链是物流巨头联邦快递的子公司，提供包括产品退货及回收等商业服务。安德莉亚·法肯是戴尔公司负责北美环境事务和生产者职责的高级经理，她与我在那里见了面，带我通过安检，上了楼，到了一个无窗的生产车间。这里看起来有点像机械化的山姆会员店，不过里面的架子更高，传送带更多，工作流程也更复杂。联邦快递就是在这里接收从世界各地退回的戴尔设备，评估这些设备能否维修、翻新以及再出售，之后再发货出去。

"每天我们要接收好几千台，"她告诉我，"我们的理念就是重复利用。联邦快递完成重复利用后，我们会给予经济上的奖励，随意报废产品我们也会对其进行处罚。"

戴尔公司这样做并不是为了好玩。每当一台设备运到黎巴嫩市时，损失就已经造成了。这说明一位消费者购买设备后，因为设备有瑕疵或是自己改变了主意等原因，不想要它了。戴尔公司为了尽可能多地利用产品的剩余价值，需要联邦快递选择重复利用，而不是回收。

安德莉亚在工厂车间周围短暂地停留了一会儿。

"这是零部件库存。"她说着，指了指屋内堆得有两层楼高的零部件，那简直像座小岛。在我参观期间，那里的零部件库存价值高达 2100 万美元。

"如果你有一台过保的戴尔设备，它的零部件都将出自这里，"她解释道，"你可以在网上订购。"

这些零部件的来源之一便是从世界各地运到这里的电脑。如果电脑修不好，就会被拆解掉，再将零部件分类保存，直到有人必须用这些零部件。只要付钱并填写配送地址，任何人都可以获取戴尔的零部件（戴尔官方网站上也提供维修手册）。

实际上，安德莉亚比大多数人更懂电脑零部件。在她加入戴尔公司环保部之前，曾是戴尔电脑设计部的一名工程师。在回忆起这一职业经历时（她记得曾经在中国南部的酒店里检查戴尔电脑的零部件，只有经过检验的零部件才会用于生产），她笑得很开心，尤其是提到她在黎巴嫩市偶尔碰到自己参与设计的那些设备时。

这很常见。在某处，她停下脚步，指着一台戴尔台式电脑，称其"大概生产于2005年或2006年，对此我们有很大争议"。

她将手指放在一个闩子下面，然后提起电脑机箱一侧。"你不能设计得只有男人才打得开，也要方便女人使用。这才是包容性的设计。"她说着将它放回了原位。

"戴尔的工程师之间流行这样一个笑话，"安德莉亚·法肯说，"在设计出一台设备之前，你一定要拆解一台我们现有的设备。"

我不知道哪里好笑，但是我懂她的意思。就像安德莉亚强调的那样："拆解设备能让你产生新的疑问。还有比这更好的方式吗？"

联邦快递当然也希望如此。通过快速、大量地维修并翻新设备，它还能在经济上获利。为了方便维修，戴尔采用了一系列设计原则，让设备的拆解变得更加简单。例如，只要有可能，戴尔就会使用螺丝钉这样的封机方式，而不是用胶水或是其他黏合剂将设备粘在一起。用黏合剂封机的设备很难打开，也经常会在拆机的时候损坏设备；而用螺丝钉封机的设备，只要把螺丝钉拧下来就好了。

并非只有联邦快递能从可维修的戴尔设备中获利。戴尔的消费者如果不是将设备送去授权的维修中心，而是自己维修，也能从中获益。这些顾客中最重要的便是大企业，许多大企业会一次性采购上千台设备，它们在评估采购时，会参考公司的 IT 部门能否维修这些设备。如果设备设计不佳导致维修成本高昂，那竞争对手便可以销售便于维修的设备，这样设备的总使用成本会更少。

我的参观快要结束时，安德莉亚在一个堆着大概 50 台老式戴尔电脑的货盘旁停下了脚步。"这些都是返还给戴尔的退租设备，"她解释说，"戴尔靠出租这些设备赚取利润，租期 1~3 年不等。现在呢，是时候增加利润了，这些电脑都要拿出去卖。"

"谁会买这些电脑呢？"我问。

"需要大量采购电脑的人会买，"她耸了耸肩说，"可能卖到国外，可能卖给一家初创公司，或是卖给国外的初创公司。"她示意我跟着她出去。"以前我们会报废掉这些设备，现在不会了。"

戴尔意识到了二手市场具有很大的潜力，因此会设计使用年限更长的产品，这样的产品能赚取的利润更多。维修权法可以鼓励对二手市场不感兴趣的企业重新思考自己的经营方式，但愿它们都能采用戴尔的做法。如果做不到，它们便会被那些致力于从二手设备中获益的竞争对手抛在身后。

这样的未来正在加速变成现实，其速度甚至比许多消费电子产品企业所希望的更快。截至 2019 年，在美国有超过 20 个州正在考虑维修权立法（不出所料，苹果公司和其他消费电子产品领头企业定会极力反对）。凯尔·韦恩斯认为该法案的通过只是时间问题，消费电子产业将会迅速地稳定下来，正如当年马萨诸塞州关于汽车维修的法律通过后，汽车产业迅速稳定下来一样。欧洲在这方面可能进行得更加迅速。欧洲多国政府（包括德国）以及欧盟委员会已经正式接受了维修权立法背后的原则。在未来几年，欧洲会根据这些原则制定法律。届时，这些法律会推动二手市场发展，让二手市场上有足够优质的产品，从而一次又一次地转售。

CHAPTER

12
更多的手提箱

仅仅因为你没有见过某一类人做某一类事，就无法想象这类人会做这类事——缺乏这样的想象力不是什么大错，甚至是一种奢侈。缺乏想象力必然会导致营销效率的低下：当仅根据外表认定整个阶层的人都不适合某份工作时，你便不大可能找到适合这份工作的最佳人选。

——迈克尔·刘易斯《魔球》

沿海公路从加纳首都阿克拉向东延伸，海滩上的尘土和泥沙使它变成了棕褐色。公路两边，小棚屋和店铺里的生意进行得热火朝天。凉棚和屋顶上挂了一些食物广告牌，我看见了鱼干和一些鱼状广告牌。但是到目前为止，这条繁忙的公路上最主要的生意还是二手商品交易。这里的二手轮胎堆成高高的一摞，还有许多银白条纹的二手洗衣机，办公椅、皮沙发和陈列柜摆在路边，招揽过路人购买。

东边是一些世界上最大、最有活力的二手市场。在多哥，洛美的二手鞋市场非常著名；在贝宁，科托努的汽车市场声名远播；尼日利亚是非洲最大的二手市场。但是在继续去这些地方参观之前，旅客必须穿过特马前面数英里长的卡车车流，特马是加纳最大的港口。

我和罗宾·英根特龙坐在轿车后座上，瓦哈卜·奥迪·穆罕默德在前面开车，与瓦哈卜合作的清关代理人莱蒂西亚坐在副驾驶座上。

"去港口不能带相机，"在车子转弯进入金禧码头时，瓦哈卜告诉我们，"那里的官员不喜欢有人拍照。"

在我们右边，一个栅栏围着的院子里放着几百个货运集装箱，每4~5个集装箱堆叠在一起。这些集装箱都是空的，等待装运。在另一边，几台塔式起重机缓慢地将一艘刚到的货船上的集装箱卸下来。我们停好车后，走进了一间办公室，在那里我们支付了相当于0.6美元的门票费，然后进入了集装箱堆场。瓦哈卜在新英格兰地区采购了货物，要在这里接货。

"这里的货物有一半是二手的，"在我们穿过集装箱堆场大门时，莱蒂西亚说道，"买卖二手货是这里最大的生意。"

她并非单指特马这个地方。在加纳，二手货比一手货更常见，二手店的数量远超一手店。瓦哈卜的家乡塔马利是加纳第三大城市，在那里，这一比例甚至高达100:1。

这是一种政府的统计数据无法反映的现象，原因有很多。首先，大部分生意属于"非正规"经济，通过现金交易或以货易货的方式进行，难以追踪。其次，几乎没有发展中国家有资源能够收集并公开新商品的质量数据。政府招商引资的关键指标是工厂的订单数量而不是二手电视机的进口数量，尽管政府拥有较高的解释权，但无法在这一点上做文章。

瓦哈卜和莱蒂西亚带着我和罗宾进入了金禧码头，这项贸易的规模就呈现在我们眼前。据我估计，这里至少摆放着 600 个货运集装箱，绵延数百英尺。十几个集装箱是开着的，有人正在卸货。

"通常，这些卸货的人都是进口这些货物的商人。"瓦哈卜说。在远处我看见两队海关官员手里拿着写字夹板和钢笔。他们在检查每个集装箱里的货物，评估需要缴纳的关税。关税费用可能很高：瓦哈卜告诉我一个装满显示器、电视机和电脑的货运集装箱的关税费用为 7000~8000 美元。集装箱从佛蒙特州运至阿克拉的运费大约为 5000 美元，而购买这些显示器还要花费好几千美元。

如果加纳人对二手电视机的需求不大，不愿意花钱买这些，那对于瓦哈卜和数以千计的将各种二手设备进口到非洲大陆的西非企业家来说，这样的出口生意从财政角度看简直就是自杀。截至 2019 年，瓦哈卜平均每批电子产品（例如，瓦哈卜马上要到货的 400 台显示器、1200 台手提电脑以及 120 台 iMac）中金属和塑料的可回收价值在 2000 美元以内，这一数字已经减去了提取这些金属和塑料所需要的劳动力成本和时间成本，以及购买这些货物所花费的数千美元。相比之下，花钱请一位新英格兰地区的回收商接收集装箱的货物，要划算得多。

瓦哈卜很幸运，加纳人愿意花高价买进口的二手货，因为它们比加纳进口的许多一手货使用寿命更长，价格也更便宜。如果开车在塔马利四处逛逛，他会指给你看那些从他这里买了电脑的医院、学校、银行，还有一些个人用户。他们都想买使用时间较长的耐用产品。

除了瓦哈卜，在加纳还有很多人也在进口优质的二手货。例如，2011 年，包括联合国环境规划署在内的研究组织联盟，赞助了加纳的电子产品浪费现状研究（截至 2019 年，同类研究仍然只有这一项）。[1] 当他们调查运抵特马的电子产品时，发现 60% 都是运行良好的产品，20% 的产品需要维修或翻新（好消息是，像易卜拉欣·阿尔哈桑在萨韦卢古开的那种维修店，全加纳有几千家），剩下的 20% 则可能没办法继续使用，在拆解完零部件之后，会被当成废物处理掉。

这是桩不错的生意，前提是得有优质的货源。瓦哈卜称近年来加纳人心仪的优质手提电脑和台式电脑在国外很难买到了，因为美国和欧洲的回收项目将很多可重复利用的材料回收制成了原材料。

他告诉我："如果我运一批手提电脑来特马，将会有很多人在这个集装箱堆场里跑来跑去，等待购买。这些货太抢手了。"

这里的人并非只钟爱二手电子产品。我们经过的第一个集装箱里装着这样一些二手货：12 台电视机、4 个汽车保险杠、12 辆儿童自行车、2 个婴儿汽车安全座椅、1 台二手的丙烷发电机，以及 1 张

这是特马一家典型的店铺，出售各种各样的进口二手货，包括
冰箱、立体声音响和DVD播放器

La-Z-Boy 沙发。旁边的集装箱里有 4 张沙发、1 张婴儿床、16 台
电视机、5 台大音响、1 台跑步机和许多装着其他东西没开封的箱子。
保守估计，就在我们四处溜达的时候，至少有 24 个集装箱正在接受
检查，还有数百个集装箱正从船上卸下来。

　　离开金禧码头后，我们在集装箱堆场外面转了转。这条街上，
帐篷下和摊位上都摆满了刚从这些集装箱里卸下来的二手货，商贩
们紧靠着路肩，沿街摆成一排。

　　这里的摊位分别售卖二手冰箱、二手办公椅、二手自行车和二
手服装。当然，也有卖二手电视机、二手电脑和其他二手电子产品
的摊位。

　　这项贸易值得称赞。这表明有些地方的人仍然珍视旧物件。从

环保的角度来看，这是产品重复利用的典范，是真正的绿色经济。更妙的地方在于，这项贸易并不是由法律或法规催生形成的。全球化的二手贸易自发形成，逐步发展，将那些拥有东西和缺乏东西的人联结在一起。即便古德维尔和绿色和平组织有所尝试，也无法创造出比这更好的系统。

所以为什么呢？如果我把一张非洲男女站在拆卸的电脑、电视机或是几大捆二手服装旁的照片，拿去大学或回收大会上展示（我还真这么干过），他们就不再向非洲倾倒那些电子垃圾吗？为什么这些观众想不到，像瓦哈卜这样的非洲小企业家正在进口这些设备，并卖给整个西非地区对科技产品极度渴望的人们呢？

使用时间更长、可维修的产品是促进二手市场繁荣的关键。但是如果拥有使用时间更长的产品的有钱人不愿意把东西卖给特殊阶层的人——如西非人民，那么制造耐用的、可维修的产品便失去了意义。制造商倒不如只生产仅供一任主人使用的产品，之后便让它们自然而然地老化淘汰，而不考虑重复利用。

瓦哈卜不在特马销售电子产品。实际上，他会把这些货运集装箱运往北部 400 英里的地方（货运费达 1200 美元），在那里把货分别卖给他的客户们。其中一位客户是阿克拉 Bugi 电脑的史蒂文·爱迪生，他会亲自飞去塔马利取货（然后支付卡车费用，将货运回阿克拉）。

我初次见到史蒂文是在 2015 年，当时 Bugi 电脑还只是奥苏牛津街边的一家小店。繁荣的住宅及商业街区奥苏成为阿克拉的文化和贸易中心。后来，就像现在这样，这家店墙壁两侧设置了陈列柜，里面摆满了二手电脑和配件；从店门口往里走到尽头的 2/3 处是收银台，收银台后面是间维修店。刚认识史蒂文的时候，我发现他为人真诚，但有些害羞。他上班会穿一件白色的实验室外套，大部分时间都在柜台后面的维修店里，修理手提电脑或台式电脑。有顾客上门时，史蒂文看起来也不是很想招呼客人，只想快点回到柜台后面继续工作。

如今，Bugi 电脑在奥苏有三家店，史蒂文的实验室白大褂也换成了合身的时尚衬衣，可以显现出他健壮的体格。我和瓦哈卜、罗宾还有瓦哈卜的堂兄奥卢·奥尔加（他为瓦哈卜做事）到他店里时，史蒂文和我们握了手，还拍了拍我们的后背，说了些打趣的话。

为什么不呢？加纳是世界上经济增长速度最快的国家之一，阿克拉的年轻人都渴望掌握先进技术。二手货（以及 Bugi 电脑）如今正是本国经济的基石。

瓦哈卜和史蒂文落在后面谈生意，我和罗宾便看起了店里的商品。罗宾认出了他卖给瓦哈卜的二手 iMac，指给我看了看。之后，他朝锁着的陈列柜扬了扬头，里面放着一些全新的未拆盒的诺基亚手机。

"史蒂文以后卖的新产品会越来越多，"他预测道，"这可能还需要些时日，但这是每个发展中国家都会经历的。有朝一日，这家店会成为新的 Best Buy。"

但是这不会太快实现。

瓦哈卜让罗宾给史蒂文看看金点回收公司在明德镇建立的二手电视机零部件数据库；他们渴望做出口零部件生意。之前，我就已经见识过了，便走了出来，来到 Bugi 电脑旁边的巷子里。那有一个小棚屋，门是开着的，屋内有两个穿着实验室外套的年轻人。他们都是史蒂文的技工，其中一位正在拆卸一台手提电脑上碎裂的显示屏，这是史蒂文刚从顾客那回收的电脑。这位技工会从工作区的架子上的几十台手提电脑中拆卸一块显示屏，安装到这台电脑上。

沿街传来音乐声，油炸食物的气味也从反方向扑鼻而来。路上的行人边走边在手机上聊天，对即将到来的夜晚激动不已。这是阿克拉一天中最好的时刻。

路上有一位十八九岁或二十岁出头的年轻人，正推着一辆餐桌大小的木制手推车，缓慢地在街上移动着。这种推车靠一个定制的钢吊箱和四个大轮胎维持平衡。推车上装着一些生锈的金属板，一个大号钢支架，一部坏掉的录像机，一台显像管电视机和一些中空的台式电脑钢板机箱。我踮了踮脚想看得更清楚些：手推车表面还散落着一些电脑主板。这辆手推车和里面的东西加起来得有好几百磅重，这个年轻人的巴尔的摩乌鸦队 T 恤也已经被汗水湿透了。

在这个小山连绵不绝的丘陵城市，几百名甚至几千名年轻人都推着这样的木制手推车，收购城市里越来越多的中产阶级和企业不要的垃圾，比如生锈的排水槽、损坏的电视机以及死机的手提电脑。这些推手推车的人，大多数从早干到晚，每天要走好几英里路，去收集可以回收或重复利用的废品，靠卖这些废品谋生。

"哦，对了，我以前也干过这一行。"

我没注意到瓦哈卜的堂兄奥卢·奥尔加正站在我身后。我回头看向他说："真的吗？"

"我毕业后离开塔马利来到了阿克拉，后来又去了海岸角，"他用柔软、低沉的声音说道，"我当时就在收废品，我要挣钱呐。我们这些人四处活动，什么东西都收。"

奥卢·奥尔加今年35岁，个子很高，衣着时髦。他在塔马利有老婆和孩子。用他自己的话说就是，为了养活老婆孩子，他总是忙着挣钱。我没能亲眼见证他推着手推车在阿克拉街上穿行的景象，当然这只能怪我自己，与他无关。"这种推手推车的日子怎么样？"

他耸了耸肩，朝我笑了笑，打消了我的疑虑。"哦，还行，我和我兄弟一起干。"

到了傍晚时分，影子拉得和奥卢·奥尔加的身高一样长。罗宾和我从一辆出租车上下来，从阿博布罗西进入街对面一个满是尘土的停车场。《卫报》称阿博布罗西是"全球最大的数字产品垃圾场"[2]；加拿大广播公司（CBC）称其为"世界上最大的电子废物倾倒场"[3]；半岛电视台称其为"世界上最大的电子垃圾场"[4]；美国公共广播公司《前线》栏目称每年"亿万吨"[5]电子垃圾会被送到这里（这一数据并不真实，如果是真的话，这比全球每年产生的废弃电脑、手机和电视机数量的5倍还要多）。其他新闻机构、环保机构以及政府机构也重复报告了同样的数据，让这些虚假的数据广为人知。

在二手商品的全球化进程中，阿博布罗西比地球上任何地方，都更能鲜明地描绘出西方在其中所扮演的角色。在看到"非洲二手电脑"这个词时，如果你能联想到这样的场景——年轻的黑人面朝着电子产品燃烧带来的滚滚浓烟，那这一场景很可能发生在阿博布罗西。基于几年前看过的纪录片或读过的小说，如果"电子垃圾场"这个词让你感觉很愤慨，那么你看的那些故事肯定与阿博布罗西有关，或是至少提到过阿博布罗西。

但有趣的是，这个被《时代周刊》称为地球上污染最严重的地方之一，看起来并不像街对面的停车场那样脏乱。实际上，我看见这个著名的山药市场木制的路边摊上堆着山药和红洋葱，很多柴油卡车上堆着更多的山药，这些卡车正小心翼翼地在拥堵的道路上行驶。至少从街对面来看，除了山药，阿博布罗西最显眼的东西是能让所有加纳人去往西非各地的公交站、百事瓶装工厂、肉类市场、几家银行、几十家二手电脑店和二手汽车店，以及加纳最富裕的牧师掌管的教堂。在干燥的季节里，加纳尘土飞扬的情况也让我们感到窒息，山药市场的另一边还传来一股呛人的烟雾。

我们躲开那些没有耐心、易怒的出租车，沉甸甸的山药卡车以及两个把山药放在头上的行人，冲到了街对面，仿佛对喧嚣都免疫了。在洋葱货摊之间，三个大混凝土砖块构成了一条车道，与那条时不时烟雾弥漫、满是泥泞的小路区分开来。我们进去的时候，旁边经过一个推木制手推车的年轻人，他的推车上堆着 6 台台式电脑。

阿博布罗西的废品厂

"哦耶，"我在路上走的时候，奥卢·奥尔加说，"最开始，推这个车对我来说实在太难了。我大清早就开始围着阿克拉转，到处收废品，废金属和电脑都要，然后送到这来卖。"

这条泥泞的小路向前延伸，路面逐渐宽阔起来，我们来到一个大约 650 英尺长、1450 英尺宽的地方。奥卢·奥尔加所说的"这里"便展现在我们眼前（有数据表明这里要更大些，似乎是误将城市垃圾车当作了废金属场的一部分）。这种规模称不上是世界最大，更不用说它是世界上最大的数字垃圾场了。我个人非常熟悉中国、欧洲以及北美的回收站，它们都比这里要大得多。

只要看看数据，你就能理解这是为什么。

根据获取到的最新数据，2011 年加纳进口了 21.5 万吨二手电子产品。为了方便讨论，比如说这一数据在 10 年后会增加两倍（虽然不大可能，但我们假设如此），达到 64.5 万吨。同时，联合国估计全球每年会产生 4470 万吨电子垃圾。如果数据无误的话，这意味着加纳进口的电子垃圾数量占全球电子垃圾总量的比例远低于 1.5%。

当然，阿博布罗西没有太多赏心悦目的地方。我们的右边就是一座垃圾场，遍地都是垃圾，废弃汽车、货车、卡车和公交车杂乱地堆在一起，人们会拆卸这些报废车辆的个别零件，用于再出售或是回收。阿博布罗西人主要致力于汽车回收和零部件出售，这并不让人意外。事实上，自 20 世纪 90 年代早期以来，上述行当便一直是阿博布罗西地区的主业。[6] 阿博布罗西大约有 500 名工人（许多人在这里安了家）挤在泥土地的棚子里，大多数人拿着锤子在沾满机油的汽车零部件、车轴和发动机上敲敲打打。其他工人则用工具手动拆解整辆汽车。这里没人关心环保问题：机油和其他的液体慢慢渗入土壤，流入附近的科尔潟湖。人体健康也没有保障：这里没有安全设备，空气中弥漫着塑料燃烧的刺激性气味。

当然，阿博布罗西并非只有与报废汽车相关的行当。我们路过一个塑料电视机空壳、一堆（10~12 个）台式电脑机箱、一堆电路板、几堆台式电脑钢板机箱、堆成小山的生锈金属板、一小堆还没有干的油漆罐，以及从燃烧的橡胶轮胎中抽出来的乱成一团的橡胶绝缘线。三台大型变压器（大概用于当地公共事业）里的有害机油正滴落在地面上，渗入土壤中。旁边，两个人正用螺丝刀撬开电路板上的微处理器，用锤子把铝合金窗架拆开。在这工作的工人称，这里每天要回收 30~50 台电视机。

"这里有从特马拖来的垃圾吗？"我问奥卢·奥尔加。

"特马？"他问。

"是的，就是那个港口，人们会把垃圾从特马运来丢在这吗？"

"哦，那不会，太远了，"他回答道（特马距这里20英里），"这里的东西都是阿克拉的居民扔的。特马集装箱里的那些东西对于阿博布罗西来说太过奢侈。"

"真的吗？"

他笑了笑说："我在这工作的时候，还想要特马的东西呢，赚钱更多。但是我们只能收附近居民的废品。"

阿克拉任何一个出租车司机都很乐意告诉你，加纳人的东西用坏了或无法修理了就会运到阿博布罗西来（有些人会告诉你在这里偷东西会坐牢）。实际上，阿博布罗西的大部分垃圾是加纳进口的产品，人们用坏后维修，再继续使用，这一过程通常要持续几十年。根据联合国环境规划署等联合机构对西非电子产品的调查，加纳高达85%的二手电子产品来自本国，其中包括两类，一类在加纳人购入时是新产品，另一类购入时就已经是二手货了。进口的二手货中，有的是可以直接使用的，有的则需要维修后再使用。[7]阿克拉淘汰的陈旧的电脑和电视机会运往更小的城镇，那里的人还可以用好几年甚至几十年（除了易卜拉欣·阿尔哈桑之外，加纳还有很多可以维修老式电视机的维修工）。

要找到这些信息不难，网上都有，出租车司机也会告诉你。不过，十多年来，记者不能问这些问题，也得不到回答。这是为什么呢？我不应该质疑其他记者的动机。基于和其他记者的谈话，我了解到许多派来阿博布罗西的记者都想复制《卫报》或英国广播公司（BBC）的报道。对于欧洲媒体来说尤其如此，因为来加纳耗时短，差旅费相对较低，而且阿博布罗西的签证很简单。然而，这也是一种投资，很少有记者尤其是电视台记者，敢冒险打电话给编辑说："实际上，英国广播公司的报道是错的，这里就是一座汽车垃圾城。"

现在澄清一下，我不是在为阿博布罗西的现状做辩解。作为一个在回收业长大的人以及一位做了多年二手行业报道的记者，我可以很自信地说，在那里发生的几乎所有事情都能够用一种更安全、更清洁的方式来解决。同时，阿博布罗西正在进行的事业也在摧毁着环境，并危害着人类健康（走在阿博布罗西的街道上，能不时地听到猛烈的咳嗽声，这可不是什么好事）。

但这不是阿博布罗西值得被人了解的唯一方面。跳出阿博布罗西，从更广阔的西非视野来看，这片土地上有阿克拉那些积极进取的中产阶级、数不尽的二手店，以及特马港，这些都表明这片土地还有希望。在这幅图景中，这个拥有4万人口的贫民窟逐渐摆脱贫穷和污染，成为一个完美的循环经济体，这里的东西可以重复利用，实际上，还将翻新产品引入中产阶级的生活，这在富裕国家完全不可能实现。

只是你需要用心去发现！

从垃圾场走出来右转，穿过天桥，你就可以看到废品站有人在卖废品制成的商品。这里有废金属制成的铝锅和炉子、废钢或废铁制成的烧烤架、废弃变压器制成的新变压器，一个接一个的摊子都在卖翻新的汽车零部件；还有人在做电脑维修生意，用修复好的旧电脑零部件当作替换的"新"零件。这些是"三手市场"，也就是与Bugi电脑以及二手市场类型相同，但比前者更低端的市场。过去的某段时间里，一些人从更富裕的国家进口二手货，也促成了这一切。这些二手货在加纳不停地流转，最后到了这里。

"你在这工作的时候，阿克拉有多少人推着手推车收废品？"我问奥卢·奥尔加。

"太多了，我们都在找同样的东西。这些二手电脑就是这样来到此地的。我们会到商店和人们家里收购。"

用手推车收了一年的废品后，奥卢·奥尔加的工作形式升级了。他的表兄弟（不是瓦哈卜）和一个中国商人签了合同，这个中国商人想收购加纳的电路板，并运回中国回收利用（中国对于旧电路板的市场需求比加纳要强劲得多）。于是，他就不再推着手推车收废品，而是骑着摩托车在阿克拉四处转悠，从那些过去和他一起推手推车的人那里收购电子产品。

奥卢·奥尔加还收电脑，卖给阿博布罗西的许多维修店，这些店回收废旧电脑，修埋好之后再出售。如果电脑实在无法修好，他们就会修复零部件，然后用这些零部件组装一台新设备。即便在今天，阿博布罗西简易组装的电脑设备仍然很受欢迎，学生、商贩以及"一般人儿"（奥卢·奥尔加的话）都能买得起。只有当零部件也无法修复（在加纳，电路板修复很常见）的时候，才会运去中国或尼日利亚回收利用。不久后，奥卢·奥尔加赚到了足够的钱，还买了房子。

我们从废金属区走到一个与填埋场相邻的开阔地，这里大约占据了阿博布罗西总面积的 1/5。99% 关于阿博布罗西的纸质报道、照片以及播报都是指这个地方。这里遍地都是垃圾，双脚踩在垃圾上，会发出咯吱的响声。几百英尺外有一群人，大概 20 个。他们站着围在三个火堆旁，火堆冒出有毒的黑色浓烟，扩散到整个阿博布罗西上空。他们共有两队人，稍大的一个队大概有 12 个人，这些人都是阿博布罗西废品站的工人和小商贩。这些商贩来这里卖 10 磅卷成球的绝缘线，这些绝缘线大部分是从汽车上拆下来的。要把这些绝缘线当废金属卖掉，就需要先将绝缘线表层烧干净。所以他们付钱雇用了人少的那队人，让他们点火烧这些绝缘线。伴随着有害浓烟的升腾，阿博布罗西每天能卖出几百磅处理好的金属铜线。

一个小木棚下大概坐了 50 个负责焚烧的人。这里有点像焚烧队的俱乐部，奥卢·奥尔加和瓦哈卜非常自信地朝木棚走去（他们都是焚烧团的成员）。阿瓦勒·穆罕默德，身材魁梧，是这个队的负责人。他成家了，在北部地区有很多工作机会，但他更喜欢这里的生活。在这里他是老大，而且老实说，我认为他很享受作为阿博布罗西的脸面（字面意思）所受到的关注。记者来这里参观时，通常会给他拍一张站在火堆旁的照片（如果你见过一个非洲人烧金属线的照片，那个人很可能就是阿瓦勒）。如果记者适当地给他些小费，他还会再加点燃油，让照片看起来更壮观，或者起码允许记者采访那些焚烧工人。英国摇滚乐队"安慰剂"[①] 2017 年音乐短片的制片人便获得了阿瓦勒提供的这些服务，制片人花了些钱，也得到了自己想要的效果。"安慰剂"在社交媒体上宣传该短片时称"本片摄于全球最大的电子垃圾场阿博布罗西"。

自从阿博布罗西被欧美环保人士和记者"曝光"以来，关于这个地方的报道有数百篇。大部分我都读过、看过。这些报道都有相似之处：火堆、年轻的匿名非洲人以及"原始的"回收方式，而且称阿博布罗西是"最大的"某某某。很少有报道提及具体的数据，更不用说刊登修理设备的照片。关于阿博布罗西维修行业的采访也没有。这些报道影射的是，加纳人除了烧东西，根本没能力利用外国技术做任何事情。在阿博布罗西和加纳看见电脑维修店是一种失败。很多情况下，我们也没能意识到发达国家在管理物品方面可以向发展中国家学习。

除了对公众的影响之外，失实的报道之所以具有破坏性，还在于它对二手商贩、消费者、研究人员和决策者的影响。如果你把瓦哈卜介绍给美国的政府官员（罗宾之前这样干过），称他是一位二手电子产品商贩，那么对方就会先入为主地表现出拒斥的态度。

"好吧，有很多关于这个地方的纪录片。"我听一位官员对罗宾说，瓦哈卜当时也在场（好像又不在）。没有针对加纳商贩瓦哈卜的

---

① Placebo 是英国 1994 年组建的一支摇滚乐队，其中文译名为"安慰剂"，乐队的名字 Placebo 取自拉丁语，含义是"我愿意"。——译者注

随访，所有的问题都由罗宾这个和加纳人做生意的白人传达。

这种偏见在现实世界中也对人类的认知产生了影响。例如，全球著名的英国慈善机构艾伦·麦克阿瑟基金会致力于研究并推动维修以及再利用条例的制定，其在 2017 年发布了《新纺织经济：重塑时装的未来》[8]，这份多达 148 页的报告提供了许多让衣服更耐穿、重复利用率更高，以及更容易回收的方法。全球媒体对此进行了广泛报道（还特别强调了英国高端时装设计师斯特拉·麦卡特尼为促成这份报告所做的努力）。

虽然非洲（尤其是东非地区）是世界上最大的二手服装市场，但该报道中仅四次提及非洲，未提到任何非洲籍作者或贡献者。任何读者都能轻易地总结出来，在艾伦·麦克阿瑟基金会看来，非洲的二手服装商贩和顾客没有能分享给世界的经验，也不能对服装的未来做出有意义的贡献。这种观点不仅是错误的，还有些偏执。

2008 年夏天，全球环保机构绿色和平组织英国分部的一名员工和天空新闻网的一名记者，找到了一台老式显像管电视机。他们并不是要自用这台电视机，而是雇用了一位技工打开电视机，将里面一个坏掉的零件取下来，然后放入卫星跟踪装置，再将电视装好后放在政府管理的一个收集站，收集站承诺会让这台设备在英国或其他发展中国家安全地得到回收利用。

这并非绿色和平组织和天空新闻网所希望看到的。相反，他们希望跟踪发现，这台电视机被送去了一个发展中国家，最好是被运去一个电子垃圾场。[9]如果运气好点，再加上四处宣传，他们的报道甚至可能让送这台电视机到这的人背上牢狱之灾。

这能犯什么罪呢？

20世纪70~80年代，为了节省垃圾处理费，发达国家的企业和政府会将有害垃圾倾倒给发展中国家。记者们也开始报道类似事件。对此，环保组织以及利益相关的政府部门起草了全国性和全球性的法律和协定，限制以及禁止这类垃圾贸易。这是件好事，但也存在一些问题，首先便是倡导者及其制定的法律，用来区分发展中国家和发达国家的方式不妥。例如，在欧洲，发达国家通常是指经济合作与发展组织的36个成员国[①]，欧盟的27个成员国以及英国、列支敦士登。这些都是世界上最富裕的国家（除了日本、韩国和墨西哥，其余国家的人口大都是白人），并且各自保留了回收利用以及重复利用废弃物的权利。

阻止富裕国家向发展中国家出口有害垃圾是件好事。例如，一家瑞典发电厂清理出来的有毒灰烬本就不属于缺少垃圾处理技术的发展中国家。但是在准确定义何为垃圾时，又产生了新的问题。焚化炉里的有毒灰烬很显然是垃圾，但是我们运去尼日利亚的 台缺少零件的电视机应该算什么呢？在欧洲的管理条例之下，显示器、手机以及微波炉之类的电器设备如果无法通过检测，不能正常工作，则必然属于垃圾（而且是有害垃圾）。然而，在尼日利亚和加纳，一

---

① 2020年经济合作与发展组织（OECD）增加至38个成员国。——译者注

台无法工作的电视机并不是垃圾，它还能维修，其零部件也可以使用，还可以卖给那些买不起新电视机的人。尼日利亚（加纳也是如此）未禁止进口这些废弃设备，实际上，近年来，加纳更是敞开国门欢迎这些废弃设备。[10]但是谁管非洲人怎么想，欧洲人已经决定了，他们只在乎富人如何定义他们坏掉的东西。

　　绿色和平组织在汉普郡放下其蓄意破坏的那台电视机不久后，尼日利亚商人约瑟夫·本森的 BJ 电子公司便买下了这台电视（和其他电器一起）并将这些设备放进了一个运往尼日利亚的集装箱。无论是绿色和平组织准备的这台电视机还是其他电器在运输之前都进行了测试。所以在英国的法律之下，将这些设备运回尼日利亚是一种违法行为。或者用天空新闻网记者的话来说就是："只有将这些破损电器从英国运送到非洲之类的特定地区，才算是违法。"

　　绿色和平组织和天空新闻网追踪发现，约瑟夫·本森的集装箱被运到了拉各斯的阿拉巴电子市场，这是尼日利亚最大的二手电器市场（可能也是非洲地区最大的）。拥有 5000 家店铺，据称，每天人流量超过 100 万。阿拉巴的维修工在整个非洲地区技术最佳，也最有经验，因此声名远扬。他们除了修电视机外，还会用旧电视机的零部件翻新电视机。如果电路板出现故障，他们不会立即扔掉，而是拿出放大镜、显微镜、烙铁以及备用零部件去修好它。事实上，约瑟夫·本森后来遭受的英国刑事审讯档案记载，当天空新闻网的通讯记者到阿拉巴追寻电视机的踪迹时，他观察发现"这些电器的维修工作，技艺相当精湛"。

不幸的是，天空新闻网在其报道中未插入这些技艺精湛的维修工的照片，更不用说向任何一名维修工打听这台坏电视能不能修好（通常，只要有合适的零件，答案都是"能"）。事实上，报道展示了一位绿色和平组织的激进人士花了40美元（大概是这台电视机作为废金属和废塑胶价值的10倍）将这台电视机运去了垃圾场。

这个无名垃圾场看起来有点像阿博布罗西，不过缺少汽车、卡车、公交车、电视机、电脑、其他电子产品以及烧绝缘线产生的烟雾。然而，这里除了很多碎玻璃、一些铜片和电路板外，还有很多很多垃圾。已经足够让天空新闻网宣称这个垃圾场"可能"是那台故意放置的电视机的最终目的地（在绿色和平组织和天空新闻网插手解救之前）。

尽管是粗制滥造的产物，这篇4分钟的报道还是像病毒一样肆虐传播。英国政府嗅到众怒，便以走私垃圾的罪名控告了约瑟夫·本森、其数位同事以及BJ电子公司。2014年，约瑟夫·本森被判入狱16个月，罚款14.2145万欧元。英国环境部称此次判决是对垃圾走私行为的沉重打击——全球媒体争相报道，还称此次判决是打击垃圾走私的里程碑。在为数不多的批评者中就有罗宾·英根特龙，他在博客中愤怒地抨击了审判结果，公正地指出约瑟夫·本森所犯的罪不过是太草率地将富裕国家的东西运去了较为贫穷的非洲国家。

可是根本没人在乎这一点——尤其是起诉人。

约瑟夫·本森的诉讼很大程度上是由英国环境部的首席法律顾问霍华德·麦肯负责。判决后不久，我联系并询问他是否认为约瑟夫·本森的行为实际上是一种环保行为。我问道，约瑟夫·本森的商品有没有可能得到了重复利用，而且使用时间要比这些设备在英国的使用时间更长？霍华德·麦肯坦率地回答了我的问题：

> 表面上，这些东西可能得到了重复利用。我们没证据表明这些东西都当成垃圾丢了。我们并未提及垃圾场，即使我们知道在非洲存在这样的情况。在非洲有堆成山的垃圾，电子垃圾也堆在那里……这是有可能的，但是我们没有证据证明这些东西修理后得到了重复利用，或是这些东西的零部件被拆解后实现了回收利用。

缺少证据并不会让麦肯不安。他向我解释，无论维修和重复利用听起来有多么环保，本森的意图以及那些设备最终的命运都与这一案件无关。麦肯强调了几次，真正重要的是本森未能意识到英国和欧洲对垃圾的定义。

"这些东西离开这个国家时就成了垃圾，"他解释道，"这就是我们起诉他的原因。"

仔细想想便不难发现，坚持把欧洲对"垃圾"的定义强加给非洲的二手商贩，让后者冒着在欧洲被起诉的风险就是一种殖民主义。

垃圾殖民主义。

对于选择丢弃物品——无论是不是电子产品——的企业、政府和个人，给予道德和法律支撑的障碍，而不是让这些物品得到重复利用，对于环境来说并不友好。这也无法帮助人们清理家中堆积的物品。相反，他们会成为短期或长期购买新产品和廉价产品的诱因，对于那些买不起高质量产品的人来说尤其如此。

那对此能做些什么呢？有没有法律途径的解决方案可以保证从约瑟夫·本森到诺加利斯的"鞋匠"再到古德维尔的二手货出口商不被视作道德低下的人？有没有协定或法律可以保证那些想从欧美国家进口并维修物品的非洲人继续这样做？有没有方式可以说服记者将视线从阿博布罗西烧绝缘线的火堆移开，去看看路边的维修店？

在尝试解答这些问题之前我想坦露我在写这本书时的一些感受。一般来说，全球二手贸易是在穷人和富人之间开展的。由于一些历史因素，包括殖民主义长期遗留的一些问题，收入（国家发展状况）通常与种族直接相关，全球二手贸易实际上就是不同种族人群之间的贸易。无论承认与否，关于特定国家或地区是否可以进口或出口"垃圾"的讨论，核心在于特定种族的人群是否可以获取物质商品以及他们是否应该按照富裕国家通常是白人国家的规定，使用并处置物品。

作为一名美国白人公民，我对提出解决办法是非常谨慎的，生怕这些办法会让我看起来像披着白人救世主的外衣。但我也是一名商业新闻记者，我的工作就是报道全球回收和重复利用产业。在这种职位之下，我了解到无知、种族主义和其他一些偏见，是阻碍二手物品回收利用和全球化发展的最大障碍。本着这种精神，我希望我的观察和建议可以被采纳。

用法律来解决这一问题很简单。第一个步骤便是废除那些基于经济发展水平，阻止国家之间进行二手贸易的法律，克服偏见。这种方式在 20 世纪 80~90 年代也许比较有效，当时欧洲、日本和美国是世界上最大的二手货（不限于电子产品）生产地区，而且发达国家和发展中国家之间的收入差距非常大。但是在 2019 年，中国已经成为世界上最大的二手货制造国，同时也是最大的二手货出口国之一。罗宾曾经对我说："过去是 10 亿人向 30 亿人供货，如今是 30 亿人向 30 亿人供货。"

法律、协定以及条约都未能意识到，二手贸易禁令不仅早已过时，而且如果强制实施，还会造成两个世界的分化：一个世界里，富裕的欧洲国家、美国、日本和少数其他"二战"后经济快速增长的国家进行二手贸易；另一个世界里，更多的发展中国家之间相互进行贸易。长此以往，这对于快速发展的国家来说是件好事，但对于那些落后的国家可不是什么好事。

我的评论将会指出并非只有发达国家想限制二手贸易。事实上，越来越多的发展中国家也希望如此，它们签订了许多国际公约，实施了许多限制二手贸易的法律。例如，2018 年，卢旺达对进口二手服装征收关税，这样一来，公民便买不起进口的二手服装，这一措施成效显著。这项举措是为了促进卢旺达曾经引以为豪的国内纺织业的发展。这种努力是否明智、可取仍存有疑问。南非也颁布了一项类似的禁令，结果只是促进了低成本、低质量的服装的进口，并且有迹象表明卢旺达正在经历相同的遭遇。同时，二手货走私猖獗，在全国范围内愈演愈烈。

虽然遭到了禁止和限制，二手贸易却更加猖獗。卢旺达并非唯一面临此困境的国家。印度禁止进口二手服装，但如今到处都是二手服装；尼日利亚限制并对进口的所有二手货征收关税，但在许多地方，消费经济仍然由二手贸易主导。同时，困扰着许多发展中国家的腐败问题，让制造商享受到限制二手货贸易的红利，而消费者的处境却截然相反。提倡在发展中国家对二手贸易实施限制的发达国家，最好考虑清楚站在哪一方更为明智。白人救世主向来不能成功拯救任何人。

接下来，全球媒体有义务停止对二手贸易——尤其是大部分的移民和少数民族企业——的污名化。相反，媒体应该认识到二手行业对全球意义重大，并进行此类报道。从墨西哥到加纳再到印度，二手贸易都是消费者经济，但是要找到高质量的、稳定的新闻报道还需要好运气。每个月与印度生产的 iPhone 有关的英文报道（这款产品只有不到 1% 的人才能买到）比二手服装价格、质量以及实用性急剧变化的报道多得多，二手服装为数亿名印度人提供了衣物。这是不正当的社论表现，即新闻撰写是专为富裕舒适的有钱人服务，而不是为了满足人们的求知欲。

更糟糕的是，这些新闻报道都没有了解、辨别和理解垃圾管理系统不完善的发展中国家实际上面临的问题。例如，阿博布罗西焚烧垃圾并不是因为西方国家盲目地向其倾倒垃圾。任何一个参观过阿克拉普通人家的记者都知道，这座城市里的 250 万人所拥有的东西足够让阿博布罗西垃圾焚烧延续数年，并不需要额外进口。事实上，阿博布罗西的问题也是许多发展中国家所面临的问题：安全又环保的垃圾处理和回收方式价格高昂，约占某些贫穷国家市政总支出的一半。因此，全球大约有 30 亿人口缺少任何类型的垃圾管理。全球范围内，一旦这一情况碰上物品爆炸性的增长，就会出现与阿博布罗西类似的情形。

媒体机构（和环保活动人士）如果想为那些受垃圾问题困扰的发展中国家做点什么，则完全有办法既提供帮助，也让自己受益——好好关注一下垃圾管理[11]本身，别再忙着妖魔化移民企业和民族企业，停止诸如此类的不公正的报道[12]。

最后，发达国家的消费者和物品捐献者需要抛弃"垃圾狭隘主义"。在古德维尔南亚利桑那区，员工们通常能听到捐赠者称希望自己的东西"能在社区中得到重复利用"。这是一种不错而且合理的目标。在世界上任何地方，邻里相互关照是所有公民最关心的事。但是，就个人品位以及最重要的收入和人口统计学特征来说，邻居总是与您大致相似。

如果在这样的情况下，你仍想捐献自己的东西，就需要接受你的旧物（以及这些东西联结的身份特点）可能去到和你完全不同的人手上。事实上，这个人可能不认为你捐的东西是在做慈善（他可能是花钱买来的），而可能认为这是一位富人以便宜的价格抛售了一件非常完美的商品；当这件东西坏掉后，他可能觉得没什么比把这件东西卖给一个推手推车的家伙更好了，就像奥卢·奥尔加之前推的那种手推车。如果这困扰了你，那也许你该购置一个更大的储物仓。

晚冬，我在明德镇金点回收公司的仓库和瓦哈卜·奥迪·穆罕默德见了面，他正在检测要用行李箱带回加纳的好几堆手提电脑。仓库里开了暖气，但内部宽敞的空间还是很冷。瓦哈卜穿了一件在加纳绝没有机会穿的亮橙色羽绒服，把自己裹得严严实实。

瓦哈卜对这种寒冷并不陌生。2001 年，高中毕业后，他受人赞助住在科德角，后来搬去了新泽西州，之后又去了佛蒙特州。当时他有一份稳定的工作，是一名社会工作者。一天下午，一个修二手电脑的朋友带他去自己最喜欢的地方买东西——金点回收公司，这趟行程让瓦哈卜受到了启发。几年后，他在加纳的朋友和家人向他表示，如果有兴趣可以进口一些二手电子产品在加纳卖。这间仓库给他们提供了一个施展拳脚的机会。

"给史蒂文打个电话吧。"瓦哈卜说完在 WhatsApp 上给史蒂文·爱迪生打了个电话。

现在加纳是晚上 10 点钟，在一条漆黑的街上，瓦哈卜的三星 Galaxy Note 7 手机上出现了一张模糊的脸。

"史蒂文！"他叫了出来，"快看看罗宾的仓库。"

他把手机翻了过来，让对方看那几百台手提电脑和显示器。这些东西在佛蒙特州除了被当作废金属或零部件以外，基本上没什么用，但在加纳简直就是一大笔财富。瓦哈卜拿起一台用了5年的戴尔手提电脑，这台电脑史蒂文最高可以卖200美元。

"史蒂文！这是台戴尔电脑。"

史蒂文笑了起来，然后面色一正，说道："很不错。"

瓦哈卜拿起一台富士通手提电脑。"史蒂夫！这里还有一台富士通。"

"也很不错。"

瓦哈卜说了再见后，捡起一个四四方方的三星老式手提电脑，指着屏幕上的一道划痕。"B级，"他说，"在加纳我们可以用酒精棉片和一根手指头就能修好它，让它看起来像新的一样。"

"这样你能赚多少钱呢？"

他告诉了我具体的金额，我也答应他不会透露具体金额。随后，我迅速明白了，二手手提电脑生意是如何支撑起往返于加纳和佛蒙特州之间的这种贸易方式。但是瓦哈卜需要的货比行李箱的数量多得多。明天，他会去金点回收公司位于马萨诸塞州布罗克顿的仓库，那里有足够多的电脑和显示器可以装满一个运往特马的货运集装箱。

今天，这里的货算是少的。瓦哈卜把那部三星手机放在一个行李箱里，箱子里装着10台没什么价值的美国手提电脑，里面还放着几堆脏衣服用作缓冲。"我已经有8个包了。"他看着另外一堆电脑说道，他还没有估算这一堆电脑的装运费用。

"我还需要更多的箱子。"他说。

"你想去 T.J. Maxx① 吗？"

瓦哈卜借了罗宾那辆斯巴鲁的车钥匙，开车走了。

"一些回到加纳的人问我：'你们每年差旅费要花多少钱？'我说：'大概 1.5 万美元。'他们会说：'哇，这比我一年的收入还要多。你们还能有赚头吗？'"

瓦哈卜在小镇里熟练地开着车，生气地嘲笑着说："我当然能挣钱，难道我还免费做慈善？"他用头指了指车窗外冰天雪地的景象。"就因为这个，我看到关于在加纳倾倒电子垃圾的报道时，特别生气。你觉得罗宾会花钱雇我把他的电脑当作垃圾丢在加纳吗？"

罗宾和瓦哈卜商量这些东西的价格时，我也在场。瓦哈卜买下这些东西后还得运往加纳。他们两个是很要好的朋友，但是看他们激烈讨论的阵势你肯定不会相信。所以我没有参与讨论。

瓦哈卜继续说："我不理解的是，如果我买下了某些商品，在获得所有权的情况下，为什么还是不能修理并出售这些商品？"

"那些想组织二手货进口的人称二手商品用不了多久，还会成为有害垃圾，"我非常认真地解释道，"他们担心这些东西最终会去在垃圾场被烧掉。"

"但是这样的话，加纳也不应该有人买新商品！"瓦哈卜说道，

---

① T.J. Maxx，美国最大的零售折扣商。——译者注

瓦哈卜·穆罕默德和罗宾·英根特龙正在讨论瓦哈卜要从佛蒙特州明德镇金点回收公司运回加纳的电脑零部件

"有些新商品用不了多久，这些人应该试着阻止新商品交易，然后加纳就什么都没有了。这难道就是他们想要的结果？"

他开进了一条商业街，街道尽头是一家 T.J.Maxx。瓦哈卜换了个话题说："我买了很多行李箱，全放在我在塔马利的家里。人们总是会问它们是否出售。我得开家商店才好。"他顿住，想了想，笑了起来。"也许我真的会这么做。"

后　记

　　在写这本书时，我遇到的最大困难就是源源不断的诱惑。在日本横滨的一家 BOOKOFF，我几乎就要为儿子买下一大堆二手托马斯火车。在明尼苏达州的空巢清理公司，我差点就买了一款小时候玩过的《周一橄榄球赛》桌游。在加纳的塔马利，我在一个卖二手服装的街边摊上看上了一件 J. Geils Band 的经典 T 恤。在马来西亚八打灵再也的阿马跳蚤市场，我仔细了解过一个有着装饰艺术风格的梳妆台。在高圆寺的一间二手店（名字我记不得了）里，一个状态很好的复古 Coleman 帐篷吸引了我。在联合洗衣设备公司，我有一瞬间考虑过要发短信给妻子，告诉她我们是时候换台新洗衣机了。

　　我抵抗住了大多数诱惑，但不是全部。在图森欧文顿路那家古德维尔直销中心，我给儿子买了一套《愤怒的小鸟》桌游和一条灯芯绒牛仔裤。在圣保罗大学街的一家古德维尔买了一套蛇梯棋，也是给我儿子买的。然后，我在斯蒂尔沃特古董商场购买了一个老式西北航空背包（在第 4 章中介绍过），后来把这个背包送给了我的堂兄布鲁斯。我还记得在新加坡的双溪路跳蚤市场买的几个蔬菜形状的陶瓷冰箱贴。同时，妻子在陪我为这本书做调研时也买了一些东西。据她计算：她给自己只买了"几本"书，给我们的儿子买了一些玩具、一件 REI 品牌的衬衫和一个 3.99 美元的 LuLulemon 帽子（真的太划算了）。几乎所有东西都是从我们在图森租房子的那条街上的古德维尔买的。

我们不后悔买了这些东西。这些都是好东西，不过两个很特别的物件除外，我也不后悔我没有买的那些东西。

星期六下午 3 点左右，南霍顿路和东高尔夫路交叉路口那家古德维尔的捐赠接收处几乎被大量的捐赠物堵住了。我站在里面吹空调，看着米歇尔·詹斯走过堆满东西的通道，她不停转身躲开路障的姿势堪比 NBA 全明星运动员。她正把一堆书放到一堆杂志上。

"我们过去两个月收到的书太多了，"她告诉我，"数字时代，你懂得，实体书受到了手机的冲击。"她将这些书放在一个洗衣机箱子里，上面标着"未分类书籍"。

未分类书籍？我看向盒子，原以为会看到一堆热辣罗曼史小说，实际上我在两英尺深的惠而浦冷柜箱里看到的是绘图本、烹饪书籍、食谱、浪漫小说 [《遗迹：世界末日》(*The Remnant: On the Brink of Armageddon*) 吸引了我的眼球，看上去和这里很搭] 和几十本时尚杂志。这真让人沮丧，我以前从未见过这些东西。

在 BOOKOFF 位于横滨的仓库，每天都要回收类似这样的好几十个箱子。

　　肌肉发达的迈克·梅勒斯和其他员工开始将家具放进这间仓库。他们不必说什么，我知道我挡住路了。所以，我朝后退了退，这个标了价的家具要被运去销售层，并被放在一张堆满了灰色塑料储物箱的长桌旁。每个塑料箱上都有标价：0.99 美元、1.99 美元以及 2.99 美元。长桌旁边是一些装满"货物"的手推车，古德维尔对二手货的分类不是电子产品、服装、文体用具和家具。员工通常都待在这里，分类整理手推车和储物箱里的东西，给商品定价（周六高峰期时，全体员工各就各位，守候在捐赠接收处）。之后储物箱会被送去销售层，售货员会上架这些商品。

　　我看了看那个 2.99 美元的储物箱。里面装着一套蓝色盘子，用橡皮筋固定在一起；一面叠得很整洁的得克萨斯州州旗；一套原装的牛排刀。2.99 美元储物箱旁边是一个装得更满的 0.99 美元的储物箱。里面装着一个碗碟架、一把木质米尺、一个特百惠箱子、一个玻璃花瓶，距我最远的那个角落放着两个小陶瓷猫，大概只有手掌大小，一个黑色，一个白色。

　　我犹豫了，感觉自己的喉咙直痒痒。

　　"萨沙和朱莉安。"我想了会儿，回忆起我母亲最爱的两只猫的名字，这两只猫在母亲离世前几年就先行离开了。这两只陶瓷小猫——恰好就是这两只——过去就待在她在明尼苏达州明尼通卡客厅的边桌上，和那两只懒洋洋地躺在地板上的猫一模一样。

我伸手从储物箱里拿出了这对小猫，放在手上。我不知道母亲的陶瓷猫最后的结局如何。也许是她某次搬家的时候丢失了，又或者是掉在了某间屋子的地下室，最后很可能被送到了一家古德维尔或是救世军，不过这其实没那么重要。我知道这对离她1600英里的陶瓷猫并不是她的那两只。陶瓷猫躺在古德维尔这个0.99美元的箱子里不会跑太远，即便是在如今这个二手货全球化的时代。

我把两只陶瓷猫拿出来，放在桌子上。我确信店经理凯西会允许我在商品上架之前，就把它们买下来。

然后，我又把它们放了回去。

其他人，比如像我母亲这样的人有机会享有它们，我觉得会更好。如果没人买或者这对陶瓷猫最终被扔到了填埋场，我至少也知道，它们在被放进古德维尔的储物箱之前，就被有些地方的有些人喜爱过。

这让我得到了安慰。

我写这本书的初衷，是想知道母亲的那些东西在我捐出去后下落如何。或多或少，我认为自己找到了答案。我只是希望能在这对陶瓷猫被时代淘汰之前，用手机留下它们的影像。

然而，事后看来，在去往图森、东京，或是任何为了写这本书所走访的地方之前，我就已经知道了答案，实际上每位消费者心里都知道。早晚有一天，我们所有人都会知道，它们不过是物品而已，而所有的物品都不会永久地存在。

对于一位有伴侣或是配偶的作者来说，写一本书就是一个家庭项目。我的妻子克莉丝汀最先倾听了我的走访经历，包括房屋清理现场、服装市场、捐赠接收处，以及每天鉴别、分类数吨二手书的BOOKOFF横滨仓库。这些经历影响了我们俩。我原本就不是喜欢购物的人，现在就更不怎么买东西了。

克莉丝汀听了我的故事后，通常会有自己的感悟。在开始写这本书的一天晚上，我注意到她正在整理私人藏书库里的书，她从儿时就开始收藏它们。她经常会翻一翻某些书，翻看最爱的一些篇章，但有时候也会有些狂躁地快速翻页。她并不是在阅读，只是在检查书有没有损坏。我们住在吉隆坡郊区，热带地区的湿热气候会损坏这些书：发霉、长斑、书页粘连、发黄。所以在接下来的几天、几周甚至几个月里，克莉丝汀做了一些我意想不到的事情。她决定把这些书捐了。相比让书待在书架上腐朽，偶尔才会翻开，她更希望其他人也能有机会看看这些书。

刚开始，她试着把这些书捐给慈善机构。但是慈善机构已经负荷了太多的书，于是她尝试在本地进行图书交换，寻找书籍爱好者，她书架上的书开始慢慢变少。这时候，克莉丝汀想到一种赚钱的新方式：那些书友太想要她的书了，甚至不惜花钱，于是她开始出售。她发现，这样比当初试着捐赠高效多了，书架上的书越来越少。

不久这些购书的人开始询问克莉丝汀没有的书，她便开始购入二手书，再卖给需要的人。换句话说，她碰巧开启了自己的二手书生意。近来，她经常逛跳蚤市场、二手店、在线商城和其他一些地方，只为买到那些能够吸引马来西亚众多读书爱好者的书籍。

赚钱是一种收获，另一种收获则是与书打交道的生活让她感到十分充实，她也因此结交了很多书友。这时，马来西亚有一个相当忠诚的读者群体（本文撰写时，吉隆坡爱书俱乐部已拥有8422名会员），其中许多会员都是克莉丝汀社交圈子里的人。几乎每时每刻，她都沉浸于手机上那些和书有关的消息里。

我即将完成本书手稿的一天晚上，一名大学生给克莉丝汀发消息询问佐佐木典士的《我决定简单地生活：从断舍离到极简主义》（以下简称《我决定简单地生活》）。这是一本全球畅销书，作者自称是东西太多的"普通人"。佐佐木典士的解决办法就是成为一名极简主义人士。他将自己的生活削减到只有必要的物质用品：一张床、一张桌子、几件衣服、一台手提电脑和少量其他东西。每当发现自己需要某件物品时，他都会按照极简主义的标准来获取它：

（1）这件物品要有极简主义风格的形状，容易清理；（2）颜色不要过于鲜艳；（3）能使用较长时间；（4）结构简单；（5）轻巧；（6）具有多种用途。

正如这本书所讲述的，佐佐木典士的家看起来像一间僧侣的小屋（郑重声明：我在日本和美国都参观过僧侣的屋子），只不过这位僧侣恰好是位技术发烧友。我猜买他的书的几百万人中，大都是出于对他的钦佩，而不是想模仿他。

"我想缩减我的个人物品，"克莉丝汀还在上大学的这位书友发消息称，"但是我不知道怎么做。"[①]

克莉丝汀喜欢卖书，也很擅长卖书，那天晚上却放弃了售卖。"我不觉得所有这类书都有所帮助，"她回消息说，"我自己的方法是想象我要死了，但我的东西都带不走。"那个学生回了一个爱心的表情。克莉丝汀接着说："很难过，对吧？还不如现在就放弃一些东西，尤其是你还能看见接收者，知道这些东西会继续被人喜欢或者使用。"

我将克莉丝汀的方法称作"先发制人病态整理法"，缩写为PMDC。我认为值得为此撰写一本篇幅不长，但充满病态的建议类畅销书。当然，这个想法不完全属于克莉丝汀的原创，我在美国和日本见过很多清理专业人士，他们也有类似的方法（有些在本书中曾有提及）。多年清理其他人物品的经历让他们有很强的意愿，避免自己的亲人（以及亲人可能雇用的专业清理人士）遭受相同的物质诅咒。如果读者想在这本书里找到建议，也就是在现实生活中切实可行的建议，那么PMDC是我能够推荐的最佳方法。

顺便说一下，克莉丝汀的《我决定简单地生活》仍在她手上，放在塑料箱里避免受潮和虫害。我问她为什么要留着，她说："因为我们都是囤积狂呀，不过主要还是专门为你留的。"

于是，那个网友只好买了一本新的。

---

① 我得澄清一下，我没有查看妻子短信的习惯。我之所以知道这次交易的内容，是因为克莉丝汀一直在跟我说。后来，我便主动要求看看，并征得允许查看她的手机。

致　谢

这本书记录了一次始于 4 年前的对话，所采用的记录方式大概只有我亲爱的妻子克莉丝汀，还有我自己能够明白吧。我的奶奶一定会把这次对话称为"探寻"，而她说的大抵也有道理。这些年里，我和克莉丝汀一起见证了这本书的诞生，我非常感谢克莉丝汀的建议、耐心以及对我的支持。

谢谢我的代理人——温迪·谢尔曼，谢谢她的热情和信任，她让一切皆有可能。

谢谢布鲁姆斯伯里美国出版社的安东·穆勒。他理解这本书的核心理念，并委托我从这一理念出发，探索未知的地域，得出意外的结论。另外，我要感谢莎拉·墨丘里奥将我的作品带给更多的读者，这远远超出了我的想象。

在这里也要感谢"彭博观点"（Bloomberg Opinion）的戴维·希普利和乔纳森·兰德曼。在本书创作初期，他们给予我充分的支持。同时也要感谢尼西德·哈贾里和蒂莫西·拉文。他们撰写的专栏激发了我对二手货的诸多看法，与他们合作，我能成为更优秀的作家。

《彭博商业周刊》（*Bloomberg Businessweek*）的霍埃尔·韦伯采纳了我对日本房屋清理行业的报道，吉莉安·古德曼对这篇报道的编辑非常出色。

2015年去肯尼亚和加纳做有关废品的报道时，我对全球二手市场产生了兴趣。感谢肯特·凯泽和瑞秋·波拉克派我去做那次报道。谢谢我的老朋友，谢谢你们的指导。

那些允许记者探访其经营状况的公司和机构，可以说在相互信任的道路上迈出了坚实的步伐。在写作本书的过程中，没有任何组织比古德维尔南亚利桑那区给予我的支持更大。我特别感谢朱迪斯·布卡萨斯将大家聚在一起。还要感谢古德维尔的以下员工，他们耗费时间向我分享了自己的经历和看法：丽莎·艾伦、玛丽·布雷默曼，安妮莎·布朗、塔拉·卡莫迪、凯文·坎宁安、布兰妮·德雷克、克里斯·福斯特、凯西·格雷克、莉斯·吉利克、米歇尔·詹斯、弗兰克·卡普汉、菲伊·麦考瑞、亚伯·梅狄纳、兰斯·米克斯、迈克·梅勒斯、凯琳·帕克、路皮塔·拉莫斯、朱莉·桑切斯、埃里希·施密特、梅琳达·斯帕林、麦肯齐·威廉姆斯。在这里要特别感谢凯西·扎克，她在自己的店里热情地招待了我，还向我介绍了许多情况，丰富了本书的内容。

我要感谢在图森欧文顿路和诺加利斯格兰德大街的古德维尔直销店里遇见的国际二手货商贩们，谢谢他们的耐心和对我的信任。

339 ——————

谢谢我的朋友"鞋匠",谢谢你一路开车带着我,分享你的智慧。

空巢清理公司的莎伦·费齐曼对本书所做的贡献,远大于本书章节中对她及其公司的描述。莎伦·卡德特在清理艺术、清理哲学,以及相关的商业运营方面,都称得上是一名耐心且慷慨的老师。空巢清理公司的另外一些灵感和信息来源于克里斯蒂·杜菲特、爱丽·恩兹、特蕾西·卢克、艾米·里明顿。另外,还要感谢科威国际不动产的尼尔·西蒙森和莱斯利·诺维奇,谢谢他们热情款待我,并和我分享他们的见解。

我尤其要感谢明尼苏达州的丹尼丝·迪克森和其他匿名人士,以及在日本让我参与私人家庭清理工作的人。

和顺搬家公司的黛安·比约克曼向我介绍了美国搬家管理行业的规模和专业度,还向我介绍了几位非常重要的整理师。我非常感谢和顺搬家公司的以下员工:梅丽莎·杜尔、吉尔·弗里曼、巴博·霍姆奎斯特以及塔米·威尔科特斯。他们跟我分享了自己的智慧和经历。

在日本,赵退非为我翻译日语,讲述日本文化。《再循环通信报》的编辑滨田里奈,分享了她关于日本二手行业的广博知识,给我介绍了很多人脉。谢谢他们。还要感谢旁特斯·奈能在镰仓对我的帮助。

Tail Project的韩贞子带我走进日本人家中,让我目睹了日本房屋清理的相关工作是如何开展的。她还把我介绍给"村冈"的村冈哲明。日本遗物整理师认定协会的小根英人向我提供了非常重要的行业历史、行业见解和有关介绍。

一天晚上，我的朋友伊凡·穆罕默德向我讲述了马来西亚与日本二手货的历史，并且指引我找到了 BOOKOFF。我非常感谢他。谢谢高初小港的努力，让 BOOKOFF 为我敞开了大门。还要感谢 BOOKOFF 的以下员工：桥本真由美、井上彻、田和健一、森久人、BOOKOFF 纽约分店的山越晴美以及"漫步日本"的小野泽浩二。

同时，我想感谢 BOOKOFF 的创始人坂本孝，如今他是"俺の株式会社"的创始人，谢谢他分享了对自己职业生涯的一些看法。

我在迪克·里希特的帮助下完成了中城古董商场的相关报道，他让所述内容更为丰富。谢谢朱莉·克兰兹和以下古董商：朱迪·戈伯、琳达·亨伯格、乔·海林、特雷弗·卡塔里克和戴尔·肯尼。

马来西亚八打灵再也阿马广场的周末跳蚤市场是我获取二手市场知识和素材资料的重要来源，我要特别感谢艾扎琳娜·扎克瑞。

BooksActually 是一家值得参观的好书店。感谢 BooksActually 的老板陆文良，他分享了自己关于新加坡古董的知识。还要感谢新加坡的赵彩菱。

OfferUp 的尼克·胡扎尔向我提供了他对于不断发展的 P2P 电子商务的独特见解。

滨屋的小林茂向我说明了全球二手贸易的规模，谢谢小林茂。也要谢谢大熊友希为我安排了参观行程，并给我做随行翻译。

在为这本书搜集素材时，我拜访了许多地方，其中最令人愉快的是参观 daidai。用我的话说，小嶋美绪不仅是 daidai 的老板，还是一位驻场艺术家和策展人。谢谢她付出时间和我交谈，并分享自己的智慧和艺术作品。

二手服装出口公司的穆罕默德·费萨尔·默里迪纳向我介绍了密西加沙的二手纺织行业。谢谢穆罕默德和他的父亲阿卜杜尔·马吉德·默里迪纳。还要感谢梅普尔纺织厂和阿什夫·达尔瓦尼以及五星抹布厂的萨利姆·卡尔马里。

在科托努，迈克尔·奥邦纳为我提供了值得信赖的翻译、指导与建议。我也要向当地的商贩、我们参观的贸易公司和分拣厂，以及几家要求匿名的公司表示感谢。

在我为本书积累素材所遇到的人中，没人比星牌抹布厂的托德·威尔森对二手行业更有热情了，谢谢他的热情和示范。还要感谢阿米蒂·邦兹和她的同事。

谢谢基斯科集团的诺哈尔·纳斯，他对印度的软再生毛织物行业颇有见解，谢谢他邀请我陪他去帕尼帕特。我还要感谢拉梅什编织厂的拉梅什·戈亚尔和普尼特·戈亚尔以及金达尔纺织厂的苏米特·金达尔。

在几位人士的帮助下，我完成了关于儿童安全座椅的写作。这几位人士要求在书中匿名，我们在此心照不宣。还要谢谢美国国家公路交通安全管理局、瑞典交通管理局的玛丽亚·克拉夫特和 Folksam 公司的安德斯·卡尔伯格。

Poshmark 在 2017 年举办的年度交易展上招待了我，还邀请我参观了公司总部。感谢塞拉·迈克尔一手安排上述活动，同时也要谢谢马尼什·钱德拉和约翰·麦克唐纳贡献了他们对于不断发展的二手 P2P 的见解。我从 Poshmark 以下员工身上学到了很多，包括克里斯汀·巴赫曼、埃斯特拉·加列戈斯、杰德·迈尔斯、凯特·雷和普里西拉·罗梅罗。

我很感谢巴塔哥尼亚的菲尔·格雷夫斯愿意和我谈论其公司的沃恩维尔计划。

在我的阿姨简·塞曼和她新买的速比坤牌洗衣机的激励下，我去了联合设备洗衣公司。谢谢简和联合设备洗衣公司的以下成员：汤姆·弗雷德里克、杰伊·麦克唐纳、苏珊·米勒、兰迪·拉特克和迈克·舍伯。

瓦哈卜·奥迪·穆罕默德向我介绍了加纳和那些勇敢无畏的西非创业者，这些创业者的家里都堆满了二手物品。我很感谢瓦哈卜的耐心，感谢他提供的观点以及对我的友善。

另外，还要感谢加纳科技部的代表们，他们让我更加了解西非物品维修和重复利用的现状。首先要谢谢阿克拉 Bugi 电脑的斯蒂文·爱迪生和塔马利陈迪巴公司的卡马尔·陈迪巴。卡马尔丁·阿卜杜拉萨拉姆、易卜拉欣·阿尔哈桑、克莱门特·阿蒂尼约、卡里姆·扎卡里亚、阿卜杜勒·贾里尔·穆沙、奥卢·奥尔加、阿武都·潘、伊斯梅尔·拉赫曼和埃维斯·亚森都给予我许多指导，谢谢他们。在阿博布罗西，阿瓦勒·穆罕默德、拉扎克·穆罕默德和亚罗·穆罕默德招待了我。最后，我还要感谢苏莱曼·贾乌拉，关于南布朗克斯事故汽车的出口贸易，她提供了许多非常棒的观点。

10 年来，罗宾·英根特龙和我分享了他关于二手货的很多见解。在他三次前往加纳出差的部分行程中，都邀请我与之做伴，而且（和他妻子阿梅尔·克鲁兹耶尔教授一起）在明德镇招待了我，我当时在打探金点回收公司的情况。我很感谢他的友好、信任和指导。另外，我还要谢谢金点回收公司的以下员工：伊莱亚斯·钦奇利亚、丹·艾默生、安迪·亨特利、希米·沙比永和吉姆·提格。

凯尔·韦恩斯和简·韦恩斯夫妇在他们家和爱维修公司招待了我，谢谢他们夫妻俩。谢谢卢克·索尔斯以及爱维修公司的以下员工：凯凯·克拉普、萨曼莎·莱恩哈特、布列塔尼·麦克里格勒以及凯尔西·韦伯。

戴尔公司的斯科特·奥康奈尔是第一批听说我正在筹备这本书的人之一，他很快便邀请我参观联邦快递供应链运营的戴尔翻新部门。谢谢他和联邦快递供应链的安德莉亚·法肯、约翰·科尔曼、肖恩·坦普林。

还要感谢 Allan Edmonds 鞋店的汤姆·贝克、科林·霍尔和约瑟夫·苏索多尔斯基。感谢美国化学理事会的珍妮弗·基林格，班克股份公司的光本勇介，循环经济存储咨询公司的汉斯·埃里克·梅林；感谢厄斯沃姆回收公司的杰夫·科恩和杰克·霍金斯；感谢伊科云的双见武、高田香织、桑田一成、沟边靖之和月村辰也；感谢金立集团的祖拜尔·艾哈迈德和萨达姆·阿里；感谢快乐价格集团的小林裕昌；感谢惠普公司的约翰·阿塔拉、艾伦·杰克斯基和杰德·麦克诺顿；感谢 LetGo 的亚历克·奥克森福德，感谢转售专业人员协会（NARTS）的阿黛尔·迈耶；感谢美国二级材料及回收纺织品协会的杰基·金；感谢吉米购物网和明尼苏达州家庭奥特莱斯的吉米·沃西卡；感谢汤姆·艾里森、阿伦·卡罗图，以及我在智能金属回收公司的朋友雪莉·李。

在调研和写作这本书的过程中，以下学者在过去、现在以及未来对二手世界的学术研究都激励着我：格蕾丝·阿克斯、珍娜·伯瑞尔、陈立文、乔什·戈德斯坦、达格纳·拉姆斯、伊万·舒瓦茨、伊科·玛鲁科·辛尼瓦、苏珊·斯特拉瑟和卡尔·齐姆林。

这本书得以完成，离不开家庭成员的支持，他们对我来说都很重要。谢谢约翰·谭和米歇尔·库、布鲁斯·格伦与乔安妮·格伦夫妇、艾米·明特和迈克尔·巴克拉克、迈克尔·明特、丽塔·桑德斯罗姆以及爱德华·塞曼与简·塞曼夫妇。

最后，我要谢谢我的儿子塞缪尔。他三岁半时，我问他，这本书是讲什么的呀，他回答我："吧啦吧啦，我们玩车吧！"这个主意不错。

译后记

今天早上送儿子上学时，他突然说非常羡慕我书房里的"藏宝箱"，说自己也想要一个，用来装他的日记本和各种宝贝。他说的是我几年前买的几口仿古木头箱子，分别装有我从小留存的家庭相册、文章手稿、日记本、毕业留言本、友人来信和其他具有纪念意义的小物件，有的随我搬家辗转 10 余次。儿子今年 9 岁，之前看过我同龄时写的几篇童话，便想着也把自己的短文和画作留下来，将来拿给他的子女看。于是我答应也给他买一个，但建议只把真正重要的东西放进去。

"我觉得都很重要。"他走进校门，朝我挥了挥手。

许多与我一样出生于 20 世纪七八十年代，乃至更早时期的中国人，往往对旧物难以割舍。或许出于物资匮乏年代特有的不安全感，我们这些人对于昔日的怀恋之情要格外强烈一些。有个中学同学毕业多年后与我相见，从铁盒子里翻出当年课堂上我们一群人互递的小纸条，一边读一边笑；另一位老友因积攒多年的日记与信件被母亲丢弃，而与之大吵一架，至今仍耿耿于怀；我少年时某次生日收到一只廉价小花瓶，一直带在身边，自赠送人亡故之后便常拿出来看看，距今又是十几年了……

因此，当我在翻译此书的过程中，读到大洋彼岸也有那么多"强迫症似的囤积物品，不愿意丢掉任何东西"的"囤积狂"时，不免展颜一笑。归根结底，对于物品的依恋与其价格无关，只与我们心中的情感价值有关。不管在中国、美国、菲律宾还是尼日利亚，都不乏难以舍弃旧物，想要将它们永远保留下来的"囤积狂"。正如书中所说：

> 当拥有的东西失去时，一种更深层次的伤感会随之而来。你失去的不仅仅是情感。你失去的是你自己。（本书第1章）

可那又如何呢？我们每个人其实都清楚地知道，一切物品，连同回忆和我们自己，都终有尽头。电影《寻梦环游记》里说，当世上再没人记得某位亡者时，后者将迎来第二次，也是终极的死亡。从这个意义上看，我们保留旧物的一切努力，正是对于这种死亡徒劳而英勇的拒斥。也许这样一来，生命的肥皂泡（叔本华语）便会破裂得晚一些，尽可能多绽放几毫秒的光彩……在有限的世界里，这便是我们所能追求的极限了。

本书介绍的二手物品全球回收再利用体系，无疑是后工业时代的人类，延长情感与"生命"的最新努力。作者亚当·明特横跨五洲四洋，到访各个国家的回收公司与二手市场，探寻二手商品的前世今生，为我们描绘了旧物世界宏大的全景图。跟随作者的笔触，我们认识了各种各样的二手回收机构、个人与理念：空巢清理公司"承诺尽力实现二手物品的重复利用与二次出售"，使人们在告别旧物时得到慰藉；日本整理专家近藤麻理惠提出"怦然心动"整理法，主张"只保留一些能让人快乐的东西"，缓解家中杂物囤积的压力；同在日本的 BOOKOFF"如同黑洞般吸纳了人们不要的旧书，让这些旧书在书架上重获新生"；美国古德维尔二手店将人们善意捐赠的旧物进行整理出售，并将所得资金投入社会服务事业，践行了"取之于社会，回馈于社会"的信条……

滨屋是一家从事二手贸易的日本大公司，二手货从这里出发，运往全球 40 个国家，满足了几十亿人的物质需求；"鞋匠"则是一名普通的二手货贩子，他长期往返于美国与墨西哥之间，把美国的二手货运往墨西哥，一方面让美国过剩的二手物品免于垃圾填埋，另一方面让墨西哥居民能以更低廉的价格买到需要的物品。位于加拿大密西沙加的分拣厂将二手服装分类整理好，运往二手服装需求量最大的非洲市场；星牌抹布厂等企业的存在，则以另一种形式延续了二手服装的寿命。非洲加纳的阿博布罗西被多数媒体称为"全球最大的电子垃圾场"，但作者在这里看到了新的希望，认为它终将成为完美的循环经济主体，值得发达国家借鉴、学习。

无论是在斯蒂尔沃特的古董商店中，还是在马来西亚阿马广场的跳蚤市场上，抑或新加坡的街边小店里，人们都可以从旧货中淘到自己心仪的"好东西"。二手货提供了一种怀旧的方式，人们可以从中触摸到过去的时光，寻觅到曾经遗失的感情和记忆。

此外值得一提的是，本书中多处谈到中国对二手行业的巨大影响。一方面，中国曾是全球最大的二手货物进口国，国人将这些货物称为"洋垃圾"，国内部分工业链条一度对其有所依赖，而它们带来的环境影响又屡屡引起争议。随着经济的发展和产业结构的转型，国家陆续出台了一系列禁止进口"洋垃圾"的政策。2020 年 4 月，第十三届全国人大常委会通过了《中华人民共和国固体废物污染环境防治法》，其中规定自 2021 年 11 月 1 日起，我国禁止以任何方式进口固体废物，为中国作为二手货物进口大国的历史画上了句号。

亚当·明特同时提到了国人较少关注的另一方面，即中国作为"世界工厂"，其无与伦比的工业生产力对二手行业造成的巨大冲击。书中引述了多位不同商品领域的二手买卖从业者的言论，指出"中国制造"使得欠发达地区的人能够负担得起新产品，不必再依赖发达国家的二手货。一位日本二手电器商直言不讳：

> 过去一手货的价格很高，所以我们的二手货就有很大的销售空间。可这些年来，中国生产的电器太便宜了。中国的一手

货甚至比日本的二手货还要便宜。人们根本没必要买二手货。
（本书第5章）

对于中国制造的上述影响，站在发达国家的从业者角度，难免会产生戒惧之情。作者对此也态度复杂。一方面，本书中诸多细节都有对于中国产品的明贬暗讽，认为中国制造在一定程度上导致了全球商品的泛滥，增加了二手商品回收再利用的难度；另一方面，作者也基于良知承认，中国制造帮助欠发达地区的民众提高了物质生活水平，乃是一种无可争辩的进步。

最难能可贵的是，作者揭露了发达国家强迫发展中国家接受其环保标准的伪善：

仔细想想便不难发现，坚持把欧洲对"垃圾"的定义强加给非洲的二手商贩，让后者冒着在欧洲被起诉的风险——这就是一种殖民主义。垃圾殖民主义。（本书第12章）

作者摒弃了西方中心主义视角，进一步痛斥了西方常见的（我国也不少），打着环保主义与极简主义旗号，试图让非西方国家放弃发展权的某些人士：

让我们摒弃虚伪，面对事实：这样（基于消费主义）的增长会对环境产生负面影响。但这种消费导向型经济确会为数十亿人带来实实在在的利益，人们可以拥有更高的医疗和教育水平。一位富裕的美国极简主义者会对消费主义大加抨击，但他的言论不太可能改变一位发展中国家青少年的想法。后者的生活经历倒是完全符合极简主义的要求，然而他本人却不愿意过这种生活。（本书引言）

在书中某些部分，作者更是寻根究底，揭露了某些资本家为自身利益最大化而公开制造谣言，阻碍二手产品回收再利用的把戏。比如在儿童安全座椅方面，国内外普遍流传这样一种说法：二手儿童安全座椅具有极大的安全隐患，最好超过一定年限立即购买新座椅。作者一开始也对此深信不疑，但当他试图追溯相关科学文献时，却意外发现所有厂家都无法提供原始文献与相关测试数据。最终，作者联系上了瑞典交通局官员玛丽亚·克拉夫特，并从后者引荐的权威专家安德斯·卡尔伯格教授那里得到确切答复：

"我们无法从现实的交通事故中找到任何证据来证明这一点（过期儿童座椅存在安全隐患）"；"现在Folksam还保留着一些用过的汽车安全座椅。过去二三十年里，我们尚未发现这些座椅使用的塑料材料发生了变化，或是出现了问题"。（简言之）"继续使用旧座椅……没有安全隐患。"（本书第10章）

译至此处，也曾一度深信过期儿童座椅存在安全隐患的译者不禁瞠目结舌，并对资本家在利益驱动下达到的无耻程度有了新的认识。

尽管二手商品的回收再利用具有多重意义，但相关行业已日渐衰落，这也是作者在书中反复描写的。抛开个人的情感与态度不谈，这种衰落本身或许无法避免。毕竟，无论你是共产主义与"人类命运共同体"的拥护者，还是"王侯将相宁有种乎"朴素历史观的持有者，抑或默念"众生平等"的佛门居士和认为每个人都是亚当夏娃后代的基督徒——只要相信人类个体之间具有同等的价值与尊严，这种二手物品由发达地区流向欠发达地区的商业路径，便不应该是我们的长期追求。未来路在何方，需要人类携手前行，共同探索和面对。

本书翻译任务由我与我的学生——翻译专业硕士研究生曹易佳女士共同完成。在我制定了翻译项目指南与风格指导后，曹易佳译出全书初稿并提炼总结了术语表，经师生多次讨论解决难点，我再对译稿进行全面修改与润色。在此，还需要感谢我的另外两位学生——陈扬与杜瑶（同为翻译专业硕士研究生），她们在本书耗时近一年的翻译工作中全程参与审订和讨论，为此做出了重要贡献。

王小可

2020 年 12 月于峨眉山

注　释

引言　写于捐赠接收处

1　Arnold, Jeanne F., Anthony P. Graesch, Enzo Ragazzini, and Elinor Ochs. *Life at Home in the Twenty-First Century: 32 Families Open Their Doors*. Los Angeles: Cotsen Institute of Archaeology Press, 2012.

2　Kaza, Slipa, Lisa Yao, Perinaz Bhada-Tata, and Frank Van Woerden. *What a Waste 2.0: A Global Snapshot of Solid Waste Management to 2050*. Urban Development Series. Washington, D.C.: World Bank, 2018.

Chapter 01　空巢清理公司

1　Epstein, Reid J. "Liberals Eat Here. Conservatives Eat There." *Wall Street Journal*, May 2, 2014. https://blogs.wsj.com/washwire/2014/05/02/liberals-eat-here-conservatives-eat-there/.

2　Oxfam. "3.6 Billion Clothes Left Unworn in the Nation's Wardrobes, Survey Finds." https://oxfamapps.org/media/press_release/2016-06-over-three-billion-clothes-left-unworn-in-the-nations-wardrobes-survey-finds/.

3　本节关于英裔美国人消费的历史，参见：Strasser, Susan. *Waste and Want: A Social History of Trash*. New York: Henry Holt, 1999。

Chapter 02   收纳整理

1　本段落及后续部分的叙述，参见：Siniawer, Eiko Maruko. *Waste: Consuming Postwar Japan*. Ithaca, NY: Cornell University Press, 2018。

2　Ibid., 32.

3　bid., 35.

4　Ibid., 203.

Chapter 03   物品泛滥

1　Susan Strasser. *Waste and Want: A Social History of Trash*. New York: Henry Holt, 1999. I relied on it while writing this chapter.

2　Ellen MacArthur Foundation. *A New Textiles Economy: Redesigning Fashion's Future*, 19. 2017. http://www.ellenmacarthurfoundation.org/publications.

3　ThredUP. *Resale Report*, 2018. https://cf-assets-tup.thredup.com/resale_report/2018/2018-resaleReport.pdf.

Chapter 04   好东西

1　Houston Public Media Staff. "Are Millennials Behind Price Drop in Houston Antiques?" *Houston Public Media*, June 6, 2017. https://www.houstonpublicmedia.org/articles/news/2017/06/06/203563/tuesday-air-are-millennials-behind-price-drop-in-houston-antiques/.

Chapter 05   断舍离

1　以下关于断舍离的讨论和翻译，参见：Siniawer, Eiko Maruko. *Waste: Consuming Postwar Japan*, 266–278. Ithaca, NY: Cornell University Press, 2018。

Chapter 07   针脚下的磨损

1　Farrell, Sean. "We've Hit Peak Home Furnishings, Says Ikea Boss." *Guardian*, January 18, 2016. https://www.theguardian.com/business/2016/jan/18/wevehit-peak-home-furnishings-says-ikea-boss-consumerism.

2 Frazer, G. "Used Clothing Donations and Apparel Production in Africa." *Economic Journal* 118, no. 532, 2008, pp. 1764–1784.

3 关于这一重要主题的更多信息，参见: Jerven, Morton. *Poor Numbers: How We Are Misled by African Development Statistics, and What to Do About It.* Ithaca, NY: Cornell University Press, 2013。

4 关于导致非洲纺织服装业衰落的诸多复杂原因，以及为何难以将其衰落归咎于某个单一因素，参见: Brooks, A., and D. Simon. "Unraveling the Relationships Between Used-Clothing Imports and the Decline of African Clothing Industries." *Development and Change* 43, no. 6 (September 2012): 1265–1290. https://doi.org/10.1111/j.1467-7660.2012.01797.x。

5 Opoku, Darko. "Small-Scale Ghanaian Miners and the Textiles and Garment Industry in the Age of Chinese Economic Onslaught." In *Challenges to African Entrepreneurship in the 21st Century*. United Kingdom: Palgrave MacMillan, 2018, pp. 147–178.

6 Yebo, Yeepoka. "Chinese Counterfeits Leave Ghanaian Textiles Hanging by a Thread." *Christian Science Monitor*, May 31, 2015. https://www.csmonitor.com/World/Africa/2015/0531/Chinese-counterfeits-leave-Ghanaian-textiles-hanging-by-a-thread. Marfo, Nana. "The Death of Ghana's Apparel Industry." *Worldwide Responsible Accredited Production*, August 31, 2018. http://www.wrapcompliance.org/blog/the-death-of-ghanas-apparel-industry

7 Foster, Rosina. "National Friday Wear Program Creating Jobs for the Chinese." 3News.com, January 25, 2017. https://3news.com/national-friday-wear-program-creating-jobs-for-the-chinese/.

8 Burgis, Tom. "Nigeria Unraveled." *Financial Times*, February 13, 2015. https://www.ft.com/content/b1d519c2-b240-11e4-b380-00144feab7de.

9 Mallett, Whitney. "Inside the Massive Rag Yards That Wring Money Out of Your Discarded Clothes." *New Republic*, August 18, 2015. https://newre

public.com/article/122564/inside-massive-rag-yards-wring-money-out-your-old-clothes.

Chapter 09 足够出售的物品

1 关于该话题的更多信息，参见：Catlin, Jesse R., and Yitong Wang. "Recycling Gone Bad: When the Option to Recycle Increases Resource Consumption." *Journal of Consumer Psychology* 23, no. 1, 2013, pp.122–127. https://doi.org/10.1016/j.jcps.2012.04.001. Zink, Trevor, and Roland Geyer. "Circular Economy Rebound." *Journal of Industrial Ecology* 21, no. 3, 2017, pp.593–602。https://doi.org/10.1111/jiec.12545.

2 Bank of America. "Homebuyer Insights Report," 2018. https://info.bankofamerica.com/homebuyers-report/.

3 Accel and Qualtrics. "The Myth of the 'Don't-Own' Economy." *Millennial Study*, 2017. https://www.qualtrics.com/millennials/.

4 Ranzini, Giulia, Gemma Newlands, Guido Anselmi, Alberta Andreotti, Thomas Eichhorn, Michael Etter, Christian Hoffmann, Sebastian Jürss, and Christoph Lutz. "Millennials and the Sharing Economy: European Perspectives," October 30, 2017. http://dx.doi.org/10.2139/ssrn.3061704.

Chapter 10 它能用上一辈子

1 Consumer Reports. "Are Secondhand Car Seats Safe?" January 28, 2017. https://www.consumerreports.org/car-seats/are-secondhand-car-seats-safe/.

2 Krafft, Maria. "Köp Gärna Begagnad Bilbarnstol." *Trfiksäkerhetsbloggen*, September 25, 2009. http://trafiksakerhet.folksamblogg.se/2009/09/25/kop-garna-begagnad-bilbarnstol/.

3 关于操纵灯泡寿命的历史，参见：MacKinnon, J. B. "The L.E.D. Quandary: Why There's No Such Thing as 'Built to Last'," *New Yorker*, July 14, 2016, https://

www.newyorker.com/business/currency/the-l-e-d-quandary-why-theres-no-such-thing-as-built-to-last。

4   Slade, Giles. *Made to Break: Technology and Obsolescence in America*, 45. Cambridge, MA: Harvard University Press, 2006.

5   关于该问题的更多信息以及最终的解决方式，参见: chapter 10 of *Junkyard Planet*。

6   Dupre, Mikael, Mathieu Jahnich, Valeria Ramirez, Gaelle Boulbry, and Emilie Ferreira. *The Influence of Lifespan Labelling on Consumers*. Brussels: European Economic and Social Committee, 2016.

7   本段与服装有关的数据来源于: Ellen MacArthur Foundation. *A New Textiles Economy: Redesigning Fashion's Future*, 2017. http://www. ellenmacarthurfoundation.org/publications。

8   Prakash, S., G. Dehoust, M. Gsell, T. Schleicher, and R. Stamminger. "On the Impact of the Service Life of Products on Their Environmental Impact (Creation of an Information Basis and Development of Strategies Against Obsolescence)." German Federal Environment Agency, 2016.

9   Waste and Resources Action Programme. "Switched On to Value: Why Extending Appliance and Consumer Product Lifetimes and Trading Used Products Can Benefit Consumers, Retailers, and the Environment," 2014. www.wrap.org.uk.

10   该引用及表述来源于 Character 官网上对奥尔兰尼形象发展演变的叙述，Character 是美泰克聘请的营销代理机构。:http://www.characterweb.com/maytag.html.

11   Janeway, Kimberly. "How to Make Your Washer and Dryer Last." *Consumer Reports*, 2018. https://www.consumerreports.org/laundry-cleaning/how-to-make-your-washer-and-dryer-last.

12   Dupre et al. *The Influence of Lifespan Labelling on Consumers*. Artinger, Sabrina, Susanne Baltes, Christian Jarchow, Malte Petersen, and Andrea

Schneider. *Lifespan Label for Electrical Products*. Berlin: Press and Information Office of the Federal Government, 2017.

Chapter 11　富人用坏的东西

1　这些数字来自对北部地区几位维修工的采访，包括：Ibrahim Alhassan, Karim Zachariah (in Tamale), and Kamal Chendiba (also in Tamale). 无论是在地方采访，还是进行全国性考察，Kumas 的 Awudu Pan 都对我助益良多。Awudu Pan 是该城市电视机维修行业的领头人，也是该贸易协会的主要负责人。

2　Strasser, Susan. *Waste and Want: A Social History of Trash*, 22. New York: Henry Holt, 1999.

3　Brignall, Miles. "'Error 53' Fury Mounts as Apple Software Update Threatens to Kill Your iPhone 6." *Guardian*, February 5, 2016. https://www.theguardian.com/money/2016/feb/05/error-53-apple-iphone-software-update-handset-worthless-third-party-repair.

4　Koebler, Jason. "Apple Sued an Independent iPhone Repair Shop Owner and Lost." *Motherboard*, April 13, 2018. https://motherboard.vice.com/en_us/article/a3yadk/apple-sued-an-independent-iphone-repair-shop-owner-and-lost.

5　Shaer, Matthew. "The Pentalobe Screws Saga: How Apple Locked Up Your iPhone 4." *Christian Science Monitor*, January 21, 2011. https://www.csmonitor.com/Technology/Horizons/2011/0121/The-Pentalobe-screws-saga-How-Apple-locked-up-your-iPhone-4.

6　Cook, Tim. "A Letter from Tim Cook to Apple Investors," January 2, 2019. https://www.apple.com/newsroom/2019/01/letter-from-tim-cook-to-apple-investors/.

7　Chapter 6 of *Junkyard Planet* 提到了 Net Peripheral，这家如今已经消失的马来西亚电视机维修公司，曾经也是罗宾的主要客户之一。

8　1975 年 Magnuson-Moss 保修法案禁止制造商对提供保修的设备设置维修限制。换句话说，如果在街边小维修店更换了碎裂的手机屏幕，三星 Galaxy Note 的消费者就不会因此失去保修资格。2018 年，美国联邦贸易委员会甚至警告了包括微软、现代和索尼在内的几家公司，其"保修无效"的警告标签并不合法。

Chapter 12 更多的手提箱

1 Amoyaw-Osei, Yaw, Obed Opuku Agyekum, John A. Pwamang, Esther Mueller, Raphael Fasko, and Mathias Schluep. "Ghana e-Waste Country Assessment." Secretariat of the Basel Convention, March 2011. http://www.basel.int/portals/4/basel%20convention/docs/ewaste/e-wasteassessment ghana.pdf.

2 Adjei, Asare. "Life in Sodom and Gomorrah: The World's Largest Digital Dump." *Guardian*, April 29, 2014. https://www.theguardian.com/global-development-professionals-network/2014/apr/29/agbogbloshie-accra-ghana-largest-ewaste-dump.

3 CBC Radio. "The World's Largest E-Waste Dump Is Also Home to a Vibrant Community." CBC Radio, November 3, 2018. https://www.cbc.ca/radio/spark/412-1.4887497/the-world-s-largest-e-waste-dump-is-also-home-to-a-vibrant-community-1.4887509.

4 McElvaney, Kevin. "Ghana's E-Waste Magnet." Al Jazeera, February 12, 2014. https://www.aljazeera.com/indepth/inpictures/2014/01/pictures-ghana-e-waste-mecca-2014130104740975223.html.

5 *Frontline*. "Ghana: Digital Dumping Ground." PBS, June 23, 2009. http://www.pbs.org/frontlineworld/stories/ghana804/.

6 Akese, Grace A., and Peter C. Little. "Electronic Waste and the Environmental Justice Challenge in Agbogbloshie." *Environmental Justice* 11, no. 2, 2018, pp.77–83.

7 Mathias Schluep, Andreas Manhart, Oladele Osibanjo, David Rochat, Nancy Isarin, and Esther Mueller. "Where Are WEEE in Africa? Findings from the Basel Convention E-Waste Africa Programme." Secretariat of the Basel

Convention, December 2011.

8   Ellen MacArthur Foundation. *A New Textiles Economy: Redesigning Fashion's Future*, 2017. http://www.ellenmacarthurfoundation.org/publications.

9   关于约瑟夫·本森起诉案的叙述主要来源于罗宾·英根特龙收集和分享给我的文件。关于该案的细节叙述和分析，参见：Lepawsky, Josh. *Reassembling Rubbish: Worlding Electronic Waste*. Cambridge: Massachusetts Institute of Technology Press, 2018。

10 Puckett, Jim, Chris Brandt, and Hayley Palmer. *Holes in the Circular Economy: WEEE Leakage from Europe*, 32. Basel Action Network, 2019. http://wiki.ban.org/images/f/f4/Holes_in_the_Circular_Economy-_WEEE_Leakage_from_Europe.pdf.

11 多个组织及个人正努力将现代垃圾管理模式引入发展中国家。其中，英国非政府组织 WasteAid 在这方面做得非常好，该组织四处奔走游说，将垃圾管理的资金提高到国际救助金的 3%。这些组织和个人也在帮助社区构建废物管理系统。

12 Burrell, Jenna. "What Environmentalists Get Wrong About E-Waste in Africa." *Berkeley Blog*, September 1, 2016. https://blogs.berkeley.edu/2016/09/01/what-environmentalists-get-wrong-about-e-waste-in-west-africa/.

图书在版编目（CIP）数据

二手世界：全球旧货市场调查手记 /（美）亚当·
明特（Adam Minter）著；王小可，曹易佳译. -- 北京：
社会科学文献出版社，2021.12（2024.10重印）
书名原文：Secondhand: Travels In The New
Global Garage Sale
ISBN 978-7-5201-8904-0

Ⅰ.①二… Ⅱ.①亚… ②王… ③曹… Ⅲ.①废旧物
资-回收-社会化-研究-世界 Ⅳ.①F731

中国版本图书馆CIP数据核字（2021）第181750号

二手世界：全球旧货市场调查手记

著　　者 /　[美]亚当·明特（Adam Minter）
译　　者 /　王小可　曹易佳

出 版 人 /　冀祥德
责任编辑 /　王　雪　杨　轩
文稿编辑 /　韩宜儒
责任印制 /　王京美

出　　版 /　社会科学文献出版社（010）59367069
　　　　　　地址：北京市北三环中路甲29号院华龙大厦　邮编：100029
　　　　　　网址：www.ssap.com.cn
发　　行 /　社会科学文献出版社（010）59367028
印　　装 /　三河市龙林印务有限公司

规　　格 /　开　本：889mm×1194mm 1/32
　　　　　　印　张：11.5　字　数：235千字
版　　次 /　2021年12月第1版　2024年10月第3次印刷
书　　号 /　ISBN 978-7-5201-8904-0
著作权合同
登 记 号 /　图字01-2020-2408号
定　　价 /　79.00元

读者服务电话：4008918866